工程建设理论与实践丛书

高速公路
施工技术与创新实践

GAOSU GONGLU
SHIGONG JISHU YU CHUANGXIN SHIJIAN

韩玉虎　徐明华　陈文达　主编

華中科技大學出版社
http://press.hust.edu.cn
中国·武汉

图书在版编目(CIP)数据

高速公路施工技术与创新实践/韩玉虎，徐明华，陈文达主编. —武汉：华中科技大学出版社，2023.11

ISBN 978-7-5772-0105-4

Ⅰ. ①高… Ⅱ. ①韩…②徐… ③陈… Ⅲ. ①高速公路-工程施工-研究 Ⅳ. ①U415.12

中国国家版本馆 CIP 数据核字(2023)第 200963 号

高速公路施工技术与创新实践

Gaosu Gonglu Shigong Jishu yu Chuangxin Shijian

韩玉虎　徐明华　陈文达　主编

策划编辑：周永华

责任编辑：周怡露

封面设计：杨小勤

责任监印：朱　玢

出版发行：华中科技大学出版社(中国·武汉)　电话：(027)81321913

武汉市东湖新技术开发区华工科技园　邮编：430223

录　　排：华中科技大学惠友文印中心

印　　刷：武汉科源印刷设计有限公司

开　　本：710mm×1000mm　1/16

印　　张：18

字　　数：333 千字

版　　次：2023 年 11 月第 1 版第 1 次印刷

定　　价：98.00 元

本书若有印装质量问题，请向出版社营销中心调换

全国免费服务热线：400-6679-118　竭诚为您服务

前　言

高速公路最早在20世纪30年代出现于西方发达国家，是专门为汽车交通服务的基础设施。20世纪80年代末，我国大陆地区开始修筑高速公路，并且，根据中华人民共和国交通运输部统计数据，截至2022年底，我国高速公路里程达到17.7万千米。

从1988年上海至嘉定高速公路建成通车至今，在“五纵七横”国道主干线系统规划的指导下，我国高速公路从无到有，总体上实现了持续、快速和有序的发展。高速公路在运输能力、速度和安全性方面具有突出优势，对实现国土均衡开发、缩小地区差别、建立统一的市场经济体系、提高现代物流效率具有重要作用。高速公路的快速发展，极大提高了我国公路网的整体技术水平，优化了交通运输结构，对打破交通运输的“瓶颈”发挥了重要作用，有力地促进了我国的经济发展和社会进步。

本书在内容的安排上以高速公路施工技术的基础知识为纲，结合实际施工案例，旨在让读者了解高速公路相关施工技术，更好地具体分析不同的桥梁高速公路工程问题。本书共8章，分别为：绪论、路基施工、路面施工、桥梁下部结构施工、桥梁上部结构施工、隧道施工、高速公路沿线设施施工、高速公路施工技术创新实践。

全书专业覆盖面广、内容丰富、结构严谨，重视理论联系实际，对高速公路工程施工技术与创新实践进行了深刻的分析与探索，适合从事高速公路工程施工的广大技术人员阅读和借鉴。

本书大量引用了相关专业文献和资料，在此对相关文献的作者表示感谢。限于编者的理论水平和实践经验，且对新修订的规范学习理解不够，书中难免存在疏漏和不妥之处，恳请广大读者批评指正。

目　　录

第1章　绪　　论

1.1　高速公路的概念和特点

1. 高速公路的概念

高速公路是经济发展对交通需求的客观反映，也是构筑交通现代化的重要标志之一。高速公路与普通公路有质的区别，一般认为：高速公路是中央设置有一定宽度的分隔带，两侧各配备两条或两条以上的车道，分别供上下行汽车高速、连续、安全、舒适地运行，并全部设置立体交叉和控制出入的公路(出自《中国大百科全书・土木工程》)。《公路工程名词术语》(JTJ 002—1987)则将高速公路定义为：具有四个或四个以上车道，并设有中央分隔带，全部立体交叉并具有完善的交通安全设施与管理设施、服务设施，全部控制出入，专供汽车高速行驶的公路。《公路工程技术标准》(JTG B01—2003)(简称《标准》)将高速公路定义为：能适应年平均昼夜小客车交通量为25000辆以上，专供汽车分向、分车道行驶，全封闭、全立交并应全部控制出入的多车道公路。《公路工程技术标准》(JTG B01—2014)(简称《新标准》)将高速公路定义为：年平均日设计交通量宜在15000辆小客车以上，专供汽车分向行驶、分车道行驶，全部控制出入的多车道公路。《中华人民共和国道路交通安全法》第六十七条规定：行人、非机动车、拖拉机、轮式专用机械车、铰接式客车、全挂拖斗车以及其他设计最高时速低于七十公里的机动车，不得进入高速公路。

各国对高速公路的叫法不一，欧洲多数国家称之为“汽车公路”“汽车专用公路”，如英国称为“motorway”，法国称为“autoroute”，德国称为“autobahn”，意大利称为“autosrata”，瑞典等一些国家则称为“expressway”。美国在早期称为“superhighway”，对收费公路则称为“turnpike”，1968年统一称部分控制出入的快速公路为“expressway”，称全部控制出入的高速公路为“freeway”；另外早期建设的一些国家公园路(parkway)由于线形标准较高，又只允许通行小汽车，具有高速公路的部分特征，有时也作为高速公路的一种。初期，日本将高速公路称为“自动车道”，20 世纪 50 年代后引入了“高速道路”的概念，目前这两个名称并用。

从以上定义或解释，我们可以看出，一般高速公路应符合下列 4 个条件。

(1) 高速公路是只供汽车行驶的专用公路；一般公路还允许非机动车及行人使用。

(2) 高速公路设有中央分隔带，将往返车辆完全隔开。

(3) 高速公路与任何铁路、公路都是立体交叉的，不存在一般公路平面交叉口的横向干扰。

(4) 高速公路沿线是封闭的，是控制出入的。

从狭义上讲，控制出入有两层含义。

①只准汽车在规定的一些交叉口进出高速公路；不准任何单位或个人将道路接入高速公路。

②除全定向互通式立体交叉处，汽车进入或驶出高速公路时必须向右转行驶，不允许向左转出入(日本、英国等国车辆靠左行驶，正好相反)，也就是说在高速公路标线上不允许有平面交叉存在。

从广义上讲，控制出入应包括另两层含义。

①只准符合规定要求的汽车(车速、车高、轴重等)进入高速公路，其他车辆、行人和牲畜都不允许进入高速公路。

②不准高速公路两侧的任何单位及个人发出有害气体或光线等进入高速公路，影响车辆的正常运行。例如不准在高速公路两旁树立与高速公路无关的广告牌、宣传标语牌等。

完全控制出入的基本目的是完全排除横向干扰。但在人口稀少、横向干扰小的地区，高速公路上交通量不大时，为减少投资，也可以在高速公路上设置少量的平面交叉，这就叫“部分控制出入”。另外，这些条件也不是绝对的。例如，有些国家的高速公路考虑到战时的需要，在一些路段不设中央分隔带，以便紧急情况下，高速公路可作为飞机跑道使用。

高速公路因具备上述特点，汽车可以在较高的速度下安全地行驶，而不必担心来自横向或对面车辆的干扰。

2. 高速公路的特点

我国高速公路主要连接全国重要城市、工业中心、交通枢纽及陆上口岸，是

国家及省的重要干线公路或干线公路，为城市之间、区域之间提供快速、高效的直达运行交通。普通公路存在以下缺陷：线形标准低、路面质量不高、车速慢、混合交通相互干扰大、开放式管理造成侧向行人与非机动车等干扰、事故多、安全性差。高速公路在设计指标及管理上与普通公路有质的区别。高速公路应满足以下基本要求。

（1）为快速交通服务。

针对普通公路混合交通相互干扰大、不安全且影响车速的缺点，高速公路规定为汽车专用，并对交通实施限制，包括对车种和车速加以限制。凡非机动车和由于车速有限可能形成危险和妨碍交通的车辆（包括拖拉机、农用车以及装载危险品等特殊货物的车辆等），均不得在高速公路上行驶。为防止车辆车速相差过大，减少同向车流的相互干扰，一般规定低速车辆不得上路，并限定最高车速。我国高速公路规定最高速度不得超过120 km/h，最低速度不得低于60 km/h。

（2）实行分隔行驶。

为防止对向撞车和减少同向车车速差造成的干扰，高速公路不仅在对向车道间设置中央分隔带，而且同向车道采用画车道标线设多车道的办法，对车辆实行分离。如果高速公路的中央分隔带较窄，则需在其上设置防眩板或防护栅。此外，一些特殊地点设置爬坡车道、变速车道、集散车道、辅助车道等，使车辆在局部路段分离，保证不同车速的车辆在各自车道上安全、畅通地行驶。

（3）完全控制出入。

普通公路的平面交叉口和路侧的横向穿越是公路交通事故的主要原因之一，也是普通公路车速不能提高的重要原因。高速公路全封闭、全立交，完全控制出入，规定车辆只能从指定的互通式立交匝道出入，对不准车辆出入的路口，则设置分离式立交加以分隔。对人畜的控制，主要采用禁入栅和护栏等措施，实行全封闭，确保汽车的快速、安全行驶。同时，高速公路用地范围内，任何单位或个人不得设置广告；在其用地范围以外，不得产生对高速公路交通正常运行有妨碍的气体、粉尘、光亮、振动、噪声等。

（4）设置完善的设施。

除本身具有良好的线形和路面条件外，高速公路还设置许多附属设施，如安全、监控、通信、服务设施等。高速公路沿线每隔一定距离要设置收费站、加油站、公用电话、停车场、饭店和旅馆等服务设施。在高速公路交通繁忙地区，可设置交通监视中心，整个地区车辆运行情况由电视摄像机传到荧光屏，据此指挥交通，还可利用无线电将信息传送给汽车驾驶员。当道路发生交通事故时，监视中心可派巡视车或直升机到现场进行处理。这些设施充分保障了车辆快速、安全、舒适地行驶。

1.2 高速公路的发展历程

高速公路是社会经济发展的必然产物，它是伴随着汽车工业的蓬勃发展和整个社会的政治、经济、军事的发展而发展起来的。

高速公路于20世纪30年代起步，最早修建高速公路的国家是德国和意大利。到2014年，全世界已有80多个国家和地区修建了高速公路。在世界高速公路的发展史上，德国、美国及日本的高速公路发展各有其显明的特点。

1. 国外高速公路的发展

(1) 德国。

德国的现代化交通政策可追溯到1919年通过的德国宪法(《魏玛共和国宪法》)，根据这一宪法，1921年柏林修建了一条长约10 km的“汽车、交通及练习公路”。这条公路拥有上下行分离的行车道，并且取消了平面交叉口，这在当时的德国是首次出现的，可以被看作高速公路的雏形。作为符合现代高速公路标准的第一条高速公路是在1929—1932年建造的大约20 km长的科隆—波恩高速公路。1933年，德国通过了关于设立帝国高速公路企业的法律，规划了4800 km长的高速公路网络。1934年又通过了“公路新规定法”，将规划的帝国高速公路网扩大到6900 km，至1942年，德国建造了3860 km的高速公路，并有2500 km高速公路在建。第二次世界大战后，联邦德国将原帝国高速公路改称为“联邦高速公路”，1957年制订了“联邦长途公路扩建计划”。1970年，当这一扩建计划完成时，联邦德国的小汽车(包括轿车和客货两用旅行轿车)从750万辆增加到了1680万辆，公路网仍不能满足交通需求，于是从1970—1985年进行了第二个扩建计划，将联邦高速公路长度翻了一番。同期，民主德国的高速公路长度从500 km增加到1880 km。截至1996年，德国的联邦高速公路长度达11190 km，占公路总里程的4.89%。“两德”统一后，交通政策目标和交通需求都发生了新的变化：联邦政府的管辖范围扩大到了东部地区；东西向交通重新复苏，交通需求快速增加；汽车化程度的提高主要集中在东部地区。鉴于上述情况，1992年，德国联邦交通部制订了新的联邦交通干线规划。该规划提出，至2012年，德国将新建2882.6 km、扩建2617.3 km高速公路，使之适应德国相应时期的交通

需求。

虽然高速公路里程在全国公路网长度中仅占1.8%，但在高速公路上行驶的车辆却是全国总交通量的24%。密集的高速公路网对德国的国民经济发展起到了巨大作用。除去城镇郊区和横跨城市中心的路段，德国境内约有2/3的高速公路不限时速，德国也成为世界上唯一有不限速高速公路的国家。在不限速路段，一些高配置车辆的极限速度可达350 km/h，甚至超过大型客机的起飞速度。

德国高速公路建设起步早，其设计、施工与运营管理经验对世界各国高速公路的发展具有重要的借鉴作用。

(2) 美国。

美国的高速公路发展迅速、路网发达、设施完善。其高速公路网的建成提高了运输效率，加快了资源和商品的流通速度，促进了社会的发展和科学技术的进步，并在很大程度上影响了美国人的生活方式。美国高速公路的发展特点是有计划、有步骤，而且速度快。1916年，第一次世界大战使美国认识到其公路现状无法满足国防发展需要，于是全面开始发展公路建设。1937年，美国在加利福尼亚州建成了第一条长11.2 km的高速公路。到1941年美国参战前夕，完成了宾夕法尼亚州高速公路和康涅狄格州梅里特高速公路。由于战争带来的财政困难和战后恢复减缓了美国高速公路的建设，但美国认识到了高速公路的战略性作用，于1944年通过了《联邦资助公路法》，并提出了"州际高速公路系统"的概念，确定了州际高速公路系统6.44万km的规划总长度，当时预计能承担全国公路总交通量的20%～25%，并适应未来20年的交通需求。1956年修订了《联邦资助公路法》，将州际高速公路系统改称为"全国州际与国防高速公路系统"，同时将规划总长度调整为6.6万km。《联邦资助公路法》还规定了公路建设费用的来源，从而大大促进了高速公路的建设。从1957年州际与国防高速公路网开始正式投资建设，美国的高速公路建设发展速度很快，平均每年建成3000 km。在高速公路建设中，美国政府注重公路建设的走向和布局，既考虑与城市道路网的连接，又注意偏远、荒漠地区的建设发展需要。20世纪80年代后期，美国高速公路网已基本形成。

到2021年，全美公路总长度达到660万km，是铁路运营里程的65倍，其中高速公路总长度已超过8万km，占全球高速公路总里程的一半。以十纵十横的主骨架路向外延伸加密，形成发达的高速公路路网。高速公路大大加快了商品经济的流通，提高了运输效率，为美国的经济发展做出了巨大的贡献。现阶段的美国高速公路建设已经可以满足国内交通运输、国防建设及国民经济发展的需要，今后建设的重点是完善高速公路与航空、铁路及水运等各种交通运输方式之间的联运，加强对高速公路的科学管理和维护，提高运力，减少交通事故。

(3) 日本。

日本是一个岛国，国土面积狭小，人口密度很大，但日本的汽车工业十分发达。日本是世界上公路密度最高的国家之一，截至 2019 年，日本公路总里程达到了 128 万 km，其中高速公路总里程为 10021 km，其形成的本州—四国—九州路网以及北海道和冲绳岛路网覆盖了整个日本。

1997 年，日本高速公路总长达 5860 km，占公路总长的 0.51%，却承担了公路运输总量的 25.6%。日本高速公路建设起步较晚，高速公路建设开始于第二次世界大战后，尽管当时日本正处于战后恢复期，但仍于 1957 年颁发了“高速公路干道法”，正式批准并实施建设 7 条纵贯国土、总长 3700 km 的高速公路。其中第一条为 1963 年通车的名神高速公路。在发展初期，日本对高速公路的建设标准和技术指标都经过充分的研究和比较论证，为以后的持续发展打下了坚实的基础。1966 年日本又制订了新的高速公路修建计划，提出至 2000 年建设 32 条、总长 7600 km 的高速公路，日本全国 1 h 可到达高速公路的地区占 70%；2 h 可到达高速公路的地区占 90%。到 20 世纪 80 年代后期，按计划已建和在建项目超过了计划的 2/3。在 1987 年又提出了到 2015 年建设 14000 km 高标准干线公路的目标，其中国家干线高速公路在原 7600 km 的基础上再增加 3920 km，达到 11520 km。其中 2480 km 为一般国道汽车专用公路，加强 10 万人以上地方中心城市的联系；强化东京、名古屋、京阪神三大城市环行和绕行高速公路；加强重要港口、机场等客货源集中地的连接；在全日本形成从城市、农村各地 1 小时可到达高速公路的干线网络；建设在出现灾害时有可靠替代其他运输方式的高速公路网；消除已有高速公路中交通严重拥堵的路段。至 2012 年，日本的公路总里程为 120 万 km，其中高速公路的总里程为 7641 km，主要的干线公路已基本完成高速化。

2. 我国高速公路的发展

(1) 我国高速公路发展情况。

我国高速公路建设虽然起步较晚，但是发展迅速。改革开放以来，我国经济发展速度明显加快，综合国力日趋增强，经济发展对交通的需求越来越强烈。尤其是 1998 年以来，为应对东南亚金融危机，国家实施了扩大内需的积极财政政

策，大规模启动公路交通基础设施建设，连续几年每年都有2000亿元以上的资金注入公路建设，公路在总量和质量上都实现了重大突破。高速公路的建设不仅极大满足了交通增长对公路建设的需求，而且对国民经济的总体发展起到了促进作用。

从1988年10月沪嘉高速公路通车，到2012年底高速公路里程达9.62万km，我国仅仅用了20多年的时间，走过了发达国家需要好几十年才能完成的发展历史。截至2012年，我国高速公路通车里程达到9.6万km(17个省市的高速公路里程突破3000 km，其中河南、广东、河北、山西4个省的高速公路里程突破5000 km，山东、江苏、四川、黑龙江、江西、陕西、湖北7个省的高速公路里程突破4000 km，湖南、辽宁、浙江、福建、安徽、广西6个省区的高速公路里程突破3000 km)。2013年我国新建高速公路8260 km，全国总里程突破10万km。截至2014年末，全国高速公路里程11.19万km，比上年末增加0.75万km。与此同时，全国各等级公路也得到较快的发展，截至2014年，公路总里程达到446.39万km，比上年末增加10.77万km；公路密度46.50 km/km^2，提高1.12 km/km^2。其中，二级及以上公路里程54.56万km，比上年增加2.13万km，占公路总里程的12.2%。

我国高速公路发展可分为以下四个阶段。

①起步阶段。1988年，上海至嘉定高速公路建成通车，结束了我国大陆没有高速公路的历史。1992年，中华人民共和国交通部制订了“五纵七横”国道主干线规划并付诸实施，总投资9000亿元。沈大、京津塘、成渝、济青等一批具有重要意义的高速公路相继建成，突破了高速公路建设的多项重大技术“瓶颈”。

②快速发展阶段。1998年开始，我国加快基础设施建设步伐，年均通车里程超过4000 km，年均完成投资1400亿元。1999年，全国高速公路里程突破1万km。至2004年底，通车里程超过3万km。2008年全年全国交通运输行业基础设施建设完成规模达到8000亿元。除西藏外，各省、自治区和直辖市都已拥有高速公路。

③扩大规模、提高路网质量阶段。从2004年至今，按照道路的使用功能和交通需求，采用新技术、新材料、新工艺，重点提高经济相对发达地区的公路技术等级，并大力扶持西部地区公路基础设施建设。

④高速公路稳定阶段。高速公路网规模趋于稳定，且因资源紧缺，路网运行质量的提高主要依靠提高交通管理水平实现，智能运输系统日趋完善是其主要

标志。

(2) 国家高速公路网规划。

国家高速公路网是中国公路网中最高层次的公路通道，服务于国家政治稳定、经济发展、社会进步和国防现代化，体现国家强国富民、安全稳定、科学发展，建立综合运输体系以及加快公路交通现代化的要求；主要连接大中城市，包括国家和区域性经济中心、交通枢纽、重要对外口岸；承担区际、省际以及大中城市间的快速客货运输，提供高效、便捷、安全、舒适、可持续的服务，为应对自然灾害等突发性事件提供快速交通保障。

国家高速公路网规划采用放射线与纵横网格相结合的布局方案，形成由中心城市向外放射以及横连东西、纵贯南北的大通道，由 7 条首都放射线、9 条南北纵向线和 18 条东西横向线组成，简称为“7918 网”，总规模约 8.5 万 km，其中：主线 6.8 万 km，地区环线、联络线等其他路线约 1.7 万 km。

2013 年 6 月国家发改委（全称为“国家发展和改革委员会”）出台了《国家公路网规划(2013—2030)》（简称《规划》）。《规划》是我国第一个集高速公路和普通公路于一体的国家中长期公路网布局规划，是指导我国公路长远发展的纲领性文件，与国务院批复的各区域规划进行了有效衔接，大幅提升了国家公路网对小城镇的覆盖水平。根据规划，2030 年国家高速公路网总规模比 2004 年《国家高速公路网》规划的 2020 年国家高速公路网的 8.5 万 km 的目标大幅上调。具体由 7 条首都放射线、11 条北南纵线、18 条东西横线，以及地区环线、并行线、联络线等组成，约 11.8 万 km，另规划远期展望线约 1.8 万 km。按照“实现有效连接、提升通道能力、强化区际联系、优化路网衔接”的思路，补充完善国家高速公路网：保持原国家高速公路网规划总体框架基本不变，补充连接新增 20 万以上城镇人口城市、地级行政中心、重要港口和重要国际运输通道；在运输繁忙的通道上布设平行路线；增设区际、省际通道和重要城际通道；适当增加有效提高路网运输效率的联络线。

首都放射线 7 条：北京—哈尔滨、北京—上海、北京—台北、北京—港澳、北京—昆明、北京—拉萨、北京—乌鲁木齐。

北南纵线 11 条：鹤岗—大连、沈阳—海口、长春—深圳、济南—广州、大庆—广州、二连浩特—广州、呼和浩特—北海、包头—茂名、银川—百色、兰州—海口、银川—昆明。

东西横线 18 条：绥芬河—满洲里、珲春—乌兰浩特、丹东—锡林浩特、荣成—乌海、青岛—银川、青岛—兰州、连云港—霍尔果斯、南京—洛阳、上海—西

安、上海—成都、上海—重庆、杭州—瑞丽、上海—昆明、福州—银川、泉州—南宁、厦门—成都、汕头—昆明、广州—昆明。

此外 6 条地区性环线以及若干条并行线、联络线等也包括在内。

国家干线公路网络布局合理、功能完善、覆盖广泛、安全可靠，实现首都辐射省会、省际多路连通，地市高速通达、县县国道覆盖。1000 km 以内的省会之间可当日到达，东中部地区省会到地市可当日往返，西部地区省会到地市可当日到达；区域中心城市、重要经济区、城市群内外交通联系紧密，形成多中心放射的路网格局；有效连接国家陆路门户城市和重要边境口岸，形成重要国际运输通道，与东北亚、中亚、南亚、东南亚的联系更加便捷。

为保障国家公路网的实施，《规划》提出了应进一步完善国家投资、地方筹资、社会融资相结合的多渠道、多层次、多元化投融资模式；继续实施收费公路政策，鼓励包括民间资本在内的社会资本参与国家高速公路建设；并且要科学论证、量力而行，有序推进国家高速公路建设，把握好建设节奏，合理确定建设时机，因地制宜确定建设标准。慎重决策国家高速公路远期展望线，原则上到 2030 年左右，视区域经济社会和交通发展需求适时开展建设，灵活掌握建设标准，在满足安全和运输需求的前提下，努力降低公路建设和运营成本。

3. 国际高速公路网

随着全球经济一体化的发展，公路运输市场不再是一个国家、一个地区的市场，而是一个全球性市场。相邻国之间合作修建高速公路，促成了国际高速公路网的形成，成为调整公路发展的大趋势。为了更好地发挥高速公路效益，加强国际的公路运输联系，一些发达国家把主要高速公路连接起来，构成国际高速公路网。其中已经规划和正在实现的高速公路网包括以下四个。

(1) 欧洲高速公路网。

第二次世界大战以后，西欧国家在经济、政治联合过程中，逐步形成了以统一的观点在欧洲扩建和命名欧洲国际公路网的思想。1975 年 11 月，在日内瓦通过的《关于国际干线公路的欧洲协定》，将欧洲国际干线公路统一编号，并以“E”作为编号标识。其中东西向公路包括：横贯全欧、东起奥地利维也纳，经荷兰、法国，西至西班牙的瓦伦西亚高速公路，全长约 3200 km；此外，瑞士至奥地利，西班牙至葡萄牙、瑞典、丹麦、挪威、保加利亚、德国、匈牙利等国的高等级公路已连接成网。南北向公路包括：纵贯全欧、北起丹麦的哥本哈根，经德国和奥地利，南至意大利罗马的高速公路，全长 2100 km；纵贯全欧洲，北起波兰的格但斯克，经捷克、奥地利、意大利、南斯拉夫、保加利亚、土耳其，南至叙利亚、伊拉克和伊朗，全长 5000 km；北起俄罗斯的圣彼得堡，经波兰、匈牙利、罗马尼亚、保加利亚、希腊，最终到土耳其的伊斯坦布尔，长约 2000 km。

（2）欧亚大陆公路。

欧亚大陆公路东起日本东京，经首尔、平壤、北京、河内、达卡、新德里、德黑兰、莫斯科、华沙、柏林、波恩、巴黎（或经巴格达、布达佩斯、维也纳、慕尼黑到巴黎），最后到达伦敦。该工程将穿过日本海峡、伊斯坦布尔海峡、厄勒海峡、费马恩海峡、英吉利海峡和比利牛斯山、阿尔卑斯山等，将亚洲和欧洲的公路网连接在一起。

（3）北美高速公路网。

北美地区的高速公路网已经形成，在此基础上，正在初步形成经美国、墨西哥、中美洲、南美洲直至阿根廷最南端的高速公路网。

（4）亚洲公路网。

设想中的亚洲公路网由 15 个国家的 41 条高等级公路组成，长约66000 km。在亚洲开发银行倡导下，中国、老挝和泰国政府于 2000 年达成合作协议，共同努力修建昆明—曼谷高等级公路。这条高速公路从云南省省会昆明市经老挝到达泰国首都曼谷，已于 2008 年 12 月正式通车，全长约 1800 km。这条蜿蜒于崇山峻岭中的公路实际上是亚洲公路网的重要干道，也是澜沧江—湄公河次区域国家间经济合作交流的重要通道。这条公路远期将与马来西亚和新加坡的陆上通道连成一体，从而为中国-东盟自由贸易区的建设提供一条快捷的通道。除此之外，非洲横断公路网、亚马逊地区横断公路网等国际高速公路网络也在规划和建设。

1.3 高速公路建设对社会经济发展的作用

高速公路有着行车速度快、通行能力强、运输成本低、行车安全舒适等良好的优势，高速公路建设可以将土地资源有效、集约利用，将能源资源消耗有效降低，在高速公路使用过程中，还可以有效地减少环境污染问题，从而使交通安全性得到提升。高速公路的发展水平在一定程度上会反映国家的经济发展水平。一个国家的生产社会化程度越高，对交通运输的依赖性也越强，从而推动高速公路发展。由此可以得知，高速公路的发展还可以对经济起到良好的推动作用。而随着我国高速公路的发展，其作为基础交通设施，对经济发展产生的影响是十

分特殊的。在我国的高速公路建设中，高速公路可以有效地将地理范围扩大，并带动商品经济的发展。高速公路提升了周边土地的开发价值。另外，在一些贫困地区，高速公路还可以对当地社会经济的发展起到重要的作用。

1. 高速公路推动交通运输业发展

（1）提升运输效率。

建设高速公路使运输效率得到了明显的提升，并使运输费用有效地降低，对交通安全起到了良好的保障作用。与普通的公路相比，高速公路的稳定性、可靠性、安全性等都是极高的，非常有优势，因此，修建高速公路可以保障交通安全，有效降低交通事故的发生概率，并推动交通运输行业的发展。

（2）促进运输系统的连接。

高速公路凭借自身的良好优势改变了公路运输在运输系统中的地位，使公路运输得到了重视。高速公路可以支持其他运输方式，将自身的优势充分发挥出来。随着城市化进行的加快，高速公路以及公路运输使运输效率得到提升，使运输质量得到更好的保障。随着对运输要求的增多，各个城市还将高速公路作为运输主体，从而建立快速便捷的运输通道，将公路运输的优势发挥出来，从而对社会经济的发展提供良好的保障。另外，高速公路不但在公路系统中有着重要的地位，而且在整个综合运输系统中也是十分重要的组成部分。另外，高速公路还有着密度大、通达深度高、辐射范围广的优势，可以延伸到城市的各个角落，从而将交通系统连接成一个整体。

（3）实现运输一体化。

高速公路建设有助于进行运输一体化，形成完整的交通运输系统，将交通运输功能充分地发挥出来，使现代物流的效率得到提升，有效改善人们的生活质量。

2. 高速公路对拉动经济的作用

高速公路的建成基于可持续战略目标与改革开放。银行贷款、债券、股票、转让经营权等得到了利用，应用于高速公路建设中。这种形式有效促进了消费，扩大了市场需求。因为高速公路投入使用对人员需求量大，既推动社会经济进步，又帮助一部分人提高生活水平。因为人们消费量的提高使得国民经济不断上升、GDP 增长。高速公路经济投入较大，其影响也是长时间的，发展空间较大，不过，对经济的促进作用也是直接的。据统计，每 1 元公路建设投资能够促进社会总产值提升约 30000 元，国民生产总值提升 0.4 元，以亿为单位进行高速公路建设可以为建筑业提供 3000 个就业岗位，约 500 个劳动日。

（1）拉动投资。

公路建设涉及征地、拆迁、材料采购、施工队伍衣食住行消费。这些消费带动了农业与第三产业发展。同时本地群众也能够融入高速公路建设队伍，这对工业、农业、餐饮业、建筑工程等有着带动作用。

（2）拉动融资。

高速公路施工费用全部存于银行进而出现货币乘数效应，缓解经济紧张问题，同时提高了本地信贷收入。

（3）拉动第三产业。

高速公路施工涉及施工用地与衣食住行，推动本地第三产业发展。施工结束后，交通运输、出行更加便捷，为第三产业发展、旅游业发展带来契机，最终推动经济发展。高速公路后续运行时带动周围地区经济发展，促进沿线区域经济合作完成资源分配，提高生产水平与人们的生活质量。当公路经济产业链形成后，采取以点带面的方式促进经济进步。

3. 高速公路对沿线经济拉动影响

到 2020 年，全球拥有高速公路的国家已约 90 个，通车里程超出 25 万 km。其中，德国、美国、加拿大已经建立与本国经济相适应的高速公路网。高速公路成为各国交通运输现代化标志。纵观高速公路发展进程，高速公路的建设推动了社会经济进步，成为人们出行的首选。高速公路建设不仅方便了运输，也对区域经济发展有着重要影响。

（1）提升运行水平。

高速公路缩减了沿线企业物流成本，提升经济收入。近几年物流行业发展迅速并成为社会经济进步主要因素。若高速公路经济投入较大，将缩减经济收入；而高速公路的建成有利于物流行业节约经济投入。

（2）促进工业进步。

高速公路推动沿线工业发展，为城市之间合作交流提供便利条件，促进了各地区联系，凸显城市优势。此外，高速公路在招商引资方面也发挥着重要作用，投资空间更大、环境优越有助于工业园区设立，协调生产力布局，实现产业结构调度。

(3) 促进农业发展。

高速公路对农业影响明显,农产品流入市场更加便捷,确保农用物资与救灾物资调动,实现农业数据信息共享与产业结构充足。高速公路的修建让农业生产更加规范化、标准化,促进农产品现代化经营模式。京津塘在修建高速公路后,沿线区域每年向京津地区运输蔬菜 2 亿千克、肉类 2.4 亿千克、水产物 2 亿千克、水果 260 万千克,有效提高了农户经济收入,更让京津地区人们品尝到绿色、健康的蔬菜,提高生活质量。

(4) 促进商业发展。

高速公路促进商业发展集中体现在:拉近了产地与销售地的距离,缩减成本、节约更多时间,便于人员技术沟通,推动行业进步。同时,市场化进程加快使得各城市连接更紧密,为人们提供更多就业岗位。旅游业也有了明显进步,沿线旅游景点得到开发,吸引越来越多的游客观赏。

4. 高速公路推动各地区经济发展

伴随着社会经济的发展,社会经济客体多集中于具有特殊性的点中,生成不同状态、不同职能的城镇。尽管高速公路将各城镇连成一个整体,不过受节点与沿线次级节点经济影响,节点对中间地带带动效果较差。高速公路沿线经济分布失衡,只是一个交通走廊,即高速公路虚拟网。一些节点之间的经济聚集力提升时,沿线节点推动影响就会提升,也就是不同节点经济密度匀称时生成了高速公路经济带。各高速公路经济带连接后,自然生成高级的经济网。实体网中的区域由于受经济带推动的影响,经济密度匀称时地区经济才能提升。

不同地区高速公路对沿线经济的推动是通过沿线城镇的促进作用达成的。在交通经济带中,高速公路是重要组成部分,有助于带动中心城市,完成生产布局和沿线设施空间融合,促进城市区域连接,从而带动整体区域经济发展。高速公路经济带的资金、人员、产业较为密集,在发展变化中推动了能量、数据信息的分散与聚集,在空间布局演变中凸显了各时期特点,特别是经济带发展高速时期,沿线地区结构逐步从聚集型变为扩散型。

针对不同地区经济社会演变进程,高速公路经济网的建立打破了传统交通运输结构,赋予了各区域新的内涵与时空概念,打造主导产业与竞争结构。如今,各县市都立足新结构的经济区域建立,选择有助于经济发展的可行性方法,辩证地认识竞争和合作,发挥优势作用,经过分工和合作打造特色经济区域。

高速公路的修建将各城市连接成一个整体,促进了沿线城市沟通,从而生成特色的有机整体，提升投资环境，扩大招商引资，实现全面开放。高速公路的建成对偏远农村地区也有着一定的促进作用，使农业资源、矿产资源得到了有效开发与利用。同时，人才资源与技术资源的全面利用为沿线城市的技术和人才作用创造条件，提升沿线城市总体科技水平。此外，高速公路的修建为人们提供了更大发展空间和思想创新，提升领导干部及人民群众的创新认知，吸引商业人士投资实业，为推动地区发展提供源源不断的动力支持。总而言之，高速公路促进了一体化发展，带动了沿线经济发展。

高速公路的修建对推动社会经济发展的作用是显著的，集中于土地征用、建筑拆迁、材料购买等，在实际运行时拉动沿线城市经济，推动沿线区域经济整合，确保资源分配合理，带动生产力提升，提高人们生活质量。高速公路经济网生成后，实现以点带面，促进周边经济发展，推动社会发展。

第2章　路基施工

2.1　路基概述

路基工程作为公路工程的重要组成部分，也是路面工程的主要承载体，直接影响公路的稳定性、路面的平整度和耐久性。

公路路基施工具有复杂性和唯一性，且容易受自然条件和地质条件的影响。近年来，公路路基施工质量事故屡见不鲜，保证路基工程施工质量，有利于提高整个公路工程的施工质量，促进路面施工的顺利进行，防止因路基出现质量问题而返工，从而保证按照进度计划顺利完成公路工程施工任务。

2.1.1　路基构造

1. 路基横断面形式

路基横断面是指垂直道路中心线剖切的平面。一般常见的路基横断面形式有路堤、路堑和半填半挖路基三种。道路设计高程高于天然地面的填方路基称为路堤。填方路堤结构 0～30 cm 的土层称为上路床。交通等级为轻、中及重时，30～80 cm 的土层称为下路床，80～150 cm 的土层称为上路堤，150 cm 以下的土层称为下路堤；交通等级为特重或极重时，30～120 cm 的土层称为下路床，120～190 cm 的土层称为上路堤，190 cm 以下的土层称为下路堤。低于天然地面的挖方路基称为路堑。当天然地面横向倾斜，路基的一部分以填筑方式构成而另一部分以开挖方式构成时，这种横断面的路基称为半填半挖路基。

2. 路基宽度

公路路基宽度为车道宽度与路肩宽度之和。当设有中间带、加(减)速车道、爬坡车道、紧急停靠带、超车道、错车道、慢车道、侧分隔带、非机动车道、人行道时，应计入这些部分的宽度。行车道宽度根据设计通行能力及交通量大小而定，

一般每个行车道宽度为3～3.75 m。路肩的作用是保护行车道稳定，并兼供错车、临时停车、行人和非机动车通行。每侧最小为0.25 m，有条件时不小于1.0 m，技术等级高的公路及城镇近郊的一般公路，路肩宽度尽可能增大，一般取1.0～3.0 m，并铺筑硬质面层，以保证路面行车不受干扰。公路路基宽度按《公路工程技术标准》(JTG B01—2014)的规定进行设计，在某些特殊地质条件下，需要采用特殊横断面形式的路基，如软土地区的路基设置反压护道；沙漠或雪害灾区设计成流线型路基横断面；地形起伏大或用地受限地段可考虑采用分离式路基横断面；滑坡地带或沿河等路段路基横断面相应有所变化。

3. 路基高度

路基高度是指路堤的填筑高度和路堑的开挖深度，是路基设计标高和地面中心线标高之差。路基设计标高：无中央分隔带的公路，应为路基边缘高度；有中央分隔带的公路，应为中央分隔带外侧边缘的高度；在设置超高加宽路段，则为设置超高加宽前的路基边缘高度。路基的填筑高度是在路线纵断面设计时，综合考虑路线纵坡要求、路基稳定性和工程经济等因素确定的。从路基的强度和稳定性要求出发，路床部分土层应处于干燥或中湿状态，路基高度设计应使路肩边缘高出路基两侧地面的积水高度，同时考虑地下水、毛细水和冰冻的作用，不使其影响路基的强度和稳定性。

高路堤和深路堑需要的土石方数量大，占地面积大，施工困难，边坡稳定性差，不利于行车，应尽量避免使用，不得已而一定要用时，应进行个别特殊设计。

沿河及被水浸淹的路基，其高度应根据技术标准所规定的设计洪水频率求得设计水位，如表2.1所示，再增加0.5 m的余量。如果河道因设置路堤而压缩过水面积，致使上游有壅水，或河面宽阔而有风浪，就应增加壅水高度和波浪冲上路堤的高度(即波浪侵袭高度)。所以沿河浸水路堤的高度，应高出上述各值之和，以保证路基不致被淹没，并据此进行路基的防护与加固。

表2.1　路基设计洪水频率

公路等级	高速公路	一级公路	二级公路	三级公路	四级公路
设计洪水频率	1/100	1/100	1/50	1/25	按具体情况确定

4. 路基边坡坡度

公路路基的边坡坡度用边坡高度 H 与边坡宽度 b 的比值表示，并取 $H=1$，如 $H:b=1:0.5$(路堑边坡)或 $1:1.5$(路堤边坡)，通常用 $1:n$(路堑边坡)或

1∶m(路堤边坡)表示坡率,称为边坡坡率。

路基边坡坡度取决于边坡的土质、岩石的性质及水文地质条件等自然因素和边坡的高度。在陡坡或填挖较大的路段,边坡坡度不仅影响土石方工程量和施工的难易程度,而且是路基整体稳定性的关键。因此,确定边坡坡度对于路基的稳定性和工程的经济合理性至关重要。一般路基的边坡坡度可采用多年工程实践经验和设计规范推荐的数值,特殊路基的边坡坡度宜通过边坡稳定性验算确定。

2.1.2　路基土的分类及工程特性

1. 路基土的分类

土是常用的填筑材料,土的种类不同,工程性质也不相同,因此必须按照一定的规则进行分类。世界各国公路用土的分类方法虽然不尽相同,但是分类的依据大致相近,一般根据土颗粒的粒径组成、颗粒的矿物成分或其余物质的含量、土的塑性指标进行区划。我国《公路土工试验规程》(JTG 3430—2020)依据土的颗粒组成特征、土的塑性指标和土中有机质存在的情况,将公路用土分为巨粒土、粗粒土、细粒土和特殊土四类,并进一步细分为 12 种土,如图 2.1 所示。

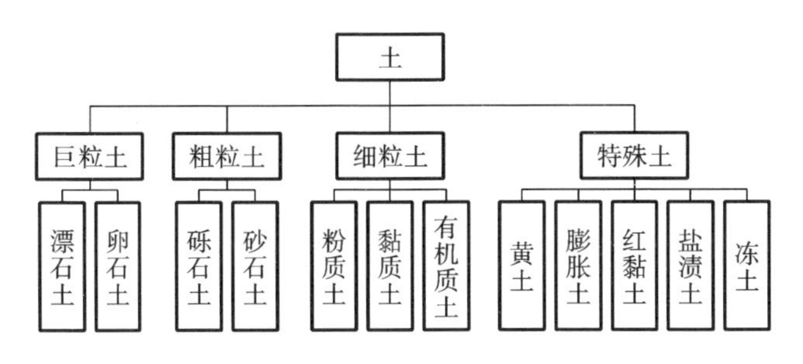

图 2.1　土分类总体系

土的颗粒组成特征用不同粒径粒组质量占土总质量的百分数表示。不同粒组的划分界限及范围见表 2.2。

表 2.2　粒组划分界限及范围

<table>
<tr><td>粒径/mm</td><td colspan="2">200</td><td>60</td><td>20</td><td>5</td><td>2</td><td>0.5</td><td>0.25</td><td>0.075</td><td>0.002</td></tr>
<tr><td rowspan="3">粒组</td><td colspan="2">巨粒组</td><td colspan="6">粗粒组</td><td colspan="2">细粒组</td></tr>
<tr><td rowspan="2">漂石</td><td rowspan="2">卵石</td><td colspan="3">砾</td><td colspan="3">砂</td><td rowspan="2">粉粒</td><td rowspan="2">黏粒</td></tr>
<tr><td>粗</td><td>中</td><td>细</td><td>粗</td><td>中</td><td>细</td></tr>
</table>

(1) 巨粒土。

巨粒组质量分数大于总质量75%的土称为巨粒土。巨粒土可分为漂(卵)石(巨粒质量分数>75%);漂(卵)石夹土(50%<巨粒质量分数≤75%);漂(卵)石质土(15%<巨粒质量分数≤50%)。

(2) 粗粒土。

巨粒组土粒质量分数小于或等于总质量的15%,且巨粒组土粒与粗粒组土粒质量分数之和大于总质量50%的土称为粗粒土。

粗粒土分为砾类土和砂类土两种。粗粒土中砾粒组质量大于砂粒组质量的土称砾类土。粗粒土中砾粒组质量小于或等于砂粒组质量的土称为砂类土。砾类土根据其中细粒质量分数和类别可分为砾(细粒质量分数≤5%),含细粒土砾(5%<细粒质量分数≤15%),细粒土质砾(15%<细粒质量分数≤50%)。砂类土根据其中细粒质量分数和类别可分为砂(细粒质量分数≤5%),含细粒土砂(5%<细粒质量分数≤15%),细粒土质砂(15%<细粒质量分数≤50%)。

(3) 细粒土。

细粒组土粒质量分数大于或等于总质量50%的土称为细粒土。细粒土中粗粒组质量分数小于或等于总质量25%的土称粉质土或黏质土。细粒土中粗粒组质量分数为总质量25%~50%(含50%)的土称为含粗粒的粉质土或含粗粒的黏质土。有机质质量分数大于或等于总质量的5%,且小于总质量的10%的土称有机质土。有机质质量分数大于或等于10%的土称为有机土。

2. 路基土的工程特性

各类公路用土具有不同的工程性质,在选择路基填筑材料,以及修筑稳定土路面结构时,应根据不同的土类分别采取不同的工程技术措施。

(1) 巨粒土。

巨粒土包括漂石土和卵石土,有很高的强度和稳定性,是填筑路基的良好材料。漂石土可用于砌筑边坡,在码砌边坡时应正确选用边坡值,以保证路基稳定。卵石土在填筑时压实较为困难,必须采取一定的措施保证其压实度。

(2) 粗粒土。

级配良好的砾类土,密实程度好,强度和稳定性均能满足要求。除了填筑路基,砾类土可以用于铺筑中级路面,经适当处理后可以铺筑高级路面的基层、底基层。对于级配不良的砾类土,填筑时应保证密实度,防止由于空隙大而造成路

基积水、不均匀沉陷或表面松散等破坏。

砂和含细粒土砂(又称砂土)无塑性,透水性强,毛细上升高度小,具有较大的内摩擦系数,强度和水稳定性均好,但黏结性弱,易松散,压实困难,但是经充分压实的砂土路基,压缩变形小,稳定性好。为了增大压实度和提高稳定性,可以采用振动法压实,并可掺加少量黏土以改善级配组成。

砂性土既含有一定数量的粗颗粒,又含有一定数量的细颗粒。级配适宜,强度、稳定性等都能满足要求。砂性土遇水不黏结、不膨胀,雨天不泥泞,晴天不扬尘,便于施工,是理想的路基填筑材料。

(3) 细粒土。

粉质土含有较多的粉土颗粒,干时虽有黏性,但易于破碎,浸水时容易处于流动状态。粉质土毛细作用强烈,毛细上升高度大(可达 1.5 m),在季节性冰冻地区容易出现冻胀、翻浆等病害。粉质土属于不良的公路用土,如必须用粉质土填筑路基,则应采取技术措施改良土质,并采取排水或隔离水等措施。

黏质土中的细颗粒含量多,土的内摩擦系数小而黏聚力大,透水性小而吸水能力强,毛细现象显著,有较强的可塑性。黏质土干燥时较坚硬,施工时不易破碎。浸湿后能长期保持水分,不易挥发,因而承载力小。黏质土在含水率适当时加以充分压实,并设置良好的排水设施,筑成的路基也能获得较好的稳定性。

有机质土(如泥炭、腐殖土等)不宜作为路基填料,如遇有机质土均应在设计和施工上采取适当措施。

(4) 特殊土。

黄土属大孔和多孔结构,具有湿陷性;膨胀土受水浸湿发生膨胀,失水则收缩;红黏土失水后体积收缩量较大;盐渍土潮湿时承载力很低;冻土融化后承载力大大降低,压缩性急剧增大,使地基产生融陷,在冻结过程中又产生冻胀,对地基均不利。因此,特殊土不宜作为路基填料。

2.1.3　路基强度

路基一定范围内的受力状态与路基的强度和稳定性关系密切,必须将路基的荷载控制在一定范围内。

1. 路基受力状况

路基承受着路基(含路面)自重和汽车轮重两种荷载。在两种荷载共同作用之下,在一定深度范围内,路基土主要处于受压状态。设计时应使路基所受的应力在弹性限度范围内，车辆驶过后，路基能完全恢复，以保证路基相对稳定，路面不致引起破坏。

路基土在车轮荷载作用下所引起的垂直应力 σ_z，可以用近似公式(2.1)计算。计算时假定车轮荷载为圆形均布垂直，路基为弹性均质半空间体，则

$$\sigma_z = \frac{P}{1+2.5\left(\frac{Z}{D}\right)^2} \tag{2.1}$$

式中：σ_z 为路基土在车轮荷载作用下所引起的垂直应力(kN/m^2)；P 为车轮的单位压力(kPa)；Z 为圆形均布垂直荷载中心下应力作用点的深度(m)；D 为圆形均布垂直荷载作用面积的直径(m)。

自重引起土基中的压应力，考虑到在一定深度以下，同路基自重相比较，路面重力的影响不大，所以在研究荷载作用最大深度时，为简化计算，近似地将路面材料看作土基材料，则路基土自重在路基内深度作用点引起的垂直压应力 σ_B 按式(2.2)计算。

$$\sigma_B = \gamma z \tag{2.2}$$

式中：σ_B 为路基土自重在路基内深度作用点引起的垂直压应力(kN/m^2)；γ 为土的重度(kN/m^3)；z 为应力作用点深度(m)。

路基内任一点处的垂直应力包括由车轮荷载引起的垂直应力和由土基自重引起的垂直压应力。

2. 路基工作区深度

在路基某一深度 Z_a 处，当车轮荷载引起的垂直应力与路基土自重引起的垂直压应力之比大于0.1时，该深度范围内的路基称为路基工作区。在工作区范围内的路基，对支承路面结构和车轮荷载影响较大，在工作区范围以外的路基，影响逐渐减小。

路基工作区深度 Z_a 可以用公式(2.3)计算。

$$Z_a = \sqrt[3]{\frac{KnP}{\gamma}} \tag{2.3}$$

式中：K 为系数，取 $K=0.5$；n 为系数，$n=5\sim10$；P 为一侧车轮荷载(kPa)；γ 为土的重度(kN/m^3)。

由式(2.3)可知，路基工作区深度随车轮荷载的加大而加深。

路基工作区内，土基的强度和稳定性对保证路面结构的强度和稳定性极为重要，对工作区深度范围内的土质选择、路基的压实度应提出较高的要求。

当工作区深度大于路基填土高度时，行车荷载的作用不仅施加于路堤，而且施加于天然地基的上部土层，因此，天然地基上部土层和路堤应同时满足工作区的要求，且应充分压实。

3. 路基强度

路基在外力作用下将产生变形。路基强度是指路基抵抗外力作用的能力，即抵抗变形的能力。在一定应力作用下，变形越大，路基强度越低；反之，则路基强度越高。因此，路基作为路面的基础，它抵抗车轮荷载的能力主要取决于路基顶面在一定应力作用下抵抗变形的能力。用于表征路基强度的参数指标主要有回弹模量、加州承载比(California bearing ratio，简称 CBR)和抗剪强度。

(1) 回弹模量。

回弹模量是指路基、路面材料在荷载作用下产生的应力与其相应的回弹应变的比值。土基回弹模量表示土基在弹性变形阶段内，在垂直荷载作用下，抵抗竖向变形的能力。如果垂直荷载为定值，土基回弹模量值越大，产生的垂直位移就越小；如果竖向位移是定值，回弹模量值越大，则土基承受外荷载作用的能力就越大。因此，路面设计采用回弹模量作为土基抗压强度的指标。路基填料的回弹模量应按《公路路基设计规范》(JTG D30—2015)附录 A 试验方法获得，受试验条件限制时，可按附录 B 根据土组类别及粒料类型查取回弹模量参考值。

(2) 加州承载比。

加州承载比是表征路基土地、粒料、稳定土强度的一种指标，即标准试件在贯入量为 2.5 mm 时所施加的试验荷载与标准碎石材料在相同贯入量时所施加的荷载之比值，以百分率表示。

(3) 抗剪强度。

当路基土强度不足以抵抗剪应力作用时，其相邻的两部分土体将沿某地剪切面(滑动面)产生相对移动，最后导致滑坡或崩塌。这种沿剪切面使土体破坏的现象称为剪切破坏。土的抗剪强度 τ 按式(2.4)计算。

$$\tau = \sigma \tan\phi + c \tag{2.4}$$

式中：τ 为土的抗剪强度(kPa)；σ 为作用于剪切面上的法向压应力(kPa)；ϕ 为土的内摩擦角(°)；c 为土的黏聚力(kPa)。

由式(2.4)可知，土体的抗剪强度是由土的黏聚力和内摩擦力组成的。

2.2 填方路基施工

填方路基又称路堤，是指路基设计高程大于原地面高程的路基。填方路基根据高度可分为低路堤、一般路堤和高路堤。根据其边坡挡土墙的设置情况，又可分为不设挡土墙路堤和设挡土墙路堤。

高速公路填方路基施工的主要工作程序：拟订路基填筑方法、选择路基填筑机械、完成路基填筑试验及正式施工。

2.2.1 路基填筑方法、路基填筑机械与路基填筑试验

1. 路基填筑方法

（1）填筑方法。

路基填筑的常规方法有水平分层填筑、纵向分层填筑、横向填筑及联合填筑。其中，水平分层填筑是应用广、施工质量好的一种方法，高速公路、一级公路及铺设高级路面的其他等级公路的路基填筑均应采用水平分层填筑法施工。

（2）填筑的一般要求。

①性质不同的填料，应水平分层、分段填筑，分层压实。同一水平层路基的全宽应采用同一种填料，不得混合填筑。每种填料填筑层压实后的连续厚度不宜小于 500 mm。填筑路床顶最后一层时，压实后的厚度应不小于 100 mm。

②潮湿或冻融敏感性小的填料应填筑在路基上层。强度较小的填料应填筑在下层。在有地下水的路段或临水路基范围内，宜填筑透水性好的填料。

③在透水性不好的压实层上填筑透水性较好的填料之前，应在其表面设 2%～4%双向横坡，并采取相应的防水措施。不得在由透水性较好的填料填筑的路堤边坡上覆盖透水性不好的填料。

④每种填料的松铺厚度应通过试验路段获得，压实系数一般为 1.3。

⑤每一填筑层压实后的宽度不得小于设计宽度。

⑥路堤填筑时，应从最低处分层填筑，逐层压实；当原地面纵坡大于 12%或横坡陡于 1∶5 时，应按设计要求挖台阶，或设置坡度向内并大于 4%、宽度大于 2 m 的台阶。

⑦填方分几个作业段施工时，接头部位如不能交替填筑，则先填路段，应按

1∶1 坡度分层留台阶;如能交替填筑,则应分层相互交替搭接,搭接长度不小于 2 m。

2. 路基填筑机械

路基填筑施工常用的机械有挖掘机、推土机、装载机、平地机、压路机、自卸汽车及洒水车等。

3. 路基填筑试验

下列情况下,应进行试验路段施工。

①填石路堤、土石路堤。

②特殊地段路堤。

③特殊填料路堤。

④拟采用新技术、新工艺、新材料的路基。

试验路段应选择在地质条件、断面形式等工程特点具有代表性的地段,路段长度不宜小于 100 m,以确定路基预沉留量、路基宽度内每层填料的虚铺厚度、合适的压实方式及机械组合、压实遍数等。路堤试验结束后,应进行技术总结并形成成果报告,该成果报告应包括以下内容。

①填料试验、检测报告等。

②施工测量成果。

③压实工艺主要参数:机械组合、压实机械规格、松铺厚度、碾压遍数、碾压速度、最佳含水量及碾压时含水量允许偏差等。

④过程质量控制方法、指标。

⑤质量评价指标、标准。

⑥优化后的施工组织方案及工艺。

⑦原始记录、过程记录。

⑧对施工设计图的修改建议等。

2.2.2　土质路堤施工

土质路堤施工是路基施工的一项重要内容,土质路堤的施工要注意其整体的稳定性和抗侵蚀性,如果不能按规范施工,就会出现塌方、断裂等问题,因此要严格控制土质路堤施工质量,把握工程关键,对每个施工技术环节都要进行严格的控制,确保路基工程的施工质量。

1. 施工准备

①路基开工前,应在全面理解设计要求和设计交底的基础上,进行现场调查和核对。

②在进行详尽的现场调查后,应根据设计要求、合同、现场情况等,编制实施性施工组织设计,并按管理规定报批。

③路基开工前必须建立健全质量、环保、安全管理体系和质量检测体系,并对各类施工人员进行岗位培训和技术、安全交底。

④临时工程应满足正常施工需要,应保证路基施工影响范围内原有道路、结构物及农田水利等设施的使用功能。

2. 测量放样

①路基施工前,应对原地面进行复测,核对或补充横断面,发现问题时应进行处理。

②路基施工前,按设计逐桩坐标恢复路线中桩,计算坡脚位置,并在两侧各加宽 30～50 cm 路基边线,作为填土边缘控制线。同时应设置标识桩,对路基用地界、路堤坡脚、取土坑、护坡道、弃土堆等具体位置进行标识。

③对于高填方路段,每填 3～5 m 或一个边坡平台应复测中线和断面。

④施工过程中,应保护所有控制桩点,并及时恢复被破坏的桩点。每项测量成果必须进行复核,原始记录应存档。

3. 原地面处理

路基范围内的原地基应在路基施工前按下列要求进行处理:

①在稳定的斜坡上,地面横坡小于 1∶5 时,清除地表草皮、腐殖土后,可直接填筑路堤;地面横坡为 1∶5～1∶2.5 时,原地面应挖台阶,台阶宽度不应小于 2 m。当基岩面上的覆盖层较薄时,宜先清除覆盖层再挖台阶;当覆盖层较厚且稳定时,可予保留。

②陡坡地段、土石混合地基、填挖界面、高填方地基等都应按设计要求进行处理。

③地基表层应碾压密实。高速公路路堤基底的压实度(重型)不应小于 90%。低路堤应对地基表层土进行超挖、分层回填压实,其处理深度不应小于路床深度。

④原地面坑、洞、穴等应在清除沉积物后，用合格填料分层回填、分层压实，压实度符合规定。

⑤对于泉眼或露头地下水，应按设计要求，采取有效导排措施后方可填筑路堤。

⑥地基为耕地、水稻田、湖塘、软土、高液限土等时，应按设计要求进行处理，局部软弹部分也应采取有效的处理措施。

⑦地下水位较高时，应按设计要求进行处理。

⑧陡坡地段、土石混合地基、填挖界面、高填方地基等都应按设计要求进行处理。

4. 填料的选择

公路路基填料首先应满足路基强度和回弹模量的要求，其次应结合土石方调配设计对移挖作填、集中取(弃)土、填料改良处理等方案进行技术经济比较，充分利用挖方材料，节约土地，选择挖取方便、压实容易、强度高、水稳定性好的土体作为路基填料。

①宜优先选用级配较好的砾类土、砂类土等粗粒土作为填料，填料的最大粒径应符合规定。

②含草皮、生活垃圾、树根、腐殖质的土严禁作为填料。

③泥炭、淤泥、冻土、强膨胀土、有机质土及易溶盐超过允许含量的土，不得直接用于填筑路基；确需使用时，必须采取技术措施进行处理，经检验满足设计要求后方可使用。

④季节性冻土地区路床及浸水部分路堤不应直接采用粉质土填筑。

⑤液限大于 50%、塑性指数大于 26、含水量不适宜直接压实的细粒土，不得直接作为路堤填料；需要使用时，必须采取技术措施进行处理，经检验满足设计要求后方可使用。

⑥粉质土不宜直接填筑于路床，不得直接填筑于冰冻地区的路床及浸水部分的路堤。

⑦浸水路堤、桥涵台背和挡土墙背宜采用渗水性良好的填料。在渗水材料缺乏的地区，采用细粒土填筑时，可采用无机结合料进行稳定处治。

⑧高速公路路基填料最小承载比和最大粒径应符合表 2.3 的规定。

表 2.3　高速公路路基填料最小承载比和最大粒径

<table>
<tr><th colspan="2">路基部位</th><th>路面底面以下深度/m</th><th>高速公路路基填料最小承载比/(%)</th><th>填料最大粒径/mm</th></tr>
<tr><td colspan="2">上路床</td><td>0～0.3</td><td>8</td><td>100</td></tr>
<tr><td rowspan="2">下路床</td><td>轻、中及重交通</td><td>0.3～0.8</td><td>5</td><td>—</td></tr>
<tr><td>特重、极重交通</td><td>0.3～1.2</td><td>5</td><td>—</td></tr>
<tr><td rowspan="2">上路堤</td><td>轻、中及重交通</td><td>0.8～1.5</td><td>4</td><td rowspan="4">150</td></tr>
<tr><td>特重、极重交通</td><td>1.2～1.9</td><td>4</td></tr>
<tr><td rowspan="2">下路堤</td><td>轻、中及重交通</td><td>>1.5</td><td rowspan="2">3</td></tr>
<tr><td>特重、极重交通</td><td>>1.9</td></tr>
</table>

注:①该表最小承载比试验条件应符合现行《公路土工试验规程》(JTG 3430—2020)的规定。②在年平均降雨量小于 400 mm 的地区,对于路基排水良好的非浸水路基,通过试验论证可采用平衡湿度状态的含水量作为最小承载比试验条件,并应结合当地气候条件和汽车荷载等级,确定路基填料最小承载比控制标准。③当路基填料最小承载比值达不到表中要求时,可掺石灰或用其他稳定材料处理。

5. 土方运输

土方运输采用挖掘机装车,自卸车运输。为防止运输途中水分散失、扬尘及遗撒,应对运输车辆的装载区域进行覆盖,并及时对便道进行洒水,减少环境污染。

6. 分层摊铺

路基分层摊铺须严格按照“划格上土,挂线施工,平地机整平”进行。

①放线和标高控制。沿线路方向每 20 m 采用全站仪放出线路中桩和填筑边线(宽度按设计宽度每侧加宽 30～50 cm),用石灰或旗杆进行标识。用水准仪测出该层填铺厚度控制桩的标高,在路基两侧边缘沿纵向每 20 m 设一个长 70 cm 边桩,并用红白漆每 10 cm 交错标注,按设定的松铺厚度挂线,以控制标高。

②画网格,控制虚铺厚度。根据运输车每车的方量和设定的松铺厚度,通过计算确定单车的卸土面积,按照卸土面积用石灰在下承层上画网格,以便运输车辆按照顺序倾倒填料。

③上料。运输车辆到达现场后，由现场施工员进行指挥，严格按照标识卸放，每网格内倾倒 1 车填料以控制填料厚度。若按设计图纸，路堤结构中有土工格栅、土工布等土工织物，应先按照设计及规范要求在上料前铺设土工织物，并在上料过程中注意保护土工织物的完整性。

④控制填料含水量。按照填料室内试验，填料施工含水量控制在最佳含水量±2%以内。填料含水量较低时，采取洒水措施；填料含水量较高时，翻松晾晒。

⑤粗平。填料上足后，采用推土机进行摊铺，纵向每 50～60 m 为一个摊铺段，同时人工配合机械对局部进行找平和补料。

⑥精平。粗平完成后，采用平地机精平作业。

⑦集料窝带处理。在每摊铺段完成后由压路机静压一遍，人工查找集料窝带并进行处理，对局部级配较差的填料进行现场拌和。

7. 分层碾压

①按碾压方法分为重力压实（静压）和振动压实两种。

②按照试验段成果完善后的路基填筑方案确定的压实机械及其组合、压实遍数及压实速度进行碾压。碾压应坚持初压（静压 1～2 遍）、复压（振动 2～6 遍）及终压（静压 1～2 遍）的步骤，遵循“先轻后重、先慢后快、先两边后中间，弯道地段先内侧后外侧”的原则，碾压时前后轮迹须重叠 1/3～1/2，直到达到规范规定的压实度。压实机械对土进行碾压时，一般以慢速效果最好，除羊足碾或凸块式碾外，压实速度宜为 2～4 km/h。羊足碾的速度可以快些，在碾压黏土时最高可达 15 km/h。

③碾压应在路基全宽范围内，纵向分行进行。纵向分段压好后，进行第二段压实时，其在纵向接头处的碾压范围宜重叠 1～2 m，以确保接头处平顺过渡。

④碾压一段结束时，宜采取纵向退行方式继续进行第二遍碾压，不宜掉头，以免因机械掉头搓挤土，使压实的土被翻松。故压路机始终要以纵向进退方式进行压实作业。

⑤碾压应从路基边缘向中央进行，压路机轮外缘应与路基边保持安全距离。

⑥碾压不到的部位应采用小型夯实机夯实，为防止漏夯，要求夯击面积重叠 1/4～1/3。

8. 分层检验

路基填土压实质量检测随分层填筑碾压施工分层检测，每一压实层压实度检验合格后方可填筑上一层，压实度标准符合表 2.4 的要求。否则应查明原因，采取措施进行补压。

表 2.4 高速公路土质路堤压实度标准

路基部位		路床顶面以下深度/m	高速公路压实度/(%)
上路床		0～0.30	≥96
下路床	轻、中及重交通荷载等级	0.30～0.80	≥96
	特重、极重交通荷载等级	0.30～1.20	≥96
上路堤	轻、中及重交通荷载等级	0.80～1.50	≥94
	特重、极重交通荷载等级	1.20～1.90	≥94
下路堤	轻、中及重交通荷载等级	>1.50	≥93
	特重、极重交通荷载等级	>1.90	

注：①表列压实度以现行《公路土工试验规程》(JTG 3430—2020)重型击实试验所得最大干密度求得的压实度。②对特殊干旱、特殊潮湿地区或过湿土路基等，可按路基设计、施工规范所规定的百分率计算合格率。

①用灌砂法、灌水(水袋)法检测压实度时，取土样的底面位置为每一压实层底部；用环刀法试验时，环刀中部处于压实层厚的 1/2 深度；用核子仪试验时，应根据其类型，按说明书要求办理。

②检测频率为每 1000 m^2 至少检验 2 点，不足 1000 m^2 时检验 2 点，必要时可根据需要增加检验点。

9. 路床精加工

当路堤填筑厚度接近路床高程时，要逐步控制填土厚度，并使顶面的压实厚度不小于 10 cm。

精平时采用平地机精平、光轮振动压路机压实，反复进行，直到检测数据全部满足技术规范要求。

对已精平、完工的路基进行交通管理，避免在雨季因车辆行驶造成路基表面破坏。

10. 路基整修

每填筑完一段路堤并稳定后，及时进行边坡清理，削去超宽填筑部分，并进行防护工程以及排水沟砌筑，避免路堤坡脚受雨水冲刷。雨天施工时，随挖、随运、随铺、随压。每层填土筑成 2%～4%的排水横坡，当天填筑的土层当天完成压实。路堤表层及边坡应加以整理，不得有积水。路堤表层含水量接近正常时，方可继续填筑。在整个路堤施工期间，如路基填筑周期较长，应做好临时路基排水设施，保证排水畅通。

2.2.3　填石路堤施工

填石路堤是指用粒径大于 40 mm、含量超过总质量 70%的石料填筑的路堤。随着社会经济的快速发展，我国城镇化建设和工业化建设进程不断加快，为了加强各个区域之间的经济交流与合作，我国高速公路的建设进程在加快，规模在扩大。为了保证人们的交通安全，在高速公路工程中就需要提高对施工质量的重视程度，其中最关键的就是填石路堤工程施工环节，这是整个高速公路工程施工的基础和前提，其质量会对整个施工质量产生直接的影响。

1. 填料的选择

①山区填石路堤最为常见，填料主要是路堑和隧道爆破后的石料。

②硬质岩石、中硬岩石可用作路床、路堤填料；软质岩石可用作路堤填料，但不得用于路床填料；膨胀性岩石、易溶性岩石、易风化崩解性岩石和盐化岩石等不得用于路堤填筑。

风化岩石和软质岩石填筑路堤时，路床应采用硬质岩石或其他符合要求的材料填筑，并应采取路堤边部包边封闭或加筋、底部设置排水垫层、顶部设置防渗层等措施，防止填石路堤产生湿化变形。

软弱地基上填石路堤，应与软土地基处理设计综合考虑。

③填石路堤填料粒径应满足表 2.5 的要求。填石路堤顶部最后一层填料铺筑层厚不得大于 0.4 m，填料粒径不得大于 150 mm，其中小于 4 mm 细料含量不应小于 30%，且铺筑层表面应无明显孔隙、空洞。填石路堤上部采用其他材料填筑时，可视需要设置土工布作为隔离层。

表 2.5　填石路堤填料的粒径要求

岩石类型	路基部位	路面底面以下深度/m	摊铺层厚/mm	最大粒径/mm
硬质石料	上路堤	0.8～1.5(1.2～1.9)	≤400	小于层厚 2/3
	下路堤	>1.5(>1.9)	≤600	小于层厚 2/3
中硬石料	上路堤	0.8～1.5(1.2～1.9)	≤400	小于层厚 2/3
	下路堤	>1.5(>1.9)	≤500	小于层厚 2/3
软质石料	上路堤	0.8～1.5(1.2～1.9)	≤300	小于层厚
	下路堤	>1.5(>1.9)	≤400	小于层厚

注:①"路面底面以下深度"列,括号中数字分别为特重、极重交通的上路堤、下路堤深度范围。

②路床范围应用符合要求的土填筑,填料粒径应小于 100 mm。

2. 填筑方法

(1) 分层压实法。

自下而上水平分层,逐层填筑,逐层压实,这是一种普遍采用并能保证填石路堤质量的方法。高速公路、一级公路和铺设高级路面的其他等级公路的填石路堤均应采用此方法。

(2) 冲击压实法。

利用冲击压实机的冲击碾周期性、大振幅、低频率地对路基填料进行冲击,压密填方。它具有分层法连续性的优点,又具有强力夯实法压实厚度深的优点。其缺点是在周围有建筑物时,使用受到限制。

(3) 强力夯实法。

用起重机吊起夯锤从高处自由落下,利用强大的动力冲击,迫使岩土颗粒位移,提高填筑层的密实度和地基强度。该方法机械设备简单,击实效果显著,施工中无须铺撒细粒料,施工速度快,有效解决了大块石填筑地基厚层施工的夯实难题。对强夯施工后的表层松动层,采用振动碾压法进行压实。

3. 填石路堤施工工艺

在公路工程施工中,分层填筑是填石路堤的常用方法。限于篇幅,本书仅对分层填筑技术施工进行介绍。

(1) 路基分层填筑技术。

将分层填筑技术(如分层压实施工、分层强夯施工等工艺)应用到高速公路路基工程施工中,与以往的高速公路路基施工相比可大大提高其施工质量和施

工效果。

①分层压实施工工艺。

分层填筑技术在高速公路路基施工中对提升高速公路路基施工的质量具有一定作用,在压实过程中实施分层压实,具有较好的施工效果。例如,在摊铺和整平阶段的分层,在其施工过程中严格按照《公路路基设计规范》(JTG D30—2015)的要求压实。在分层摊铺阶段,通常路堤底层分层填筑的厚度控制在 50 cm 左右,根据高速公路路基实际施工情况进行有效的分层处理,如在靠近路堤顶面摊铺施工的厚度应控制在 40 cm 左右,在摊铺路床底面时,摊铺的厚度大致控制在 40 cm 左右,每一层摊铺都应严格遵循分层摊铺的工艺要求,在靠近路床顶面时,应将摊铺的厚度调整到 30 cm 左右,完成高速公路路基的分层摊铺。分层摊铺阶段严格遵守相关的规范要求,并利用工具测量标高,保证每层的摊铺厚度都能满足施工要求,保证整体摊铺的有效性。

分层压实主要针对不同的摊铺层碾压。通常路基分层压实主要分为静压、振动碾压、静压整平三个阶段。每个碾压阶段对碾压的速度以及振动的幅度有不同的要求,同时,碾压阶段应遵循从路基两边向中间、由快到慢的碾压原则。同时,应根据路基的压实标准合理调整不同层次的碾压次数,保证压实的有效性。

②分层强夯施工工艺。

高速公路路基分层填筑技术在应用的过程中,需要结合具体的施工情况,实施有效的分层强夯施工工艺,保证高速公路路基分层施工的有效性,进而保证高速公路路基的施工质量。

第一,应做好施工前的准备工作,例如,在分层强夯施工中需要相关的强夯施工机械设备,一方面根据强夯的具体施工要求准备相应的施工机械设备;另一方面,在施工前应对强夯施工机械设备的性能进行全面的检查,是否存在性能不达标、质量隐患等问题,及时对其进行调整,保证投入施工中的机械设备性能良好。

第二,施工前应进行施工现场勘查,对施工现场进行全面的检查,是否满足设计方案的要求,在确定各项施工数据以及指标符合要求的情况下再施工,这样才能够保证高速公路施工的质量,满足施工的要求,确保高速公路施工工作的顺利完成和后期的良好使用。

第三,在正式强夯之前,应先进行施工试验,即试夯,可以在施工现场选择 20 m×20 m 的场地试夯。在此过程中,应根据试夯的具体情况合理调整落锤的高度、单次夯击数、夯锤平均速度以及间隔时间等相关的参数，保证参数的合理性、适应性，提升高速公路路基夯实的质量，也为强夯施工的顺利完成奠定基础。

第四，根据高速公路路基施工要求进行强夯施工。针对高速公路路基的实际情况，对每一层进行夯实，通常第一层的强夯高度控制在与填方高度的8～12 m，然后在接下来的每一层夯实中，每填高 8 m 则需要进行一次强夯，每一层的夯实都应按照相关的技术参数进行夯实

第五，在强夯完成后需要对场地进行整平，保证高速公路路基分层填筑施工的质量，进而保证高速公路路基的施工质量。

(2) 路基分层填筑施工质量控制措施。

①压实施工质量控制。

通过以上分析了解到高速公路路基分层填筑施工的技术要点，为了确保高速公路路基施工的质量，需要在分层填筑施工技术实施过程中进行严格的质量控制，尤其是在压实阶段的质量控制，应结合具体的施工情况进行全面的质量控制。

首先，应加强对压实遍数的控制，结合每层的碾压情况进行合理的控制。碾压遍数控制直接影响到高速公路路基碾压的效果，在确定碾压遍数之前应先确定填筑层的厚度，再确定碾压遍数，保证碾压的有效性，确保高速公路路基分层填筑施工的有效性。

其次，对压实度的控制。相关质量控制人员以及施工人员应严格按照设计方案以及技术规范等确定相关的技术参数，保证压实度满足施工技术要求，实现对高速公路路基压实的质量控制。

此外，还应加强对路基沉降量的控制，在每一层填筑夯实阶段，都应测定填料后的密度，再结合相关的测量数据对沉降量进行有效的控制，更有利于控制碾压土层的厚度，进而保证每层土层的厚度尺寸达标，保证高速公路路基的施工质量。

②强夯施工质量控制。

首先，加强对强夯施工工序的控制，高速公路路基分层填筑施工工序与传统高速公路路基夯实施工工序有一定的差异，任何一道施工工序出现问题都会影响高速公路路基施工质量，因此，应加强对强夯施工工序的控制，保证每道施工工序的质量，进而提高高速公路路基的施工质量。确保每一道工序合格之后再进行下一层施工，不可忽视任何工序中的施工细节。

其次，应加强对强夯施工参数的控制。通常强夯施工会涉及夯锤的高度、数

量、时间间隔等参数，应根据强夯的具体施工要求合理控制各项施工参数。高速公路路基施工环境和施工的要求不同，每项高速公路路基的施工都有很大的不同，因此，在参数设计和控制过程中，应考虑高速公路路基施工的具体情况，确保高速公路路基分层夯实施工质量。

再次，应加强对施工检测的控制。路基强夯施工过程中，通过检测密实度参数来确定强夯施工的效果是否达到要求。如果在施工过程中更换了填料，就要再次进行最大干密度的检测，以保证材料的质量满足工程的施工需要。

总而言之，在高速公路路基分层填筑技术应用过程中，应结合高速公路具体的施工情况合理应用，才能将其作用充分发挥出来，进而提升高速公路路基施工质量。当然，在实际施工中，施工参数、施工工序等控制不合理可能会给高速公路路基分层填筑施工带来问题，进而影响高速公路路基施工质量。

2.2.4　高填方路基施工

路基施工是高速公路施工的关键内容，而高填方路基的填筑则是高速公路施工过程中的重难点，现结合某高速公路高填方路基施工实例，从填料选择、施工准备、路基排水及填筑压实等方面对高填方路基施工技术要点进行分析，并对高填方路基施工质量的控制进行全面探讨。

1. 工程概况

该高速公路路线全长 3.0 km，第四标段由东南向西北，起于马家坪村，中间穿越多条隧道，经过龙门服务区，止于临洮县郑家庄。在该合同段内，共有 6 处高填方路段，总长度约为 300 m，中线最大填方高度约为 28 m，边坡最大填方高度约为 50 m。其中，施工内容主要包括填方、换填、夯实、土工格栅及护坡等，经初步估算，填方量约为 7.12 万 m^3。

2. 高填方路基施工处理技术要点

(1) 填料的选择。

高填方路基的填料性质是影响高填方路基质量的重要因素，选择填料时主要从填料的含水量、填料组成、填料粒径等角度考虑。

①含水量。

在选择高填方路基填料前，需要对填料的含水量进行检测，应控制填料的含水量在最优含水量的 2%范围内。如含水量超过最优含水量的 2%，可通过晾晒的方法降低填料含水量；若填料含水量低于最优含水量的2%，可通过洒水的方法提升填料的含水量。

另外，在施工前，应对施工现场的水文地质条件进行充分的了解，若施工现场地质条件较差，需选择水稳定性好、强度高的材料进行路基填筑，必要时可通过添加砂土和碎石来提高路基的整体稳定性。

②填料组成。

在进行填料的选择时，需要注意，含有较多杂质及有机物和易溶盐含量超标的土不能够用于路基填筑，若必须使用，则使用前需要通过特殊处理，使得处理后填料的相关参数满足规范的要求。

③填料粒径。

根据相关规范，填料的粒径不能过大，若填料的最大粒径大于规范要求，则需要进行破碎，使得填料的最大粒径满足规范要求。另外，由于对路床的压实质量要求较高，粉质黏土不可以用于路床填筑。

（2）施工准备。

选择填料以后，在对路基进行填筑前需要做好充足的施工准备。①清表。由于原路基表面存在草皮、树根、农作物根系等有机质，需要进行清除，以保证路基强度能够符合工程设计的相关要求。②挖台阶。清表结束后，需要对路基表面进行挖台阶处理，必要时需在台阶表面铺设土工格栅，这是提高高速公路软基地段高填方路基承载力的重要环节，根据实际工程情况，台阶一般以宽2 m、高0.3 m为标准，土工格栅的纵横向搭接长度在2.0～4.0 m。③原地面处理。恢复边桩，并沿桩画线进行就地整平，然后碾压夯实。

（3）路基排水、摊铺及压实。

①路基排水。

高速公路的施工工期较长，而施工期间，雨水天气对路基结构的完整性影响较大，因此需要提前做好排水降水处理，以保证高速公路路基的稳定性，并降低雨水给施工单位带来的经济损失。

实际施工中，一般通过在路基结构的两侧设置排水沟，以此来对高速公路路基进行降水，设置排水沟时还需根据施工要求对排水结构进行合理的优化，防止施工给排水结构带来干扰。这样不仅能够降低高速公路施工难度，还能够保证施工质量符合工程施工的要求。常见的排水设施还有边沟、急流槽等。

a. 边沟。

边沟的主要作用是利用公路横坡将公路路面的雨水排到高速公路影响范围以外，其位置一般在路堑两侧 2 m，其边沟的尺寸应结合公路所在地区的雨量及地层含水量确定，常见的边沟截面形式有梯形截面和矩形截面。

边沟能够及时将公路路面雨水排出，降低地表水的影响。边沟修筑时，直接裸露在自然条件下，易受外界环境的影响，内部易产生淤堵，大大降低了其排水的功能。在外界水量较大的情况下，边沟内部水量增多，雨水漫出，产生路面积水。另外，边沟修筑材料在自然侵蚀下会开裂，导致淤堵。因此，在高速公路运营阶段，山区公路边沟应定时养护，及时清淤。

b. 截水沟。

地表径流对路基边坡的冲刷是影响公路路基稳定性的重要因素之一，而截水沟的主要作用就是拦截路基边坡表面的径流，减少坡面冲刷，并保护坡脚处的排水沟。考虑到其作用，截水沟一般设置在边坡平台或者坡顶 5 m 范围以外。流入截水沟的地表水直接流入排水沟，而非边沟，分担了边沟的排水压力。强降雨情况下，在截水沟的下侧还应设置土体平台，以防止地表径流溢出，土体平台向截水沟的坡度不宜小于 2%。

截水沟在设计时，往往根据工程经验并结合地质条件来确定截面尺寸与位置，缺少水流计算，可能造成材料的浪费或不足。例如在强降雨条件下，如果截水沟截面尺寸过小，则会出现水流外溢的情况，可能导致路基坡面冲刷及截水沟结构崩塌；如果截水沟截面尺寸过大，则截水沟的作用不能充分发挥，将增加工程造价。

由于山区地形复杂，截水沟的位置选取难度较大，位置选取不当，极易发生截水沟淤堵、基础失稳等现象。所以设计应充分考虑山区公路所在地区的降雨量，对截水沟的尺寸进行计算，并结合路基周边地形地貌合理选择截水沟位置。

c. 排水沟。

排水沟的主要作用是将边沟、截水沟、涵洞中的水引排到高速公路影响范围以外的河流或者集水井内。排水沟的修建位置应根据公路所在地的地形地貌进行调整，灵活修建，一般设置在路堤坡脚范围以外。考虑到排水沟内水流多、流速大，应在纵向设置一定的坡度，但不宜过大或过小，过小可能导致淤堵，过大则会导致排水沟的冲刷破坏，坡度宜为 0.5%～1.0%。

在排水沟的进出口与其他排水设施的连接处易发生破坏，包括排水沟开裂崩塌、沟内淤堵及沟岸坍塌等。排水沟内水流量较大，设计时若截面尺寸设计过小或者消力措施不够，则会导致溪沟下切破坏，形成冲沟，从而破坏排水沟进出口及沟身。

②路基填料的摊铺及压实。

首先，在进行路基填料摊铺时，需要重视沙砾垫层的设计，因为沙砾垫层是影响工程稳定性的重要因素，需要合理设计，防止地基变形，提高地表强度，从而增强工程的稳定性。在进行沙砾垫层施工时，要根据场地平整度要求，选择合适的填筑方式，保证填料的厚度，除了考虑提高地基承载力，还需要考虑提高地表的透水性，施工时往往可采取分层、分段、分幅填筑的方法，有效降低施工危险性。

其次，高速公路路基在进行填料摊铺过程中，需要注意选择合理的摊铺设备，通常选择履带式推土机为摊铺机具。填料的摊铺厚度也应符合相关规范，摊铺厚度不能过高或过低。摊铺厚度过高，容易导致压实不充分，从而影响压实质量。为了保证压实质量，需要采用大吨位压路机进行反复碾压，碾压原则为：公路为直线时，从中间向两边碾压；公路为曲线时，遵循先内侧后外侧的碾压原则；在进行横向碾压时，要以路基宽度为准；在进行纵向碾压时，重叠度以 45 cm 为标准。另外，还需要注意控制碾压速度和碾压方式，在选择碾压参数前，通过试验段结果进行确定。

最后，填料摊铺完成后，需要对路基进行压实，而压实质量直接影响高速公路施工质量。路基压实就是使填料颗粒在压路机作用下，能够更加充分地结合，大大提高路基的强度。路基压实方式主要有静压和动压(振动压实)两种。先通过静压的方式，对路基表面进行碾压，碾压一定次数后，再进行振动压实，使振动系统对路基进行二次碾压处理。在碾压过程中，碾压次数并非越多越好，振动功率并非越大越好，需要充分考虑路基填料的性质，如砂石材料具有低凝聚性的特点，碾压次数过多，容易出现液化等现象。

3. 高速公路高填方路基施工质量控制

(1) 加强地基承载力试验。

高速公路地基往往存在大量的腐殖土，会对路基的沉降带来较大的影响，因此，在进行路基填筑前需要对地基承载力进行加强，结合实际情况进行换填或者分层回填，从而确保路基长期的承载力要求。换填施工后，需要对地基承载力进行测量，检测换填后路基承载力是否满足规范要求，这就需要在检测过程中保证检测标准相同，且保证检测方法与检测对象匹配，增强检测精准性，弥补单一检

测方法导致的不稳定性以及局限性,并要严格遵守技术标准。

(2) 提高施工设计质量。

结合复合地基的要求,设置满足单桩承载力的碎石桩,并且严格控制碎石密实度,在高速公路高填方路基施工时,还需要选择合理的场地进行试验桩试验,结合试验抽样,制订相关动态管理表,试验的代表性受到施工过程土体深度等因素的变化影响。因此,施工技术人员需要对碎石桩贯入深度以及压入碎石量等关系进行分析,根据施工情况,对施工参数进行及时的调整。最后充分利用沙砾垫层,保证场地的平整性、路基透水性及稳定性。

(3) 建立安全保障体系。

除了施工及技术保障,在进行高速公路路基填筑施工过程中,需要建立安全的保障体系。首先,需要成立相关安全机构,制订相关的安全管理规范,组织人员认真学习,将责任落实到各个小组;然后根据实际情况制订安全监测方案,明确每个人的监管内容,做好完整的技术交底工作,严格要求现场施工人员佩戴安全装备,派专人对安全设备进行看管。

另外,需要对相关工程技术人员进行技能及素质的培养,也需要对所有参与人员进行系统性培训,使施工人员严格按照施工工艺进行操作,使监督管理人员充分发挥其监督与指导作用,保障施工质量。

2.3　挖方路基施工

挖方路基又称路堑,是指通过对原有山体土石方的开挖而形成的,设计高程低于原地面高程的路基。

挖方路基是由天然地层构成的。天然地层在生成和演变的长期过程中,一般具有复杂的地质结构。处于地壳表层的挖方路堑边坡施工破坏了原有山体的平衡且施工过程受到各种自然和人为因素(包括水文、地质、气候、地貌、设计与施工方案等)影响,比路堤边坡更容易发生变形和破坏,施工风险性更高。

高速公路施工中的路基挖方处理技术分为土质路基挖方处理技术和石质路基挖方处理技术。路基地质不同,挖方处理方法也不同。当路基地质由土壤构成时,将采用土质路基挖方处理技术;当路基地质中含有大量坚硬石质材质时,将采用石质路基挖方处理技术。

2.3.1　土质路基挖方施工

路基是由天然土壤构成的，地质构造较为复杂，在挖方过程中会对路基的地质构造造成一定的破坏，容易发生施工事故，所以正确的施工方法对稳定路基具有一定作用。

路基的地质、横向和纵向的长度、挖方技术以及挖方设备等因素都会影响高速公路施工的质量，在高速公路施工过程中要合理运用挖方处理技术，以此来保证高速公路施工的质量和安全。

1. 施工准备

①现场核对。工程开工前，应根据现场调查资料对设计文件进行核对，内容主要包括地形地貌、挖方数量、取弃土场位置、土方利用等。

②分析土体的稳定性。土体的稳定性直接关系到路堑边坡的稳定性。因此，施工前必须做好土体稳定性分析，如土体结构和构造、土的密实度、潮湿程度等。对土体进行分析后，根据既有施工经验复核设计边坡是否满足稳定性要求，最后确定施工方案。

③布置施工便道。根据现场地形确定机械进出便道路线，并修筑便道。便道修筑应满足施工机械和运土车辆转弯半径及会车、正常行驶要求。

2. 路基测量及测量放线

(1) 路基测量。

路基挖方施工之前，需对路基进行测量。测量内容包括中线测量和高度测量，根据测量数据对路基进行图纸描绘，复杂的地段需要局部放样，并且要绘制路基的横断面图纸，以此来确定高速公路路基挖方施工的坡度线与桩位，制订路基挖方施工方案，保证路基挖方施工顺利进行。

(2) 测量放线。

根据复测资料放出开挖边线桩，放线时定位准确，两侧各预留 0.2～0.3 m 不开挖，待开挖后进行人工刷坡。

路堑边坡开挖边线放线必须在对原地面复测后进行，否则会造成开挖后路槽宽度不满足设计要求的情况。

3. 施工排水渠道

开挖前，要将高速公路路基挖方地表的植物、杂物等清理干净，并开通路基挖方临时。排水渠道的作用是引走施工过程中产生的地下水和地面水，保证路基和边坡的稳定性，为路基挖方施工做好准备。

4. 开挖

①可作为路基填料的土方，应分类开挖、分类使用。

②根据土石方调配方案和施工顺序，选择最佳挖方作业面，优先选用横向全宽挖掘法、逐层顺坡自上而下开挖法施工，不得乱挖、超挖，严禁掏底开挖。

③高速公路路基挖方施工中要采用机械化作业，运用挖掘机进行挖方，需按照施工方案逐层分段进行挖掘，挖掘机的应用虽然没有人工挖方精准，但可以保证施工效率。

④当机械开挖至靠近边坡 0.2～0.3 m 时，改为人工修坡。需设圬工防护工程的边坡，在防护工程开工前留置保护层，待防护圬工施工时刷坡。对于不设圬工防护的边坡，每 10 m 边坡范围插杆挂线、人工刷坡。

⑤开挖过程中，应采取措施保证边坡稳定。开挖至边坡线前，应预留一定宽度，预留宽度应保证刷坡过程中设计边坡线外的土层不受到扰动。

⑥路基开挖中，基于实际情况，如需修改设计边坡坡度、截水沟和边沟位置及尺寸时，应及时按规定报批。边坡上稳定的孤石应保留。

⑦开挖至零填、路堑路床部分后，应尽快进行路床施工；如不能及时进行，宜在设计路床顶标高以上预留至少 300 mm 厚保护层。

⑧应采取临时排水措施，确保施工作业面不积水。

⑨挖方路基路床顶面终止标高，应考虑因压实而产生的下沉量，其值通过试验确定。

⑩挖方路基施工遇到地下水时应按下列规定处理。

a. 应采取排导措施，将水引入路基排水系统。不得随意堵塞泉眼。

b. 路床土含水量高或为含水层时，应采取设置渗沟、换填、改良土质、使用土工织物等处理措施，路床填料应具有良好的透水性能。

5. 路槽整修

接近堑底时，按设计横断面放线，开挖修整压实，并挖好侧沟、疏通排水。边坡刷好后及时进行边坡防护和排水工程施工。

当开挖接近路基施工标高时，采用人工配合推土机施工。达到设计标高后及时对基底土质情况进行检测。若基底土质不合规范要求，应换填。路堑施工要做到路基表面平整、密实，曲线圆顺、边线顺直，边坡坡面平顺稳定、无亏坡，边沟整齐、沟底无积水或阻水现象。

2.3.2 石质路基挖方施工

石质路基挖方是公路工程中一种常见的情况，通常具有开挖工程量大、施工作业条件困难及周围环境复杂等特点，成为公路工程项目施工的关键性及控制性工程。石质路基挖方处理过程中包含钻孔、爆破、挖掘、装运等，其中路基爆破是高速公路施工监管工作最关键的部分。

1. 基本要求

根据岩石条件、开挖尺寸、工程量和施工技术要求，通过方案比较拟定合理的方式。基本要求如下。

①保证开挖质量和施工安全。

②符合施工工期和开挖强度的要求。

③有利于维护岩体完整和边坡稳定性。

④可以充分发挥施工机械的生产能力。

⑤辅助工程量少。

2. 爆破器材

爆破器材主要包括工业炸药和起爆器材两大类。

工业炸药又称为民用炸药，是由氧化剂、可燃剂和其他添加剂等组分按照氧平衡的原理配制，并均匀混合制成的爆炸物。通常采用的工业炸药有硝化甘油炸药、铵梯炸药、铵油炸药、乳化炸药、水胶炸药及其他工业炸药。

起爆器材是能够受外界很小能量激发，即能按设定要求发火或爆炸的元件、装置或制品。它的作用是产生热冲能或爆炸冲能，同时伴有高温高速气体、灼热颗粒、金属飞片等，并能够传给火药或炸药，将其点燃或引爆，特殊场合也可作为独立能源对外做功。起爆器材分为起爆材料和传爆材料两大类。电雷管、磁电雷管、导爆管雷管、继爆管及其他雷管属于起爆材料；导火索、导爆索、导爆管等属于传爆材料。电雷管是在火雷管中架设发电火装置而制成的。它由电线传输

电流，使装在雷管中的电阻发热而引起雷管爆炸。

3. 爆破方法和爆破效果

1）爆破方法

（1）按药包形状分。

按照药包形状，爆破方法分为集中药包法、延长药包法、平面药包法、异形药包法。

①集中药包法：从理论上讲，这种药包应该是球体的，起爆点从球体中心开始，爆轰波按辐射状以球面形式向外扩张，爆炸以均匀的分布状态作用到周围的介质。长方体的最长边不超过最短边的2倍。

②延长药包法：炸药包做成长条形，可以是圆柱状，也可以是方柱状，通常药包长度要大于17倍药包直径。

③平面药包法：直接将炸药敷设在介质表面，因此爆炸作用只是在介质接触药包及附近表面，大多数能量散失在空气中，产生的爆轰波可看作平面波。

④异形药包法：将药包做成特定形状，以达到特定的爆破作用。

（2）按装药方式与装药空间形状分。

按装药方式与装药空间形状不同，爆破方法分为药室法、药壶法、炮孔法、裸露药包法。

①药室法：指在山体内开挖坑道、药室，装入大量炸药的爆破方法，一次能爆破的土石方数量几乎是不受限制的，在每个药室里装入的炸药可多达千吨。

②药壶法：指在深2.5 m以上的炮眼底部用小量炸药经一次或多次烘膛，使眼底成葫芦形，将炸药集中装入药壶中进行爆破。

③炮孔法：根据钻孔孔径和深度不同，把孔深大于5 m、孔径大于75 mm的炮孔称为深孔爆破，反之称为浅孔爆破。利用炮孔进行爆破的方法为炮孔法。

④裸露药包法：将药包直接放在被爆体表面进行爆破的方法，主要用于炸礁、炸或抛掷孤石和大块石的二次爆破。

2）爆破效果

按爆破效果，爆破方法分为定向爆破、预裂爆破、光面爆破、微差控制爆破。

①定向爆破是一种加强抛掷爆破技术，它利用炸药爆炸能量的作用，在一定条件下，可将一定数量的土岩经破碎后，按预定的方向抛掷到预定地点，形成具有一定质量和形状的建筑物或开挖成一定断面。

定向爆破主要是使抛掷爆破最小抵抗线方向符合预定的抛掷方向，并且在最小抵抗线方向事先造成定向坑，利用空穴聚能效应集中抛掷，这是保证定向的主要手段。在大多数情况下，形成定向坑的方法都是利用辅助药包，让它在主药包起爆前先爆，形成一个起走向坑作用的爆破漏斗。如果地形有天然的凹面可以利用，也可不用辅助药包。

②预裂爆破是进行石方开挖时，在主爆区爆破之前沿设计轮廓线先爆破一条具有一定宽度的贯穿裂缝，以缓冲、反射开挖爆破的震动波，控制其对保留岩体的破坏影响，使之获得较平整的开挖轮廓。预裂爆破可以广泛地运用在垂直、倾斜、规则的曲面及扭曲面上。

③光面爆破也是控制开挖轮廓的爆破方法之一，它与预裂爆破的不同之处在于光面爆孔的爆破是在开挖主爆孔的药包爆破之后进行的。它可以使爆裂面光滑平顺，超欠挖均很少，能近似形成设计轮廓要求的爆破。光面爆破一般多用于地下工程开挖，露天开挖工程中用得比较少，只在一些有特殊要求或者条件有利的地方使用。光面爆破的要领是孔径小、孔距密、装药少、同时爆。

④微差控制爆破是一种应用特制的毫秒延期雷管，以毫秒级时差顺序起爆各个(组)药包的爆破技术。其原理是把普通齐发爆破的总炸药能量分割为多数较小的能量，采取合理的装药结构、最佳的微差间隔时间和起爆顺序，为每个药包创造多面临空条件，将齐发大量药包产生的地震波变成一长串小幅值的地震波，同时各药包产生的地震波相互干涉，从而降低地震效应，把爆破振动控制在给定水平之下。爆破布孔和起爆顺序有成排顺序式、排内间隔式(又称 V 形式)、对角式、波浪式、径向式等，或它们组合变换成的其他形式，其中以对角式效果最好，成排顺序式效果最差。

微差控制爆破能有效地控制爆破冲击波、震动、噪声和飞石；操作简单、安全、迅速；可近火爆破而不造成伤害；破碎程度好，可提高爆破效率和技术经济效益。但该网络设计较为复杂，需特殊的毫秒延期雷管及导爆材料。微差控制爆破适用于开挖岩石地基、挖掘沟渠、拆除建筑物和基础，以及用于工程量与爆破面积较大，对截面形状、规格、减震、飞石、边坡坡面等有严格要求的控制爆破工程。

4. 爆破设计

(1) 爆破设计优点。

①有利于降低成本消耗。

②有利于施工作业安全和确保周围被保护对象的安全。

③选择参数合理，确保工程质量，提高爆破效果。

（2）爆破设计程序。

①爆破设计工艺流程：爆破部位→基本情况→确定基本参数→计算孔网参数→绘制图表→形成设计文件。

②明确爆破部位：爆区所在工程名称、爆破部位、爆破方量、炸药用量、爆破时间等。

③掌握基本情况：熟悉施工图技术要求、掌握爆区地形地质条件、掌握爆区周围环境情况，以及所有安全、质量保护对象的控制标准和控制措施。

④确定基本参数：确定梯段高度（H）、钻孔直径（D）、钻孔倾角（α）、爆破器材品种、炸药单耗（q）、单响起爆药量（Q_1）等。

⑤计算孔网参数：计算孔深（H）、孔距（a）、排距（b）、底盘抵抗线（W）、装药直径（d）、单孔药量（Q_2）、堵塞长度（L_c）、装药结构、布孔形式、网络结构、延时顺序、段间时差（t）、起爆总持续时间（T）、起爆方式、安全距离（R）、爆破地震安全震动速度（V）等参数。

⑥绘制相关图表：爆区位置平面图、爆破参数有关示意图、爆破参数汇总表、爆破器材用量表等。

⑦爆破设计文件：将上述爆破设计内容汇集，加上目录、封面和报审单等，汇编成爆破设计文件。

（3）爆破设计审批程序。

爆破设计文件→项目爆破责任工程师审签→项目总工程师审定或审批→监理人审批。

5. 路基爆破施工工艺

（1）测量放样及定开口线。

根据设计资料，复核路基中桩，根据实际地面标高确定开口线位置，用白灰撒开口线。经驻地监理工程师核查、审批后方可施工。

（2）布设炮孔。

炮孔标定必须按照设计的爆破参数准确地在爆破体上进行标识，不能随意变动设计位置。布孔前应先清除爆破体表面积土和破碎层，根据施工测量确定的边坡线，从边坡光面爆破孔开始标定，然后进行其他孔位布置。布孔完成后，应认真进行校核，实际的最小抵抗线应与设计的最小抵抗线基本相符。

（3）钻制炮孔。

在钻孔过程中，应严格控制钻孔的方向、角度和深度，特别是边坡光面爆破孔的倾斜度应严格符合设计要求。孔眼钻进时应注意地质的变化情况,并做好记录。遇到夹层或与表面石质有明显差异时,应及时同技术人员进行研究并处理,调整孔位及孔网参数。钻孔完成后,及时清理孔口浮渣,清孔直接采用胶管向孔内吹气。吹净后,应检查炮孔有无堵孔、卡孔现象,以及炮孔的间距、眼深、倾斜度是否与设计相符。若与设计相差较多,应对参数适当调整。如果可能影响爆破效果或危及安全生产,应重新钻孔。先行钻好的炮孔用编织袋将孔口塞紧,防止杂物堵塞炮孔。

(4) 装药。

装药前,要仔细检查炮孔情况,清除孔内积水、杂物。装药过程中应严格控制药量,把炸药按每孔的设计药量分好,边装药边测量,以确保线装药密度符合要求。为确保能完全起爆,起爆体应置于炮孔底部并反向装药。

(5) 堵塞。

堵塞物用黏土和细砂拌和,其粒度不大于 30 mm,含水量为 15%~20%(一般以手握紧能使之成型,松手后不散开,且手上不沾水迹为准)。药卷安放后立即堵塞,首先塞入纸团或塑料泡沫,以控制堵塞段长度(光爆孔口预留 1~1.5 m,主爆孔口预留 2~2.5 m),然后用木炮棍分层压紧捣实,每层以 10 cm 左右为宜,堵塞中应注意保护导爆索。

(6) 爆破覆盖。

爆破覆盖是控制飞石的重要手段。施工中采用两层草袋覆盖,先在草袋内装入砂土,覆盖后将排间的草袋用绳子连成一片。草袋覆盖时要注意保护起爆网络。爆破石方表面有土或风化沙砾时,必须保留表土或风化沙砾 10~50 cm,以减少草袋覆盖。

(7) 连接起爆网络。

根据设计的起爆网络图连接电雷管起爆网络,连接后,进行网络检查。检查无问题后进入起爆程序。

(8) 起爆。

整个起爆过程由专人统一指挥,起爆前对整个警戒区内全面进行安全检查。确保无安全隐患后,由指挥人发出三次预警。在第三次预警哨声发出时,爆破员立即进行起爆工作。应由专人清点爆破雷管数量,以便检查雷管是否全部起爆。

(9) 检查和解除警戒。

起爆 15 min 后,由专业技术人员进入爆破现场进行检查,主要检查雷管和炸药是否全部爆炸。如果出现哑炮、拒爆、盲爆等情况,要采取措施进行处理。

在无安全隐患后,报告指挥人员发出指令解除警戒。

(10) 爆破石方清运。

每次爆破完毕后,应组织人员和机械进行爆破石方清运工作。挖掘机把石方清除后,测量标高,高出设计标高的土方要铲出,无法用挖掘机挖掉的大块石方必须进行布孔二次爆破,直到符合设计要求为止。低于设计标高的要进行回填碾压,碾压到施工规范的压实度,达到设计标高为止。边坡表面的破碎岩石要全部清除,按设计要求进行刷坡。

6. 质量控制措施和标准

(1) 质量控制措施。

①收集现场的数据并加以分析,对各种爆破方式进行比较,制订最优方案。

②对爆破所需的各种器材进行严格检查,必须要有出厂合格证书,方可使用。

③所有的爆破施工技术人员和现场操作人员必须进行上岗培训,并取得资格证书,方可进行爆破作业。

④对起爆顺序和起爆方式进行多次分析和比较,以达到最佳效果。在现场施工时,起爆网络要严格按要求和规范进行连接,在使用电雷管和导爆索之前要进行检测,无问题后才能使用。

⑤加强对装药过程的控制:严格按设计药量来控制,不能少装或多装,间隔段填筑物要均匀,按岩石粉自然密度填装,不能捣实,堵塞长度要按要求操作。

⑥在爆破前要检查起爆网络,无问题后方可施爆。

⑦做好防潮和防水措施。

(2) 质量标准。

①石方路基实测项目检测方法、标准、频率如表2.6所示。

②外观鉴定:边坡上不得有松石;路基边线直顺,曲线圆滑。

表2.6　石方路基实测项目检测方法、标准、频率

项次	检查项目	规定值或允许偏差 高速公路	检查方法和频率
1	压实	孔隙率满足设计要求	密度法:每200 m每压实层测1处
		沉降差小于或等于试验路确定的沉降差	精密水准仪:每50 m测1个断面,每个断面测5点

续表

<table>
<tr><th rowspan="2">项次</th><th colspan="2" rowspan="2">检 查 项 目</th><th>规定值或允许偏差</th><th rowspan="2">检查方法和频率</th></tr>
<tr><th>高速公路</th></tr>
<tr><td>2</td><td colspan="2">纵断高程/mm</td><td>+10,−20</td><td>水准仪:中线位置每 200 m 测 2 点</td></tr>
<tr><td>3</td><td colspan="2">中线偏位/mm</td><td>50</td><td>全站仪:每 200 m 测 10 点,弯道加 HY、YH 两点</td></tr>
<tr><td>4</td><td colspan="2">宽度/mm</td><td>符合设计要求</td><td>米尺:每 200 m 测 10 处</td></tr>
<tr><td>5</td><td colspan="2">平整度/mm</td><td>20</td><td>3 m 直尺;每 200 m 测 2 处×5 尺</td></tr>
<tr><td>6</td><td colspan="2">横坡/(%)</td><td>±0.3</td><td>水准仪:每 200 m 测 2 个断面</td></tr>
<tr><td>7</td><td rowspan="2">边坡</td><td>坡度</td><td>符合设计要求</td><td rowspan="2">每 200 m 抽查 4 点</td></tr>
<tr><td>8</td><td>平顺度</td><td>符合设计要求</td></tr>
</table>

2.4 特殊路基施工

特殊路基作为高速公路工程体系中的主要部分,有可能因自然平衡条件被打破,边坡过陡,或者地质承载力过低,而出现各种各样的问题,因此,除按一般路基标准、要求进行设计,还要针对特殊问题进行研究,做出处理。

2.4.1 特殊路基概况

1. 特殊路基的内涵

特殊路基一般是指在不良地质、特殊地质或者特殊气候环境下的路基。特殊路基使得原本的地基施工技术和方案难以发挥其效能,此时需要采取特殊的路基施工方案,才能够确保其有效性。

2. 特殊路基的类别

高速公路特殊路基工程依照实际基土的差异性,进行如下分类。

(1) 软土地区路基。以饱水的软弱黏土和淤泥为主的地区称为软土地区。在软土地基上修建公路时,容易产生路堤失稳或沉降过大等问题。我国沿海、沿

湖、沿河地带都有广泛的软土分布。

(2) 滑坡地段路基。滑坡是指在一定的地形地质条件下，由于各种自然的和人为的因素影响，山坡的不稳定土(岩)体在重力作用下，沿着一定的软弱面(带)整体、缓慢、间歇性滑动变形的现象。滑坡有时也具有急剧下滑的特点。

(3) 岩坍与岩堆地段路基。岩坍是岩崩与岩塌的统称，包括错落、坍塌、落石、危岩。岩堆则是陡峻山坡上岩体崩塌物质经重力搬运在山坡脚或平缓山坡上堆积的松散堆积体。

(4) 泥石流地区路基。泥石流是指地区由于地形陡峻，松散堆积物丰富，特大暴雨或大量冰融水流出时，突然暴发的包含大量泥沙、石块的洪流。有时每年发生，有时多年发生，危害程度也不一样。

(5) 岩溶地区地基。岩溶是石灰岩等可溶性岩层，在流水的长期溶解和剥蚀作用下，产生特殊的地貌形态和水文地质现象的统称。岩溶对地基的危害一般有以下几点：溶洞顶板坍塌引起的路基下沉和破坏；岩溶地面坍塌对路基稳定性的破坏；反复泉与间歇泉浸泡路基基底，引起路基沉陷、坍塌或冒浆；突然性的地下涌水冲毁路基等。可溶性碳酸盐类岩石主要集中在我国华南和西南地区，其次是长江中下游的华中地区。

(6) 路基。凡是土温等于或低于 0 ℃，且含有冰的土(石)称为冻土，维持这种状态三年或三年以上者，称为多年冻土。多年冻土地区主要集中于我国东北大、小兴安岭和青藏高原。

(7) 黄土地区路基。黄土是一种以粉粒为主，多孔隙，天然含水率小，呈黄红色，含钙质的黏土。黄土广泛分布于黄河中游的河南西部，山西、陕西和甘肃的大部分地区，以及青海、宁夏、内蒙古部分地区。黄土的湿陷性是在外荷载或自重的作用下受水浸湿后产生的湿陷变形，

(8) 膨胀土地区路基。膨胀土指土中含有较多的黏粒及其他亲水性较强的蒙脱石或伊利石等黏土矿物成分，且有遇水膨胀、失水收缩的特点，是一种特殊结构的黏质土。膨胀土多分布于全国各种二级及二级以上的阶地与山前丘陵地区。

(9) 盐渍土地区路基。盐渍土中的氯盐、硫酸盐遇水易溶解，可形成雨沟、洞穴、湿陷等病害，冬季冻胀、盐胀形成鼓包、开裂，夏季溶蚀、翻浆。盐渍土在我国分布较广，新疆、青海、甘肃、内蒙古、宁夏等省区分布较多。

(10) 沙漠地区路基。沙漠地区气候干燥，降雨小、温差大，冷热变化剧烈，风大沙多，土中易溶盐多，植被稀疏、低矮。我国新疆、青海、甘肃、内蒙古、宁夏、

陕西等省分布大面积的沙漠与沙地。

(11) 雪害地段路基。公路雪害有积雪和雪崩两种主要形式。积雪包括自然降雪和风吹雪。自然降雪一般不致对公路造成严重危害;风吹雪可阻断交通,埋没车辆,主要发生在我国东北地区、青藏高原及新疆等地。

(12) 涎流冰地段路基。涎流冰分山坡涎流冰和河谷涎流冰,主要分布在寒冷地区和高寒地区。山坡涎流冰由山坡或路基挖方边坡出露的地下水冻结形成。河谷涎流冰则由沿沟谷漫流的泉水和冻雪融水冻结形成。

很明显与一般的路基相比,这些路基的环境是比较差的,在进行路基施工方案设计时,就需要做到具体问题具体分析。

3. 高速公路特殊路基施工处理和防治的必要性分析

高速公路工程中,路基建设属于基本环节。此环节的施工质量与高速公路工程的质量和效益有密切关系。

施工人员需要正确认识特殊路基,确保找到实际施工的要点和难点,尤其需要找到不良因素,将其作为实际质量控制的关键点。再者,施工人员还需要依照其特殊性综合考量,确保后续的施工技术方案是合理的,这样才能够确保后续施工行为朝着有效的方向发展,确保道路的安全性。不同路基的特点不同,此时需要关注的风险隐患控制管理节点也有所差异。比如在黄土路基地质环境下,实际的路基施工就需要高度关注收缩性指标和膨胀系数指标,有的甚至还需要关注积水的问题,这样才能够确保实际的施工方案与其膨胀收缩的风险处于吻合的状态,由此进入理想的质量管理状态。

2.4.2 特殊路基施工处理和防治技术

1. 低填浅挖路基处理技术

低填浅挖路基处理技术的应用前提是路堤高度在 2 m 以下,属于一般性土质。此时需要在冲击碾压位置上设置 30 cm 厚的材料,还需要对透水性进行检查,达到理想状态才能够使用,清表之后还需要设置 80 cm 厚的材料,同样也对透水性提出了高要求。路堑高度在 2 m 以下,属于一般性土质的,实际的冲击碾压位置同样需要设置 30 cm 厚的材料,路床超挖 80 cm 之后,进行分层回填,压实厚度为 50 cm,在此基础上铺设 30 cm 厚的材料。对于地基含水量在 20%以上,处于低填低段的,实际清表环节完成之后,需要铺设沙砾垫层,实际的厚度为

80 cm，浅挖段开挖到路床之后，都需要依照对应的基准来进行回填操作。

在上述技术标准和规范制订之后，对于实际低填浅挖路基处理的规模进行统计，确定其填高和挖深参数之后，在超挖路床顶面以下的位置进行回填，确保使用材料的透水性达到理想的状态，以碾压处理为主。

2. 填挖交界路基处理技术

填挖交界是路基处理的重要节点，此环节的技术关乎路基工程的整体质量。工程中需要注意的技术节点有以下三个方面。

①在界定交界处数量的时候，要从纵向填挖交界处、横向填挖交界处、陡坡填挖交界处三个维度入手。对高差参数进行统计，对于纵向填挖交界，需要确保填料质量处于更高的状态，压实度需要控制在之前的2%左右，还需要在底部进行填筑操作，一般情况下会以移挖的方式进行，每个层次循序渐进地开展。对应底层的土壤也应清除，选择透水性更好、风化层次低、颗粒不大的材料填筑，这样可以起到良好的过渡作用。

②在土质挖方填到上路堤顶面的后续环节，需要使用冲击压路机来进行压力补充，此时需要设置土木格栅，并且做好固定处理，在此基础上进行下路的铺设工作，接着在下路床顶层开展下面的铺设工作，同样需要注意固定环节，不能出现违规的施工行为。

③确保土工格栅施工过程朝着有序的方向发展。在此环节需要依照对应的步骤进行。首先，平整场地，确保基地其他配套设施可以发挥作用，做好相关预设，以确保土工格栅可以进入施工状态，接着依照设计规范来进行路基格栅铺设工作，要对其平直性进行检查。如果使用钢筋锚钉的方式连接，就需要确保其整体性。

④确保填土环节的有效开展。多数情况下，填土会依照先两边后中间的顺序进行，这样可以避免出现填筑风险。在此过程中需要将填料卸载在完成铺设的区域，避免直接将其堆放在格栅上，并且还需要控制卸土的高度，不要出现超负荷的情况。

依照上述的操作步骤进行，确保每个层的格栅都可以铺设达标，在此基础上就可以将焦点放在上部路堤的建筑上。

3. 高填方路基处理技术

要想发挥高填方路基处理技术的效能，首先需要确保其条件能够处于理想的状态。

在此环节，多数情况下，在进行基底换填时，要确保干燥度处于理想状态。如果有积水，就需要设置排水系统，或者借助抽水机处理。对于换填层次要以分层填筑的方式进行，依照对应基准完成填筑之后，还需要做好压实处理工作，分层松铺厚度也需要进行合理的控制，一般情况下不超出 30 cm，换填土层应该选择黄土，修筑台阶与实际材料保持衔接。

另外，在高填方基地换填时，还需要确保排水方案是合理的，要杜绝出现积水的现象。如果在施工的过程中地面有水，应及时通知责任人，让其迅速制订修正方案。在土工格栅铺设完毕之后，还需要对其张拉性进行检查，避免出现松弛的情况。

在确定实际压实度达到基准之后，可以使用高性能压路机以确保补强压实方案的有效性，细节方面需要严格依照对应文件来执行。实际施工的过程需要树立合规基准，监测对应的施工行为。如果监测数据与实际数据存在差异，业主、设计和监理单位三方应协商并制订对应的改善方案。

因为考虑到实际填高超过 16 m，加固处理的地方有 4 处，此时就决定以分层填筑和分层夯实的方式来进行，将中风化岩石作为首选填料。在压实度控制环节，每填高 2 m，就使用冲击碾压，一直延续下去。在高填方大于 20 m 时，需要考虑开裂或者沉降的问题，在对应基底强化方面进行了优化，主要从宽度和坡脚外节点来控制。在夯实工作完毕之后，一般情况下周围地基不会出现太大的质量问题，此时就需要对沉降量进行控制。在此过程中还应对周围环境进行检查，结合实际情况设定对应的防震沟。

工程施工中还需要注意深路堑路基的处理工作，确保实际技术方案是合情合理的。从数量来看，需要处理的技术节点有 3 个。首先，对土质或者软质岩挖方边坡参数进行审视，如果边坡参数大于 20 m，或者石质挖方边坡大于 30 m，就将其界定为最差路段，应以系统锚固的方式来进行处理。其次，依照对应的路基设计规范，确保锚孔位置处于准确的状态，孔位的误差也需要进行控制，锚杆钻孔时不要使用水钻，这样可以使得孔壁的连接性处于优质的状态。最后，在实际钻进的过程中，还需要对地层的变化参数、钻进的状态参数、地下水的情况进行记录，依靠记录来判定施工方案，避免各种质量缺陷或者不足。

2.4.3　特殊路基施工防治策略

1. 做好研判工作，实现施工处理和制订防治技术标准

对多年以来高速公路特殊路基施工案例、施工数据进行汇总，在此方面有实力的施工企业、管理企业、技术研究协会、技术研究组织、权威专家共同参与实际案例的精细化分析，专门设定对应的课题研究小组，集中更多的数据案例资源，使用更加先进的数据分析手段，确保提取高速公路特殊路基施工行为的固定模式，然后对当前我国高速公路特殊路基施工处理和防治的现状进行客观全面的评价，由此本着促进行业发展的理念，实现对应施工处理和防治技术标准及规范的构建。在实际高速公路特殊路基施工处理和防治标准及规范构建的过程中，可以设定不同层次的技术参数，一般情况下可以从国家标准、行业标准和企业标准三个角度入手：国家标准是国家对于实际特殊路基施工处理的技术要求，需要经过对应建筑部门的检验审核，是最基础的标准；行业标准是从行业发展的角度设定的特殊路基施工处理技术规范，需要对行业内部的各种施工行为进行管理和控制；企业标准是在企业不断提升自身工程效益的过程中，结合自身实际施工水准，制订的更加有针对性的技术标准和规范，确保后续各项施工工作都依照此基准来进行。从上述的三个维度来看，这三者会在宏观和微观上发挥着协同的效能，继而引导实际高速公路特殊路基施工行为朝着更加理想的方向发展。

在上述施工处理和防治技术标准制订之后，要鼓励建筑部门、建筑行为主体、施工企业积极参与，从而确保实际的技术标准迅速成为引导对应行为模式转变的依据。

2. 注重施工团队建设，打造专业化的特殊地基施工队伍

要注重高质量施工团队的建设，确保专业化的特殊地基施工队伍能够成长起来。在此过程中需要做好如下工作。

①注重人力资源的专业化发展，将在地基施工方面有经验的员工召集起来，设定连续的教育培训方案，将特殊地基地质专业知识、特殊地基施工案例、特殊地基施工程序、特殊地基施工技术规范和标准、特殊地基施工行为反思等作为重要的课程内容，形成完善的培训机制，以常态化的方式进行，确保施工人员的专业素养不断提升。

②在特殊地基施工实践中，形成师徒机制，技术好、资历高的师傅带领徒弟，

师傅可以获得对应的绩效和奖励，由此使得师傅以更加主动的心态参与师徒关系处理，确保对应的关键性施工技术可以有效地传承和发展下去，实现整体专业施工素质的提升。

③注重特殊地基施工方案的优化设计，在此过程中要确保设计人员与施工人员进行充分交底，不能一味地依照个人经验来判定，而要积极地对实际地质数据信息进行研判，然后共同探讨。这样形成的实际地基施工技术方案才是精细化的，便于后续施工人员有效地将其贯彻。在此过程中，地基施工人员需要有配合意识和参与设计意识，这也是其专业素养提升的重要节点之一。

3. 强化质量管理控制，形成完善的施工过程精细化管理体制

高速公路特殊地基处理和防治工作除了依靠技术标准和人才，还需要关注质量管理工作的开展，强化过程管理，确保施工技术可以严格依照要求来进行。

①建立完善的特殊地基施工技术管理组织，专门对特殊地基施工行为进行监督和管理，主要工作内容为：对应的技术规范和标准是否有效落实；对应的施工行为中是否存在不合理的现象；实际的施工过程与工程参数是否吻合。如果在此期间出现了技术缺陷或者施工缺陷，就需要及时发现并分析原因，然后要求对应的施工方进行整改，避免问题不断恶化。

②建立完善的岗位责任制度。施工人员要有详细的环节负责表，如果对应环节出现了问题，就需要向对应的施工人员问责，并且将这样的责任制度与员工的绩效管理、薪酬管理结合，使施工人员以更高的觉悟参与实际施工流程，使管理人员以更加积极的心态参与管理，避免出现玩忽职守的情况。

③积极将 PDCA[1] 理论融入实际的施工行为管理中，定期引导施工人员反思技术执行过程中存在的问题，遇到了哪些困难，在不断反思中寻求改善之道，寻找提升之道，不断地实现自身施工能力的提升。

高速公路特殊地基施工处理和防治工作，并非简单性的工作，管理能力、技术控制能力应提高到更高水准，进而确保人力、物力、财力的投入，可以产出理想的效益。在此过程中需要关注标准和规范的构建，需要关注人力资源的优化配置，更加需要关注实际质量管理体系的构建，这些都将引导特殊地基的处理朝着更加高质量的方向发展。

---

[1] P——plan，计划；D——do，执行；C——check，检查；A——act，处理。

2.5　路基防护与支挡工程施工

路基防护与支挡的目的是防止自然因素引起的路基破坏和过量变形，同时稳定路基，美化路容，提高公路的使用品质。一般防护与支挡的重点是路基边坡，特别是不良地质与水文地段及沿河路基的边坡，有时也对附近可能危害路基的河流和山坡进行必要的防护，以保证防护加固工程能正常地进行。

2.5.1　路基防护与支挡工程概况

1. 防护与支挡工程的要求

防护与支挡工程是路基工程的组成部分，设计时要综合考虑。防护与支挡工程承受外力的能力很小，甚至完全不能承受外力，所以要求路基是稳定的，否则路基得不到防护，加固工程也会遭到破坏。

防护与支挡工程的施工应分情况、按需要进行。对于挡土墙的施工，应与路基土石方施工配合进行；对于若不及时防护短期内就可能出现病害的地段，应在该段土石方施工结束后及时进行。一般的地段，可在路基土石方工程全部结束后进行。

对沿河路基的边坡防护，可综合考虑整治河道，使防护工程受到更好的保护；可设砌石护坡或石笼等直接防护构造物；也可修筑坝类间接防护构造物，用以改变水流状况，降低流速，减少冲刷。

2. 防护工程与支挡工程的分类

（1）防护工程。

防护工程主要是指坡面防护和冲刷防护。

①坡面防护。

坡面防护是指为防止边坡受冲刷在坡面上所做的各种铺砌和栽植的总称。坡面防护主要用以防护易受自然因素影响而破坏的土质和岩质边坡。常见的类型有植物防护（种草、铺草皮、植树）、砌石防护和坡面处治（抹面、勾缝、灌缝等）。植物防护又称“生命”防护，以土质边坡为主，砌石防护和坡面处治又称为“无机”防护，以石质路堑边坡为主。

②冲刷防护。

冲刷防护主要用以防护水流对路基的冲刷与淘刷，可分为直接防护和间接防护两类。直接防护类型有植物防护、砌石防护与支挡两种；间接防护主要指设置构筑物，如丁坝、顺坝及拦水坝等，必要时可疏浚河床、改变河道，以改变流水方向，缓解或避免水流对路基的直接破坏作用。但改变水流流速、流向和原来状态，可能导致上下游路基及对面堤岸损害，因此，必须慎重对待，掌握流水运动规律，因势利导，防治结合，综合治理。

(2) 支挡工程。

支挡工程主要是指用于支撑路基填土或山坡土体，防止路基失稳的挡土墙工程。

支挡工程主要用以防止路基变形或支挡路基本体或山体的位移，以保证其稳定性。常见的类型有路基边坡支撑（挡土墙、土垛、石垛及其他具有承重作用的构造物）和堤岸支挡（沿河驳岸、浸水挡土墙）。沿河驳岸与浸水挡土墙的主要区别在于前者主要起防水作用，后者既防水又可支挡路基的土侧压力。

在路基防护与支挡工程中，一般把防止风化和冲刷，主要起隔离、封闭作用的措施称为防护工程。防护工程不能承受外力作用，所以要求路基必须稳定。把防止路基或山体因重力作用而坍滑，主要起支承作用的支挡结构物称为加固工程。事实上，防护工程和加固工程往往兼有多种作用。例如，石砌护坡主要防止水流冲刷路基边坡，但也具有一定的加固作用；挡土墙主要支挡路基或山体，但也可以防止水流冲刷。因此，应根据具体的地质、水文条件、路基稳定性及环境的主要要求，选用经济合理的方案。

2.5.2 高速公路路基防护和加固工程施工

1. 高速公路路基防护方法

(1) 植物防护。

植物防护主要指在路基的坡面位置种植更多的植物，让植物的根部逐步深入，进而保证路基土壤的固结，最后实现坡面整体防护的措施。因此，要在很大程度上对边坡的实际湿度情况进行科学合理的调节，进而更好地保证其整体渠道，有效提高岩土可靠性以及稳定性，避免雨水冲刷对公路路基造成的严重影响，将其完整性以及健全性展现出来。

在高速公路路基实际施工作业时，需要种植面积较大的草皮，使用土工网展

开种植作业。在实际施工的过程中，要想有效提升施工活动的可靠性以及高效性，将土工网所具备的防护作用全面发挥出来，一方面，应该对路基边坡位置进行整体作业，另一方面在路基坡顶以及坡脚等位置都需要使用开挖方法。铺设土工网时应该使用 U 形钢钉固定，实现填土夯实。

在施工作业顺利完成以后，应该使用由上向下的方法铺设土工网。在实际铺设的时候，要对横向与纵向搭接的长度情况合理控制，让其维持在 20 cm。与此同时，也应该在铺设面相隔一米的位置使用 U 形钢钉做好固定作业。将其作为前提条件，保证土工网铺设相关作业的正常进行，使用肥力非常高的表土做好相应的覆盖作业，进而更好地避免其出现网包，之后对草籽进行撒播。在实际运用植被进行防护的时候，要做好整体考虑。

（2）工程防护。

对于某些植被没有办法正常生长的高速公路路基边坡位置而言，应该使用相应的防护方法与手段，这样可以实现坡面的良好拓宽，在很大程度上有效提升其摩擦力，更好地管理以及控制水流速度。

在该过程中，使用石灰、水泥以及砂石等施工材料对路基坡面展开处理作业的时候，通过护面墙、砂浆抹面等进行具体的施工作业。经常使用的施工方法主要有喷枪防护手段，在实际施工过程当中，会耗损较多的水泥材料。通常情况下，这种方法在非常重要的公路路基建设过程中使用。石砌法能够广泛运用于松软地基坡面，沿石垒砌可保证其防护目标的全面实现，这样能够更好地保证坡面可靠性以及稳定性。

一般现象下，石块间存在非常明显的裂缝，有关人员能够在裂缝的位置上采用注浆或嵌补等方法。经过砂浆抹面可以全面合理地控制坡面风化，在具体施工过程中，应该将水泥、石灰以及水等使用固定的比例进行混合，这样可以更好地避免墙面出现风化情况。

2. 高速公路路基加固处理技术

（1）换填土层法。

针对我国现代化的高速公路路基建设作业情况，在对其展开加固处理作业的时候，若公路路基更加深入的地方有含水量较大的软土，应该采用换填土层的方法。也就是说，在对高速公路路基进行开挖时，需要将路基范围内的湿性软土直接挖出来。

与此同时，在对公路路基进行填补的时候，要使用可靠性、稳定性以及吸水性比较强的施工材料。对于现阶段我国大部分高速公路工程项目而言，通常情况下，需要使用矿渣、砂石以及碎石展开相应的施工作业。要想保证换填施工材料的稳定性，有效提高其强度，在实际开挖换填的过程中，需要在公路路基填料当中增添某些土质性的材料。

然而，在实际运用这些施工材料时，需要保证其稳定性以及安全性，同时更好地避免其出现腐蚀性现象。和其他类型的公路路基加固手段进行对比分析表明，此方法可以快速将湿软土中的水分排出来，避免公路路基土壤出现严重的膨胀现象，有效提升其实际建设质量及具体效果。

(2) 注浆加固法。

当前的高速公路项目路基加固作业经常使用注浆加固方法。在注浆加固建设过程中，电化学、气压以及液压等属于非常重要的运用原理。在这样的情况下，施工人员应在溶液管中放入相应的浆液，之后将其直接推送到公路路基。

在这些浆液流入公路路基一段时间以后，会掺杂某些建设材料，和物料、岩石胶以及材料之间加强结合，构成较为完整以及稳定的整体。在公路路基渗透浆液的时候，应该将建筑材料排出来，或者把岩石裂缝中存有的空气以及水分等排出来。这样一方面可以保证公路路基的整体结构，提高此结构的实际密实程度，另一方面可以有效保证高速公路路基的安全性及可靠性。

(3) 桩基加固法。

桩基加固方法运用于高速公路路基实际作业中时，主要包含生石灰桩与碎石桩两种类型。

①生石灰桩。

当公路路基中存在比较大的缝隙时，使用生石灰桩具有非常明显的实用价值。遇到土体缝隙时，生石灰会与缝隙中的水分发生化学反应，产生难以溶解的熟石灰，同时生石灰会吸收土壤中的水分，释放出大量热量，有效提升公路路基的坚硬程度与密实程度。

②碎石桩。

用碎石桩加固作业有三种方式：预配方式、锤击方式和振冲方式。经过整体探究以及分析，振冲方式的优势非常明显。

振冲方式的作业力度非常强，可以在很大程度上缩短其施工作业时间，保证成桩质量及实际成效。此手段与方法的灵活程度非常高，并且其实际操作较为

便利。实际使用碎石桩对软土地基展开加固作业时，主要使用软土以及碎石等填料。

针对此种现象，有关人员在具体加固施工活动以前，应该评估软土层具体厚度情况。在实际运用的时候，需要将桩体与软土有效结合起来，形成相应的综合型地基，进而有效提升地基结构的稳定性及可靠性。

(4) 锚杆加固法。

在高速公路实际建设活动中，要想对路基进行加固施工作业，要严格遵守锚杆加固的原则。实际施工时，需要对破碎边坡或软地层展开相应的加固作业。在实际加固过程中常使用砂浆锚杆技术，主要包含水泥浆、垫板以及螺帽等。此方法的结构十分简单，并且拥有比较强的适应能力，能够在多个地层中被广泛使用。需要注意的是，使用该方法时，若难以科学合理地控制预应力，在实际注浆的时候非常容易出现空洞现象。

2.5.3　挡土墙施工

在高速公路路基施工中，一些特殊情况会导致路基稳定性降低。为避免出现路基失稳或者变形导致土体塌陷，或者路基遭受水损害等情况，需要提高路基下层结构的稳定性。施工单位常选用倾斜充填支护方案，即设置路基挡土墙。现以某高速公路工程路基施工项目为例，详细阐述高速公路路基工程挡土墙施工技术要点。

1. 工程概况

某高速公路路基宽度为 24 m，路线总长度为 30 km，设计速度为 80 km/h。因为该公路施工现场的地基情况较差，为保证路基的稳定性，避免出现塌方，需要进行路基防护，设置挡土墙。根据大量工程实践可知，如果路基边坡所在位置土质情况为局部破碎、节理发育，宜选用路堑仰斜式挡土墙。这样可以降低路基边坡的刷坡高度；如果部分路段路基的承载力较强，可以设置路肩挡土墙和路堤挡土墙，这样可对特殊路段的坡脚起到一定的收缩作用。对本工程而言，通过综合考虑，决定选用两种挡土墙形式：仰斜式路堤挡土墙，长度为 350 m；衡重式路肩挡土墙，长度为 985 m。

2. 高速公路路基工程挡土墙施工技术要点

1）设计要求与施工准备

（1）设计要求。

①本次施工选用C20片石混凝土浇筑挡土墙墙身。其中，石料的抗压强度应大于30 MPa，片石的厚度不得超过30 cm，片石之间至少保持10 cm的距离。

②对于仰斜式挡土墙，选用ϕ5 cm的圆木材料作为其高出原地面的饰面，并将其表面制作为格纹图样。

③在挡土墙中，需要合理间隔设置沉降缝和伸缩缝。如果一些路段的墙高与地形地质情况差异较大，需要设置宽度为2 cm的沉降缝，并且沉降缝与伸缩缝应保持10 m的间距，缝中填充沥青麻絮，填充深度至少为15 cm。

④根据设计要求，选用具有较强透水性能的墙背填料，如碎石、沙砾、砂土等，严禁选用腐殖土、淤泥等。

⑤应采用分层填筑、分层夯实的施工方法，严禁对墙背进行斜向填筑施工。

⑥在挡土墙中应每间隔2～3 m设置一道PVC（polyvinyl chloride，聚氯乙烯）泄水孔。

（2）施工准备。

①正式施工之前，施工单位需要先深入调查施工现场的地质情况，包括地下水源、地形地貌等，并以此为依据，对挡土墙设计方案的合理性进行深入分析，一旦发现设计方案中存在不合理之处，必须联系设计单位，优化挡土墙设计方案。

②施工人员一定要熟悉并理解挡土墙施工图纸，认真核对施工现场情况。

③为保证施工的顺序进行，施工单位必须处理好施工场地，做好“三通一平”工作。

④做好施工技术交底，保证施工人员掌握施工技术要点。

⑤根据施工单位的施工机械设备能力水平，结合工地现场特点与核对后的工程量，合理编制施工组织设计方案，并确定合理的施工技术措施、施工方案等。

⑥根据施工要求配置施工机械设备，即4台污水泵、2台打夯机、5辆自卸车、1台混凝土汽车泵、6台振动器和3台履带式挖掘机。

2）施工技术要点

（1）仰斜式路堤挡土墙施工技术要点。

①测量放样。

a. 按照施工图纸，对挡土墙的轮廓线进行精准测量放样，认真进行双检

复核。

b. 向施工技术人员提交测量放样结果,确保施工技术人员掌握施工技术要求。

c. 以上工作完成后即可检测挡土墙的位置与尺寸。

d. 待所有检测结果均满足施工要求后,方可进行基坑开挖施工作业。

②基坑开挖。

基坑开挖主要使用的施工机械设备是挖掘机。基坑开挖的主要工序和注意事项如下。

a. 在基坑外 2 m 处固定基坑控制桩。

b. 利用挖掘机开挖挡墙基坑,同时配合使用人工开挖法。当机械开挖至距设计标高 0.2 m 时,为避免超挖,应改用人工开挖法。

c. 在基坑开挖结束后,需要整平并夯实基底。为便于基底排水,还应在基底合理布设导水槽与集水井。

d. 对于压路机碾压不到的地方,应采用小型打夯机进行夯实处理。

e. 基底碾压施工结束以后,施工单位需要认真检查基底的承载力,待其满足施工要求后方可进行其他施工作业。

f. 施工单位一定要严格根据设计要求进行测量放线与基础混凝土浇筑。

g. 基础混凝土浇筑作业结束以后方可进行挡土墙墙身施工。

h. 挡土墙的墙身与基础是分开浇筑的,所以挡土墙墙身的底部极易出现施工缝。鉴于此,为了使挡土墙的墙身与基础更好地结合,在 C25 片石混凝土基础浇筑终凝结束之前,施工人员应将块状片石插入挡墙基础的顶面,同时块状片石的外露高度应控制在 15～20 cm,嵌入深度应控制在 20～25 cm。

③墙身施工。

选用 C20 片石混凝土浇筑挡土墙的墙身。采用分层浇筑的方法,每层浇筑高度控制在 1.5 m 左右。待挡土墙墙身浇筑完成以后,施工人员应及时进行墙背回填施工。挡土墙墙身的施工工序为:模板安装→混凝土浇筑→拆模养护→墙背回填。下面详细介绍模板安装与混凝土浇筑。

a. 模板安装。

(a) 在挡土墙施工过程中,主要选用钢模板。在安装钢模板之前,施工人员需要认真检测钢模板的刚度与强度是否满足施工要求,同时需要检测钢模板的表面是否平整等。

(b) 在检测工作结束以后,开始进行模板的安装施工,钢模板是由斜撑、横档、立挡、侧板构成的。首先设置垫板，然后安装斜撑，同时利用木桩对其进行固定处理。如果钢模板比较高，需要通过对拉螺栓来对其进行加固处理，值得注意的是，在整个安装过程中，斜撑与模板之间应成45°。

(c) 在安装模板过程中，先安装一侧，再安装另外一侧，为确保模板之间保持一定的距离以及挡土墙墙身的厚度，需要在钢模板之间设置内支撑。

(d) 为方便拆模，在安装模板过程中，施工人员需要在模板的表面涂刷防黏结剂。

b. 混凝土浇筑。

(a) 采用C25片石混凝土材料浇筑挡土墙的墙身。在本次施工中，C25片石混凝土材料是自制的，所以需要配置搅拌站。

(b) 在挡土墙基础施工过程中，应按照由中间到两侧的顺序浇筑混凝土，每层浇筑厚度不得超过50 cm，同时利用振动器将混凝土振捣密实。

(c) 在振捣混凝土的过程中，严禁出现过振或者漏振现象，并且要均匀设置振捣插点，严格控制振捣时间。

(d) 在表层混凝土浇筑结束以后，为确保上层混凝土与下层混凝土结合密实，应在下层混凝土中插入振捣棒30 cm。

(e) 混凝土的浇筑应连续，若因意外事件而中断浇筑且中断时间超过混凝土的初凝时间，则应将其作为施工缝处理。

(f) 浇筑施工结束后，及时清除全部杂物，泄水孔成梅花形布设，泄水孔之间应保持2～3 m的距离，泄水孔应至少高出原地面30 cm，泄水孔的坡度不得小于4%。

(g) 混凝土浇筑施工结束后，为避免挡土墙墙身出现裂缝，一定要及时对其进行洒水养护。

(2) 衡重式路肩挡土墙。

施工准备工作完成，即可进行衡重式路肩挡土墙施工。背楞选用6 mm厚、6 cm宽的肋板，4 mm厚的钢模板，竖楞间距控制在25 cm左右，横楞间距控制在30 cm左右。选用M14拉杆对拉墙体两侧的钢模板。完成钢模板加固处理之后，为避免漏浆，一定要严格检查模板的封闭性。混凝土浇筑过程中，一旦发现加固钢管出现移位或者模板发生变形，立即停止浇筑，待问题得到解决方可继续施工。选用C20片石混凝土来浇筑衡重式路肩挡土墙的墙身，基底不得存在松土、石渣等杂物。采用分层浇筑、分层振捣的施工方法，每层厚度应控制在30 cm以内。浇筑施工结束以后，及时进行洒水养护。

3. 路基挡土墙施工质量控制措施

(1) 施工原材料的质量控制。

①采用抽样检测法，检测施工原材料的各项性能指标是否满足施工要求。

②严格检测片石的外观与力学性能，并出具相应的试验报告单。

③为保证施工原材料的质量，施工单位应建立完善的施工原材料质量控制制度。

(2) 施工过程的质量控制。

①用罐车运输制备好的混凝土材料。在运输过程中，为避免混凝土出现离析、泌水现象，需要以 2～4 r/min 的转速不断搅拌混凝土材料，待混凝土材料运输至施工现场，施工人员需要复测混凝土的坍落度。

②在彻底清洁基底表面并洒水润湿片石之后，方可进行砌块的砌筑施工。在砌筑施工过程中，为确保外部砌块与内部砌块形成一个完整的整体，应按照由外到内的顺序进行砌筑。

③根据试验结果合理确定混凝土的配合比，并以此为依据称量施工原材料。必须严格控制各种施工原材料的计量误差，不得超出规范规定的范围。

(3) 排水措施。

①地下水、积水会较大程度地影响挡土墙的施工质量，因此一定要做好排水工作。根据施工设计要求，合理设置泄水孔，以便及时排出积水。若挡土墙墙身过高，则需要增加适量的泄水孔。

②根据实际的排水量要求，合理确定泄水孔孔径。为确保排水顺畅，避免孔口堵塞，应在泄水孔位置处布设反滤材料。

(4) 伸缩缝的布设。

①地基沉降会导致墙身开裂，因此应根据地基的实际情况与挡土墙墙体高度，合理布设伸缩缝。根据施工现场的实际情况与设计要求，合理确定伸缩缝的尺寸与数量。一般情况下，伸缩缝的宽度应控制在 2 cm 左右。

②在浇筑完成挡土墙墙身，同时混凝土的强度达到施工要求以后，应立即进行清缝处理，然后利用混凝土连接挡土墙的墙身与伸缩装置。浇筑完成的墙身应紧贴伸缩装置，并且需要使用弹性材料来填充伸缩装置与混凝土连接位置处的缝隙。

2.6 排水施工

高速公路路基及沿线设施经常会受到水的侵袭，这不仅严重危害路基，甚至还会将其彻底冲毁。因此，对路基的排水必须给予充分重视。路基排水的任务就是将路基范围内的土基湿度降到一定的范围内，保证路基常年处于干燥状态，确保路基路面具有足够的强度和稳定性。路基设计、施工时，必须考虑将影响路基稳定性的地面水，排除和拦截于路基用地范围以外，并防止地面水漫流、滞积或下渗。对于影响路基稳定性的地下水，则应予以隔断、疏干、降低，并引导到路基范围以外的适当地点。因此，在实际工程施工中，需根据路基水害的不同特点，采取相应的排水设施。

2.6.1 路基排水概况

1. 高速公路路基的常见病害

（1）路基沉降。

首先，路基沉降是由于道路基体的压缩沉降而产生的，或者当路基底部的承受力不能够承受地表汽车等交通工具的运输从而引起的沉降挤压。

（2）边坡坍落。

这是由自来水侵蚀、结构不当、堤防坡度陡峭或边坡支护被侵蚀，或者料位布置不当引起的。

（3）崩塌。

崩塌是由边坡的风化岩石表面上的温度和湿度的相互作用以及降雨，表层岩石或大块岩石从边坡上掉下来的侵蚀和动力作用引起的。

（4）路基滑动。

在陡峭的山丘上，路面被水弄湿而形成滑动面，并且在斜坡上没有必要的支撑，从而造成路基滑落。地下水的路基建设存在一定的风险，这意味着在路基建设和施工的过程中，地下水的存在形态会给工程的设计造成一定的负面影响，并且地下水的变化可能会降低路基的稳定性。因此，必须采取措施改变地下水的形式或数量。稳定的路堤经常受到地下水的破坏，例如，如果地下水位高且路堤填料为黏土，水将通过毛细作用进入路堤，从而增加填料的水分含量并降低强

度。其次，在挖沟段挖出的沟低于地下水位，如果挖沟坡土是细土，则斜坡的稳定性会受到地下水渗漏的动水压力的影响。如果切割体是一块破碎的岩石块，地下水从裂缝或含水层中流出，水分内部的碎屑也将被清除，导致坡面稳定性降低。地表水在公路表面沉降的水分对路基的影响主要体现在 2 个方面：一是对高速公路安全驾驶的影响；二是对路基的使用质量与使用寿命的影响。

2. 高速公路路基排水施工的主要内容

(1) 石料选择。

排水设施砌筑时需要坚固的石材作为基础，一般厚度必须大于 15 cm(不允许使用椭圆形和薄石)。单板上使用薄片，在选择石料时，尽量选择表面光滑并且尺寸较大的石料，严禁选择分化的化石材料。砌块规格以正方形为主，上下表面平坦光滑，厚度在 20～30 cm。当用作单板时，必须在裸露的表面周围略微凿长 300～500 mm、宽 250 mm 的薄片，使外露面平整，敲掉缝棱锐角。

(2) 施工要求。

为了使排水和防护工作的质量达到规范的设计要求，有必要在砌筑前进行技术披露。在砌筑过程中，需要注意以下 4 个方面。

①砌块在使用前，必须先将所有土壤浇水并弄湿，以清除表面的土壤和铁锈。在建造第一层或者地基时，如果第一层为混凝土结构且不能够直接施工，则必须先清洁并充分浸湿，然后再坐浆砌筑。如果第一层为土壤，可以将原始基座直接堆放在上面。如果基座受到干扰，则必须在夯实之前将其整平。

②尽可能在固定接缝处设置分段砖，或者在剖切段的伸缩处设置分段砖。相邻高度之间的差异不应太大。当发生重叠时，水缝基本在同一水平面上。

③每层必须由一个外环组成，以便放置，并且内层、外层必须交错并连接在一起。

④必须牢固地放置每一层的砖块，必须用砂浆填充砖块，并且应黏结牢固。为避免其直接接触或排空，石头下面的砂浆接缝上方不应由小块石头支撑。水平缝和垂直缝的宽度应基本相同，并符合规范要求。

(3) 勾缝工艺要求。

为了使接缝保护结构和路基保持耐用性，确保其质量和美观，接缝必须特别注意以下 3 点。

①砂浆标号应高于 M10，且应高于砂浆设计标号的要求。

②筛分用于黏结的沙子和泥浆含量必须符合规范要求。水泥标号不应太

高，否则砂浆表面容易开裂。此外注意接缝表面应平整致密，安装时应将接缝表面切掉。

③整线保护工程的勾缝形状应一致，勾缝宽度和厚度应恒定，线条应笔直。黏结完成后，必须及时清除砖表面的灰浆和灰尘，并且必须加强维护以防止部分分离。

2.6.2 地面排水设施施工

1. 地面排水设施的设置

地面排水设施主要有边沟、截水沟、排水沟、跌水与急流槽、蒸发池、拦水带等。

(1) 边沟。

设置在挖方路基的路肩外侧或低路堤的坡脚外侧，多与路中线平行，用以汇集和排除路基范围内和流向路基的少量地面水的沟槽称为边沟。边沟的断面形式一般有梯形、三角形、矩形和流线形。

通常土质地段边沟多采用梯形，梯形边坡靠路基一侧为 1∶1.5～1∶1，另一侧与路堑边坡相同；有碎落台时，外侧边坡也可为 1∶1；机械化施工时，土质边沟多采用三角形，三角形边沟的边坡内侧一般为 1∶4～1∶2，外侧为 1∶2～1∶1；石方地段或铺砌式边沟多采用矩形；流线形边沟是指将路堤的边角整修圆滑，可以防止路基旁侧积沙或积雪，适用于沙漠或积雪地区。

边沟的深度一般取 0.4～0.6 m，在水流较大的情况下，需适当加宽、加深。一般情况下，边沟不宜与其他沟渠合并使用，边坡的沟底纵坡与路线纵坡大致相同，并不宜小于 0.2%，以免水流阻滞淤塞边沟。若路线纵坡不能满足边沟纵坡要求，应采取加大边沟、增设涵洞或将填方路基提高等措施处理；当沟底纵坡大于 3%时，应对边坡进行加固；当纵坡超过 6%时，水流速度大而且冲刷严重，可采用跌水或急流槽的形式缓冲水流。边沟的出水口，必须进行处理。在路堑与路堤结合处，边沟沟底纵坡一般较陡。当边沟底与填土坡脚高差较大时，应结合地形与地质等具体条件采取以下两方面措施。

①设置排水沟，将路堑边沟水沿出口处的山坡引向路基范围以外，使之不致冲刷填方边坡。

②在边沟与填方连接处设跌水或急流槽，将水流直接引到填方坡脚之外。

(2) 截水沟。

设置在挖方路基边坡坡顶以外或山坡路堤的上方,垂直于水流方向,用以拦截路基上方流向路基的地面径流的排水设施称为截水沟。截水沟可以防止地表径流冲刷、侵蚀挖方边坡和路堤坡脚,减轻边沟的流水负担。截水沟应设有合适的纵坡度,沟底纵坡为0.3%,土质地段截水沟还应适当加固。

截水沟的横断面形式一般为梯形。底宽不小于0.5 m,深度应根据拦截水流量而确定,亦不宜小于0.5 m,边坡坡度视土质而定,一般可取1∶1.5～1∶1。当山坡覆盖物较薄,厚度小于1.5 m且不稳定时,截水沟沟底应设置在基岩上,以保证沟身稳定,并能拦截覆盖层与基岩面之间的地下水。

截水沟应设可靠的出水口,与其他排水设施平顺衔接,必要时宜设跌水或急流槽,将水流排入截水沟所在山坡一侧的自然沟中,或直接引到桥涵进口处。应避免排入边坡,或者在山坡上任其自流,造成冲刷。

(3) 排水沟。

排水沟是与其他汇水设施相连接,将水流引离路基或引向桥涵的人工沟渠。排水沟一般为梯形断面,底宽不小于0.5 m,边坡坡度一般取1∶1.5～1∶1。排水沟应尽量做成直线,如必须转换,其半径不宜小于10 m。排水长度按实际需要而定,通常不宜大于500 m。当排水沟中的水流流入河道或沟渠时,应使原水道不产生冲刷或淤积,并采取适宜的连接方式。

(4) 跌水与急流槽。

设置于需要排水、高差较大而距离较短或坡度陡峻地段的阶梯形构筑物,称为跌水。其主要作用是降低流速和消减水的能量。急流槽是具有很大坡度的水槽,但水流不离开槽底。其主要作用是在很短的距离内,水面落差很大的情况下进行排水。

跌水与急流槽设置的位置、类型和尺寸,要因地制宜,结合地形、地质、当地材料和施工条件,综合考虑。

①跌水。

跌水的一般构造有单级和多级两种。涵洞进水口处多属单级跌水,如高差及地形变化较大,根据需要也可做成多级跌水。

从力学计算的特点出发,跌水包括进水口、消力池和出水口三部分。其中消力池部分由跌水墙、平台和消力槛组成。

消能措施主要如下。

a. 加大渠底的粗糙度,以缩短水跃长度。

b. 设消力槛，以减小水流冲击和流速。消力槛的顶宽不小于 0.4 m，并设有尺寸 5 cm×5 cm～10 cm×10 cm 的泄水孔，以便水中断时，排除消力池内的积水，避免池内积水冬季冻结破坏。

跌水可用砖或片（块）石浆砌，必要时用混凝土浇筑。沟槽槽身及消力池的边墙厚度为：浆砌片石 0.25～0.40 m，混凝土 0.2 m，高度最少应高出计算水位 0.2 m。槽身一般砌成矩形，如跌水高度不大，槽底纵坡较缓，亦可采用梯形。但应注意对台阶前 0.5～1.0 m 和台阶后 1.0～1.5 m 的范围内进行加固。槽底厚度为 0.25～0.40 m，出水口部分可设置等宽或变宽形式。跌水台阶的高度可根据地形、地质等条件而定，一般不大于 0.5 m，通常是 0.3～0.4 m。其高度与长度之比，应与原地面坡度相适应。

②急流槽。

急流槽可分进水口、槽身和出水口三部分。其断面多为矩形，底宽在全长范围内一般不变。当进水渠道或出水渠道的宽度比急流槽大或形状不同时，需设过渡段。急流槽的纵坡一般不宜超过 1∶2，可用片（块）石浆砌或混凝土浇筑。急流槽壁的厚度，砌石时为 0.4 m，混凝土时为 0.3 m，槽壁的高度至少应高出计算水深 0.2 m。急流槽的基础要稳固，每隔 1.5～2.5 m 设置耳墙，以防止滑动，耳墙深入基础 0.3～0.5 m。进水槽和出水槽底部须用片石铺砌，长度一般应大于 10 m。特殊情况时，还应在下游设厚 0.2～0.5 m、长 2.5 m 的防冲铺砌。当急流槽很长时，应分段砌筑，每段长度为 5～10 m，接头处用防水材料填充。

(5) 蒸发池。

在降雨量不大、多晴少雨、空气相对湿度小、多风易蒸发的空旷荒野地区，路线经过平坦地段，无法把地面水排走时，可设置积水池，引水入池，任其蒸发和下渗。积水池一般沿路线方向筑成矩形，其容量大小根据当地降雨量而定，一般不超过 300 m^3，蓄水深度不大于 2 m。若用取土坑做积水池，与路基坡脚间的距离一般不应小于 5 m，面积较大的积水池至路堤坡脚的距离不应小于 20 m，坑内水面应低于路基边缘至少 0.6 m。

(6) 拦水带。

为避免高填方边坡被路面水冲刷，可在路肩上设置拦水带将水流拦截至边沟或适当地点排离路基。拦水带是指沿硬路肩外侧或路面外侧边缘设置的用来拦截路面和路肩表面水的堤埂。当路面排水采用集中排水方式时，需设置拦水带，将路面表面水汇集在拦水带内，通过间隔一定距离设置的泄水口和急流槽集中排放到路堤坡脚外。拦水带可以用水泥混凝土或者沥青混凝土铺筑。

2. 地面排水沟渠的加固与施工

排水沟渠加固措施应结合当地地形、地质、纵坡和流速等条件，因地制宜，就地取材，简便易行，经济适用。目前常用的有以下几种类型。

(1) 土沟表面夯实。

土沟表面夯实一般适用于土质边沟和排水沟(不适用于堑顶截水沟或堑顶排水沟)，沟内平均流速不大于 0.8 m/s。沟底纵坡不大于表 2.7 中的数值。

表 2.7　土沟沟底纵坡

边坡坡率	1∶1		
断面 $B\times H$(m×m)	0.4×0.4	0.4×0.6	0.6×0.8
纵坡/(%)	1.5	0.7	0.6

注：B 为断面宽度；H 为断面高度。

在施工时，其水沟沟底及沟壁部分应少挖 5 cm，并随挖随夯，将沟底、沟壁夯拍坚实，使土的干密度不小于 1.66×10^3 mg/m^3，以免土中水分消失，不易夯拍坚实。施工中如发现沟底、沟壁有鼠洞或蛇穴，应用原土补填夯实。

(2) 三合土或四合土加固。

三合土是指水泥、砂及炉渣组成的混合料，水泥、砂、炉渣的配合比一般为 1∶5∶1.5(质量比)。在无炉渣地区，可由石灰、黄土、碎石组成，石灰、黄土、碎砾石的配合比一般为 1∶3.3∶2.3(体积比)。

四合土是指水泥、石灰、砂、炉渣组成的混合料，配合比一般为 1∶3∶6∶24(质量比)。

三合土或四合土一般用于加固无冻害、无地下水、水流平均速度在 1.0～2.5 m/s地段的水沟。混合土厚度视沟内流速或沟底纵坡而定，一般取 0.1～0.25 m；加固常流水的水沟表面时，如加厚 1 cm 的 M7.5 水泥砂浆，效果更佳。

三合土或四合土施工方法及要求如下。

①施工前两周，将石灰水化，使用前 1～3 d 将黄土或炉渣(炉渣经过高温烧化且含灰量不超过 5%，其粒径不超过 5 mm)掺入拌匀，使用时将碎砾石或水泥及砂掺入，反复拌和均匀。

②沟渠开挖后趁土质潮湿立即加固，如土质干燥，则宜洒水湿润后再行加固。

③沟渠铺混合土前，应将沟底的沟壁表面夯实拍平，然后每隔 2 m 左右安设

模板，保证加固厚度的一致。

④沟渠铺混合土后，应拍打排浆，然后再抹水泥砂浆护层，待稍干后，用大卵石将表面压紧磨光，最后用麻袋或草垫覆盖，洒水养护 3～5 d。养护时如发现裂缝或表面剥落，应予以修补。

(3) 单层干砌石加固。

一般用于无防渗要求的沟渠，土质沟渠沟底纵坡在 5%以上，流速大于 2 m/s，或砂土质沟渠沟底纵坡在 3%以上。当沟内平均流速在 2.0～3.5 m/s 时，干砌片石尺寸可采用 0.15～0.25 m；当流速大于 4.0 m/s 时，应采用急流槽式跌水。

当沟壁沟底为细颗粒土时，应加设碎砾石垫层，其厚度宜为 0.10～0.15 m，5～50 mm 粒径的石料应占总质量的 90%以上。片石间隙应用碎石填塞紧密，片石大面应砌向表面，以减少面部粗糙度。

(4) 单层栽砌卵石加固。

用于无严格防渗要求，且容许流速在 2.0～2.5 m/s 的防冲刷沟渠加固地段。所用卵石尺寸与容许流速有关，若沟壁、沟底为细粒土，需加设砂、砾石垫层，其厚度视容许流速及土质情况而定。施工时，一般应先砌沟底，后砌沟壁。砌底选用较好的大卵石，坡脚两行应注意选料并砌筑牢固。砌筑可自下而上逐步选用较小的卵石，最上一层则用较长卵石平放并封顶压牢。所有卵石均应栽砌，大头朝下，相互靠紧，每行卵石须大小均匀，两排之间保持错缝。卵石下部及卵石之间的孔隙，均应用小石填塞紧密。

(5) 浆砌片石加固。

浆砌片石边沟有梯形与矩形两种，一般用于沟内水流速度较大(平均流速大于 4 m/s)及防渗要求较高的地段。沟底纵坡一般不受限制，但在有地下水及冻害地段，沟壁、沟底外侧需加设反滤层或垫层，并在沟壁上预留泄水孔。

施工时应注意沟渠开挖后要整平夯实，如土质干燥，应洒水润湿，遇有陷穴应堵塞夯实。水泥砂浆强度等级一般采用 M5，随拌随用，砌筑完后应注意养护。

2.6.3 地下排水设施施工

地下排水可以使用侧排水沟渠、滴灌和洪流槽、障碍物、水分蒸发群和其他排水设施地区。公路上常用的地下排水结构物有明渠和排水渠、暗沟、渗沟和渗井等，现分述如下。

1. 明渠和排水渠

当地下水位深度较浅或没有固定的水层时，开放式沟渠和排水管通常是合适的。注意不要在温度过低的地方使用开放式沟渠和排水管。在明渠施工过程中，有必要增加明渠的纵向坡度，以确保及时排水。在开挖沟槽的过程中，检查控制基座的高度，控制横截面的大小，并使用人机协作进行相关的挖掘。在测量和设置开放式沟渠时，应使用经纬仪或全站仪，并且必须根据设计图的规则进行设计。在整个过程中，开放式沟渠的泄漏孔的结构应保持垂直，并且保证其没有阻塞。

2. 暗沟

暗沟通常安装在地下，以引导水和地下排水沟渠，而不会造成洪水和集水，适用于城市下水道管、雨水管和高速公路路基排水等。

暗沟的作用主要是引导地下水流，以控制地下水位的高度。暗沟的横截面大多为矩形结构，根据实际施工区域的不同，有时为梯形结构。实际施工过程中将暗沟的宽度控制在 0.3～0.5 m，高度控制在 1～1.5 m。根据实际施工区域泉眼的具体位置及高度，尽量选择水分排放路径最短的路基。同时要注意在挖掘过程中的防水工作，泉眼水必须及时地排除，以防止发生堵塞现象。在开挖过程中相关人员要及时地检查基座的承载能力，如果基座承载能力较弱，需要采取一定的加固措施。在建造暗沟时，必须注意确保沉积物、土壤和石头不会掉入沟渠或腺体中，以防止堵塞。

3. 渗沟

渗沟的设置主要是为了降低地下水位或拦截地下水。渗沟的类型主要有 3 种：管式渗沟、集石渗沟和洞穴型渗沟。管式渗沟主要用于地下水长、流量大的地区，如果管式渗沟的长度为 100～300 m，则必须建立水平排水段以排出地下水。从材料选择的角度来看，管式渗沟的排水管可以由陶瓷、混凝土和水泥等材料制成，排水孔应该设置在排水管的壁上。排水孔的分布应有一定顺序，间隙不应太大，通常不超过 20 cm。集石渗沟仅适用于渗流距离不长、坡度不小于 1%的地段，其断面一般为矩形或梯形。集石渗水沟的埋藏深度不应低于原始地下水位。集石渗沟的底部和中心由较大碎石或卵石（粒径 3～5cm）填筑，在碎石或卵石的两侧和顶部，按一定比例分层（层厚约 15cm）填较细颗粒的粒料。洞穴型渗沟主要用于地下水流量较大的地段，洞壁通常采用浆砌片石砌筑的，洞的顶部必须盖上盖板以防止异物进入。

公路下排水施工设计，通常将这 3 种不同类型的渗沟有效地结合起来。应根据实际情况为不同的横截面设计不同的渗沟，以防止和减少地下水的侵蚀以及露天少量水造成的破坏。

4. 渗井

渗井是一种水平地面排水设备，它通过排泄路基附近的浅层地下水来影响路基的安全。地下有 4 个含水层，其中影响路面的上层含水层很薄，排水量不大，很难布置水平的渗沟。垂直井可用于建立渗井。渗井穿过不透水层，并通过将较低等级范围内的较高地下水引入深层含水层来降低较高的地下水位。

高速公路路基排水对我国公路建设的质量起着至关重要的推动作用。因此加强对排水技术的改革与控制，对于促进中国高速公路运输的持续发展至关重要。

第3章 路面施工

3.1 路面概述

路面是在路基顶面用各种混合料铺筑而成的层状构筑物，是道路的主要结构物。

路面工程施工是影响路面质量与寿命的重要环节，也直接关系到整条公路的使用情况。作为公路工程管理及技术人员，应熟练掌握目前工程上成熟且可靠的路面施工技术，必须进行合理的施工组织设计，做到路面设计、管理、监理和施工单位之间充分协调及配合，各司其职，做到精心组织、严格管理、认真施工，并且对施工中存在的问题进行分析，在持续解决问题中不断创新，促进路面施工技术不断发展。

随着路面施工技术的不断发展，新的施工工艺及施工设备不断涌现，不但提高了公路路面的施工质量、施工效率，还提高了公路施工的安全性。路面工程施工在保证原材料质量合格、配合比准确、拌和均匀、摊铺平整、碾压密实、接缝平整等基础上，尽可能采用施工机械化程度高、劳动强度低、施工效率高及效果好的新工艺，在提高施工质量的同时促进路面工程技术不断发展。

3.1.1 路面结构分层及层位功能

按照行车荷载和自然因素对路面的影响，根据使用要求、受力状况、土基支承条件和自然因素影响程度不同，将路面结构分为若干层次。路面按照各个层位功能的不同，划分为3个层次，即面层、基层和功能层(垫层)。在路面结构设计过程中，根据公路等级及使用需要，不同路面的结构也有所不同。

1. 面层

面层是直接同行车和大气接触的表面层，承受较大行车荷载的垂直力和水平剪切力的作用，同时还受到降水的侵蚀和气温变化影响。因此，同其他层次相比，面层应具备较高的结构强度以抵抗垂直应力作用，较高的抗变形能力以抵抗剪切作用，较好的水稳定性以抵抗水损害，以及很好的温度稳定性以抵抗车辙，表面还应有良好的抗滑性和平整度。

修筑面层类型及适用范围见表3.1。

表3.1 路面面层类型及适用范围

面层类型	适用范围
沥青混合料路面	高速公路、一级公路、二级公路、三级公路、四级公路
水泥混凝土路面	高速公路、一级公路、二级公路、三级公路、四级公路
沥青贯入、沥青碎石、沥青表面处治路面	三级公路、四级公路
砂石路面	四级公路

2. 基层

基层主要承受由面层传来的车辆荷载的作用力（包括垂直力和拉应力），并将垂直力扩散到下面的垫层和土基，承受拉应力作用并维持良好的耐久性。因此，基层是路面结构中的承重层，应具有一定的强度和刚度，并具有良好的抵抗疲劳破坏的能力。

基层遭受大气因素的影响虽然比面层小，但是仍然有可能经受地下水和通过面层渗入的雨水的侵蚀，所以基层结构应具有足够的水稳定性。基层表面虽不直接供车辆行驶，但仍然要求有较好的平整度，这是保证面层平整性的基本条件。基层或底基层主要承受拉应力或拉应变，因此基层或底基层材料主要应考虑其抗疲劳特性。如果基层或底基层采用粒料，则必须考虑垂直力作用产生的永久变形。

修筑基层的材料主要有各种结合料（如石灰、水泥或沥青等）稳定土或稳定碎（砾）石，贫水泥混凝土，各种工业废渣（如煤渣、粉煤灰、矿渣、石灰渣等）和土、砂、石所组成的混合料等天然沙砾，各种碎石（或砾石）、片石、块石（或圆石），以提高基层的整体抗冰冻、抗水侵害和承载能力。

3. 功能层（垫层）

为保证面层和基层不受路基水温状况变化的不良影响，必要时应设置功能层。它的主要作用是加强路面结构层之间的黏结力、改善路基的湿度和温度

状况。

修筑功能层的材料，其强度要求不一定高，但水稳定性和隔温性能要好。常用的功能层分为3类：①由松散粒料(如粗砂、沙砾、碎石等)组成的透水性材料层或防冻层；②用水泥或石灰稳定土等修筑的稳定类材料层；③采用沥青或乳化沥青的封层、黏层、透层及应力吸收层。

3.1.2　路面分类

国外的路面分类如下。

①有铺装路面：一般包含水泥混凝土路面和沥青混凝土路面。

②简易铺装路面：包含表面处治、沥青碎石、沥青贯入式路面。

③未铺装路面：砂石路面(砂石路面是以砂、石为骨料，以土、水、灰为结合料，通过一定的配合比铺筑而成的路面，包括级配砂(砾)石路面、泥结碎石路面、水结碎石路面、填隙碎石路面及其他粒料路面)等。

国内主要从力学特性的相似性将路面结构划分为沥青混合料路面、复合式路面和水泥混凝土路面(也称刚性路面)3类。

在工程现场，一般习惯于按照面层所用的材料进行分类，如沥青类路面、水泥混凝土路面、砂石路面等。下面主要介绍高速公路常用的沥青类路面和水泥混凝土路面。

1. 沥青类路面

根据沥青类路面基层类型，沥青类路面可分为柔性基层沥青路面、半刚性基层沥青路面、刚性基层沥青路面及组合式基层沥青路面。

(1) 柔性基层沥青路面。

柔性基层(主要是沥青结合料类基层及粒料类基层)沥青路面的总体结构刚度较小，在车辆荷载作用下产生的表面变形较半刚性基层沥青路面大。虽然路面结构某一层的抗拉强度较低，但合理的结构组合和厚度设计可以保证路面结构整体具有很强的抵抗荷载作用能力。同时各结构层将车辆荷载传递给路基，可将路基承受的压应力控制在一定范围内。路基路面结构主要靠抗压强度和抗剪强度承受车辆荷载的作用。柔性基层沥青路面主要包括各种未经处理的粒料基层和各类沥青层组成的路面结构。

(2) 半刚性基层沥青路面。

用水泥、石灰等无机结合料处治的土或碎(砾)石及含有水硬性结合料的工业废渣修筑的基层，在前期具有柔性基层的力学性质，而后期的强度和刚度均有较大幅度增长，但是最终的强度和刚度仍小于水泥混凝土。这种材料的刚度处于柔性基层与刚性基层之间，因此把这种基层和铺筑在其上的沥青面层统称为半刚性基层沥青路面。这种路面结构是我国高速公路采用的主要结构形式。

(3) 刚性基层(主要是水泥混凝土基层)沥青路面。

刚性基层主要是用水泥混凝土做基层、沥青混凝土做面层的路面结构，这种路面结构有时也被称为复合式路面结构。水泥混凝土具有强度高、稳定性好等特点，沥青混凝土具有行车舒适、噪声小等特点，这种路面可以避免各自的缺点，具有良好的使用性能和耐久性。普通混凝土、钢筋混凝土基层沥青路面，由于接缝处存在反射裂缝，对使用性能有一定的影响；而连续配筋混凝土基层沥青混凝土路面，因连续配筋将水泥混凝土裂缝宽度约束在一定范围内(一般要求小于1 mm)，具有良好的使用性能和耐久性，但必须采取措施保证沥青层与沥青层、沥青层与水泥混凝土层之间有良好的黏结状态。

(4) 组合式基层沥青路面。

该种沥青路面的基层含有无机结合料稳定材料、水泥混凝土材料等刚度较大或相对较大的材料，但是在沥青层与刚度相对较大的材料之间夹有柔性材料，如沥青混凝土层＋级配碎石＋无机结合料稳定材料层路面结构、沥青混凝土层＋级配碎石＋普通水泥混凝土材料层路面结构、沥青混凝土层＋级配碎石＋碾压式水泥混凝土材料层路面结构等。

2. 水泥混凝土路面

水泥混凝土路面主要指用水泥混凝土(包括普通混凝土、钢筋混凝土、连续配筋混凝土、钢纤维混凝土、预应力混凝土、装配式混凝土、碾压混凝土)做面层的路面结构。水泥混凝土强度大，与其他筑路材料相比，其抗弯拉强度高，并且有较高的弹性模量，故呈现出较大的刚性。在车辆荷载作用下，水泥混凝土结构层处于板体工作状态，竖向弯沉较小，路面结构主要靠水泥混凝土板的抗弯拉强度承受车辆荷载，通过板体的扩散分布作用，传递给基础的单位压力较柔性路面小得多。

3.2　路面基层施工

3.2.1　级配碎石施工

1. 一般规定

粗、中、小碎石集料和石屑各占一定比例的混合料，当其颗粒组成符合规定的密实级配要求时，称作级配碎石。

(1) 级配碎石用于各级公路的基层和底基层。

(2) 级配碎石施工中缺乏石屑时，可以添加细沙砾或粗砂，也可以用颗粒组成合适的含细集料较多的沙砾与未筛分碎石组配成级配碎砾石。

(3) 级配碎石施工应遵循以下基本规定。

①颗粒级配应符合规定。

②配料必须准确。

③塑性指数应符合规定。

④混合料必须拌和均匀，没有粗细颗粒离析现象。

⑤在最佳含水率时进行碾压，当采用重型击实标准设计时，基层压实度应大于 98%，最小承载比不应小于 100%；底基层压实度应大于 96%，最小承载比不应小于 80%。

(4) 级配碎石应使用 12 t 以上的三轮压路机进行碾压，每层的压实度厚度不应超过 18 cm。用重型振动压路机和轮胎压路机碾压时，每层的压实厚度可达 20 cm。

(5) 级配集料(含未筛分碎石)底基层不宜做成槽式，宜做成满铺式，以利排除进入路面结构层的水，否则两侧要设置纵向盲沟。

(6) 对未筛分碎石，一定要在较潮湿情况下才能往上铺撒石屑，否则一旦开始拌和，石屑就会落到底部。

(7) 级配碎石基层未洒透层沥青或未铺封层时，禁止开放交通，以保护表层不受破坏。

2. 材料要求

级配碎石做基层时，材料应该满足下列要求。

①石料应具有足够的强度。

②碎石的压碎值:高等级公路不大于30%,一般公路不大于35%。

③碎石中的扁平、长条颗粒总含量应不超过20%。

④用于基层时,碎石的最大粒径不应超过40 mm;用作底基层时,碎石的最大粒径不应超过50 mm。

3. 施工工艺

级配碎石施工应做到:集料级配满足要求,配料要准确,细料的塑性指数要符合规定,掌握好松铺厚度,路拱横坡符合规定,拌和均匀,避免粗细颗粒离析。

级配碎石的施工工艺流程为:施工放样→准备底基层→计算材料用量→运输集料→拌和及整形→碾压→接缝处理。

(1) 施工放样。恢复中线,并在两侧路肩边缘外0.3～0.5 m设指示桩,逐个断面进行高程测量,并在指示桩上标记结构层的设计高度。

(2) 准备底基层。土基或垫层等底基层的表面应平整、坚实,具有一定的路拱,没有松散材料和软弱地方。底基层的平整度和压实度应满足规范要求。

(3) 计算材料用量。根据各路段基层或底基层的宽度、厚度及预定的干密度,计算所需要的各种集料的数量,并推算每车材料的堆放间距。

(4) 运输集料。同一料场的路段,运输应由远而近按计算的间距堆放,堆放的时间不宜过长,一般仅提前数天。料堆间每隔一定距离应留缺口用以排水。

(5) 拌和及整形。拌和时,稳定土拌和机应拌和2遍以上,且深度应到级配碎石底层,最后一遍拌和前,可先用拌和机贴底面翻拌一遍。结束时,混合料的含水量应均匀,并较最佳含水率大1%左右,且不应出现离析现象。

(6) 碾压。碾压应由两侧路肩向路中心,由曲线内侧向外侧进行碾压,后轮应重叠1/2轮宽,且须超过两段的接缝处。一般需碾压6～8遍,并使表面没有明显轨迹。前两遍的速度宜为1.5～1.7 km/h,以后为2.0～2.5 km/h。

(7) 接缝处理。作业段的衔接处应搭接拌和。第一段拌和后,应留5～8 m不碾压。第二段施工时,将留下的部分一起加水拌和,整平后一起碾压。

3.2.2 水泥稳定类与石灰稳定类结构层施工

1. 水泥稳定类结构层施工

水泥稳定类结构层施工的方法主要分为路拌法施工和厂拌法施工两种。用

作高速公路底基层的水泥稳定类结构层可采用路拌法施工；用作高速公路基层的水泥稳定集料应采用厂拌法施工。由于水泥稳定类结构层施工的相似性，现以水泥稳定土施工为例进行讲解。

1）路拌法施工

(1) 准备下承层。

①下承层表面应平整、坚实，具有规定的路拱。

②当水泥稳定土做基层时，要准备底基层；做老路面的加强层时，要准备老路面；做底基层时，要准备土基。所有准备工作均应达到相应的规定要求。

③在槽式断面的路段，两侧路肩上每隔一定距离(5～10 m)可交错开挖泄水沟(或做盲沟)。

(2) 施工放样。

①在底基层、老路面或土基上恢复中线，直线段每 15～20 m 设一桩，平曲线段每 10～15 m 设一桩，并在两侧路肩边缘外设指示桩。

②在两侧指示桩上用明显标记标出水泥稳定类结构层边缘的设计高程。

(3) 备料。

根据实际需要，可以利用老路面或土基上部材料，也可以利用料场的土或集料。

①利用老路面或土基上部材料需注意的事项。

a. 清除干净老路面或土基表面的石块等杂物。

b. 每隔 10～20 m 挖一小洞，使洞底高程与预定的水泥稳定土层的底面高程相同，并在洞底做一标记，以控制翻松及粉碎的深度。

c. 用犁、松土机或装有强固齿的平地机或推土机将老路面或土基的上部翻松到预定的深度，土块应粉碎并达到要求。

d. 应经常用犁将土向路中心翻松，使预定处治层的边部成一个垂直面，防止处治宽度超过规定。

e. 用专用机械粉碎黏性土。当无专用机械时，也可用旋转耕作机、圆盘耙粉碎塑性指数不大的土。

②利用料场的土(包括细、中、粗粒土)或集料需注意的事项。

a. 在采集土之前，应先将树木、草皮、树根和杂土清除干净。

b. 筛除土中超尺寸的颗粒。

c. 应在预定的深度范围内采集土，不应分层采集，不应将不合格的土采集到一起。

d. 对于塑性指数大于12的黏性土，可视土质和机械性能确定土是否需要过筛。

③计算材料用量要点。

a. 根据各路段水泥稳定土层的宽度、厚度及预定的干密度，计算各路段需要的干燥土的数量。根据料场土的含水率和运料车辆的吨位，计算每车料的堆放距离。

b. 根据水泥稳定土层的厚度和预定的干密度及水泥剂量，计算每一平方米水泥稳定土需要的水泥用量，并确定水泥摆放的纵横间距。

④土或集料的运输要点。

a. 在预定堆料的下承层上，在堆料前应先洒水，使其表面湿润，但不应过分潮湿而造成泥泞。

b. 土装车时，应控制每车料的数量基本相等。

c. 在同一料场供料的路段内，由远到近将料按上述计算距离卸置于下承层表面的中间或上侧。卸料距离应严格掌握，避免有的路段料不够或过多。

d. 料堆每隔一定距离应留一缺口。

e. 土在下承层上的堆置时间不应过长，运送土只宜比摊铺土工序提前1～2 d。

f. 当路肩用料与稳定土层用料不同时，应采取培肩措施，先将两侧路肩培好。路肩料层的压实厚度应与稳定土层的压实厚度相同。在路肩上，每隔5～10 m应交错开挖临时泄水沟。

（4）摊铺土。

①应事先通过试验确定土的松铺系数。松铺系数是指材料的松铺厚度与达到规定压实度的压实厚度之比值，即材料达到规定压实度的干密度与松铺材料干密度的比值。

②摊铺土应在摊铺水泥的前一天进行。摊铺长度按日进度的需要量控制，满足次日完成掺加水泥、拌和、碾压成型即可。雨季施工，如第二天有雨，不宜提前摊铺土。

③应将土均匀地摊铺在预定的宽度上，表面应力求平整，并有规定的路拱。

④摊料过程中，应将土块、超尺寸颗粒及其他杂物拣除。

⑤如土中有较多土块，应进行粉碎。

⑥检验松铺土层的厚度，应符合预计要求。

⑦除洒水车外，严禁其他车辆在土层上通行。

(5) 洒水闷料。

①如已整平的土(含粉碎的老路面)含水率过小,应在土层上洒水闷料。洒水应均匀,防止出现局部水分过多或水分不足的现象。

②严禁洒水车在洒水段内停留和掉头。

③细粒土应经一夜闷料;中粒土和粗粒土,视其中细土含量的多少,可缩短闷料时间。

④如为综合稳定土,应先将石灰和土拌和后一起进行闷料。

(6) 整平和轻压。

对人工摊铺的土层整平后,用6～8 t两轮压路机碾压1～2遍,使其表面平整,并有一定的压实度。

(7) 摆放和摊铺水泥。

①按前述方法计算出每袋水泥的纵横间距,在土层上做安放标记。

②应将水泥当日直接送到摊铺路段,卸在做标记的地点,并检查有无遗漏和多余。运水泥的车应有防雨设备。

③用刮板将水泥均匀摊开,并注意每袋水泥的摊铺面积相等。水泥摊铺完后,表面应没有空白位置,也没有水泥过分集中的地点。

(8) 拌和(干拌)。

应采用专用稳定土拌和机进行拌和并设专人跟随拌和机,随时检查拌和深度并配合拌和机操作员调整拌和深度。拌和深度应达稳定层底并宜侵入下承层5～10 mm,以利上下层黏结。严禁在拌和层底部留有素土夹层。通常应拌和两遍以上,在最后一遍拌和之前,必要时可先用多铧犁紧贴底面翻拌一遍。直接铺在土基上的拌和层也应避免素土夹层。

(9) 加水并湿拌。

①在上述拌和过程结束时,如果混合料的含水率不足,应用喷管式洒水车(普通洒水车不适宜用作路面施工)补充洒水。水车起洒处和另一端掉头处都应超出拌和段2 m以上。洒水车不应在正进行拌和以及当天计划拌和的路段上掉头和停留,以防局部水量过大。

②洒水后,应再次进行拌和,使水分在混合料中分布均匀。拌和机械应紧跟在洒水车后面进行拌和,减少水分流失。

③洒水及拌和过程中,应及时检查混合料的含水率。含水率宜略大于最佳值。对于稳定粗粒土和中粒土,宜较最佳含水率大0.5%～1.0%;对于稳定细粒土,宜较最佳含水率大1%～2%。

④在洒水拌和过程中，应配合人工拣出超尺寸颗粒，消除粗细颗粒“窝”以及局部过分潮湿或过分干燥之处。

⑤混合料拌和均匀后应色泽一致，没有灰条、灰团和花面，即无明显粗细集料离析现象，且水分合适和均匀。

(10) 整形。

①混合料拌和均匀后，应立即用平地机初步整形。在直线段，平地机由两侧向路中心进行刮平；在平曲线段，平地机由内侧向外侧进行刮平。必要时，再返回刮一遍。

②用拖拉机、平地机或轮胎压路机立即在初平的路段上快速碾压一遍，以暴露潜在的不平整。

③再用平地机按①要求进行整形，整形前应用齿耙将轮迹低洼处表层 5 cm 以上耙松，并按②要求再碾压一遍。

④对于局部低洼处，应用齿耙将其表层 5 cm 以上耙松，并用新拌的混合料进行找平。

⑤再用平地机整形一次。应将高处料直接刮出路外，不应形成薄层贴补现象。

⑥每次整形都应达到规定的坡度和路拱，并应特别注意接缝必须顺适平整。

⑦当用人工整形时，应用锹和耙先将混合料摊平，用路拱板进行初步整形。用拖拉机初压 1～2 遍后，根据实测的松铺系数，确定纵横断面的高程，并设置标记和挂线。利用锹耙按线整形，再用路拱板校正成型。如为水泥土，在拖拉机初压之后，可用重型框式路拱板（拖拉机牵引）进行整形。

⑧在整形过程中，严禁任何车辆通行，并保持无明显的粗细集料离析现象。

(11) 碾压。

水泥稳定类混合料碾压结束与开始拌和的时间差通常称为“延迟时间”。需要强调的是，水泥稳定类材料的压实效果与延迟时间密切相关，应尽量缩短“延迟时间”。

施工中根据路宽、压路机的轮宽和轮距制订碾压方案，应使各部分碾压的次数尽量相同，路面的两侧应多压 2～3 遍。整形完成后，当混合料的含水率较最佳含水率大 1%～2%时，应立即用轻型压路机并配合 12 t 以上压路机在结构层全宽内进行碾压。

①碾压组织应遵循的基本要求。

a. 直线和不设超高的平曲线段，由两侧路肩向路中心碾压。

b. 设超高的平曲线段，由内侧路肩向外侧路肩进行碾压。

c. 碾压时，应重叠1/2轮宽。后轮必须超过两段的接缝处，后轮压完路面全宽时，即为一遍。一般需碾压6～8遍。

d. 前两遍碾压速度以1.5～1.7 km/h为宜，以后速度宜为2.0～2.5 km/h。

e. 采用人工摊铺和整形的稳定土层，宜先用拖拉机或6～8 t两轮压路机或轮胎压路机碾压1～2遍，然后再用重型压路机碾压。

②碾压过程中应注意的事项。

a. 严禁压路机在已完成的或正在碾压的路段上掉头或紧急制动，应保证稳定土层表面不受破坏。

b. 碾压过程中，水泥稳定土的表面应始终保持湿润，如水分蒸发过快，应及时补洒少量的水，但严禁洒大水碾压。

c. 碾压过程中，如有“弹簧”、松散、起皮等现象，应及时翻开重新拌和（加适量的水泥）或用其他方法处理，使其达到质量要求。

d. 经过拌和、整形的水泥稳定土，宜在水泥初凝前并应在试验确定的延迟时间内完成碾压，并达到要求的密实度，同时没有明显的轮迹。

e. 在碾压结束之前，用平地机再终平一次，使其纵向顺适，路拱和超高符合设计要求。终平应仔细进行，必须将局部高出部分刮除并扫出路外；对于局部低洼之处，不再进行找补，可留待铺筑沥青面层时处理。

(12) 接缝和掉头处的处理。

①同日施工的两工作段的衔接处应采用搭接。前一段拌和整形后，留5～8 m不进行碾压，后一段施工时，前段留下未压部分，应再加部分水泥重新拌和，并与后一段一起碾压。

②应注意每天最后一段末端缝（即工作缝）的处理。工作缝和掉头处可按下述方法处理。

a. 在已碾压完成的水泥稳定土层末端，沿稳定土挖一条横贯铺筑层全宽的宽约30 cm的槽，直挖到下承层顶面。此槽应与路的中心线垂直，靠稳定土的一面应切成垂直面，并放两根与压实厚度等厚、长为全宽一半的方木紧贴其垂直面。

b. 用挖出的素土回填槽内其余部分。

c. 如果拌和机械或其他机械必须到已压成的水泥稳定土层上掉头，应采取措施保护掉头作业段。一般可在准备用于掉头的8～10 m长的稳定土层上，先覆盖一张厚塑料布或油毡纸，然后铺上约 10 cm 厚的土、砂或沙砾。

d. 第二天，邻接作业段拌和后，除去方木，用混合料回填。靠近方木未能拌和的一小段，应人工进行补充拌和。整平时，接缝处的水泥稳定土应较已完成断面高出约 5 cm，以利形成一个平顺的接缝。

e. 整平后，用平地机将塑料布上大部分土除去（注意勿刮破塑料布），然后人工除去余下的土，并收起塑料布。

在新混合料碾压过程中，应将接缝修整平顺。

③纵缝的处理。水泥稳定土层的施工应该避免纵向接缝，在必须分两幅施工时，纵缝必须垂直相接，不应斜接。纵缝应按下述方法处理。

a. 在前一幅施工时，在靠中央一侧用方木或钢模板做支撑，方木或钢模板的高度与稳定土层的压实厚度相同。

b. 混合料拌和结束后，靠近支撑木（或板）的一部分，应人工进行补充拌和，然后整形和碾压。

c. 养生结束后，在铺筑另一幅之前，拆除支撑木（或板）。

d. 第二幅混合料拌和结束后，靠近第一幅的部分，应人工进行补充拌和，然后进行整形和碾压。

(13) 养生与交通管制。

水泥稳定土或集料经过拌和、压实后必须有一段养生时间，使稳定类结构层表面保持湿润，防止混合料中的水分蒸发。这是十分重要的步骤。

水泥稳定土或集料每一段碾压完成并经压实度检查合格后，应立即开始养生。养生的方法有湿砂养生、沥青乳液养生、洒水车洒水养生等。

养生期间未采用覆盖措施的水泥稳定土或集料层上，除洒水车外，应进行交通管制。在采用覆盖措施的水泥稳定土或集料层上，不能封闭交通时，应限制重车通行，其他车辆的车速不应超过 30 km/h。

养生期结束后，如其上层为沥青面层，应先清扫基层，并立即喷洒透层沥青。在喷洒透层沥青后，宜在其上均匀撒布 5～10 mm 的小碎（砾）石，用量为全铺一层用量的 60%～70%。如喷洒的透层沥青能透入基层，且运料车辆和面层混合料摊铺机在其上行驶不会破坏沥青膜，可以不撒小碎（砾）石。在撒小碎（砾）石的情况下，应尽早铺筑沥青面层的底面层。在清扫干净的基层上，也可先做下封层，以防止基层干缩开裂，同时保护基层免遭施工车辆破坏。宜在铺设下封层后的 10～30 d 内开始铺筑沥青面层的底面层。如为水泥混凝土面层，也不宜让基层长期暴晒，以免开裂。

①水泥稳定土底基层分层施工时，下层水泥稳定土碾压完后，在采用重型振动压路机碾压时，宜养生7 d后铺筑上层水泥稳定土。在铺筑上层稳定土之前，应始终保持下层表面湿润，在铺筑上层稳定土时，宜在下层表面撒少量水泥或水泥浆。底基层养生7 d后，方可铺筑基层。

水泥稳定级配碎石(或砾石)基层分两层用摊铺机铺筑时，下层分段摊铺和碾压密实后，在不采用重型振动压路机碾压时，宜立即摊铺上层，否则在下层顶面应撒少量水泥或水泥浆。

②宜采用湿砂进行养生，砂层厚宜为7～10 cm。砂铺匀后，应立即洒水，并在整个养生期间保持砂的潮湿状态。不得用湿黏性土覆盖。养生结束后，必须将覆盖物清除干净。

③对于基层，也可用沥青乳液进行养生。沥青乳液的用量按0.8～1.0 kg/m^2(指沥青用量)选用，宜分两次喷洒。第一次喷洒沥青含量约35%的慢裂沥青乳液，使其能稍透入基层表层。第二次喷洒浓度较大的沥青乳液。如不能避免施工车辆在养生层上通行，应在乳液分裂后撒布3～8 mm的小碎(砾)石，做成下封层。

④无上述条件时，也可用洒水车经常洒水进行养生。每天洒水的次数应视气候而定。整个养生期间应始终保持稳定土或集料层表面潮湿，必要时，用两轮压路机压实。

⑤对于高速公路，基层的养生期不宜少于7 d。

2) 厂拌法施工

对于高速公路，水泥稳定土或集料混合料应当在中心站(厂)采用专用稳定土拌和机械拌制，然后再运输到施工现场进行摊铺，以保证混合料的均匀性、水泥稳定土或集料混合料的施工质量，并可减轻对施工现场的环境污染。

(1) 下承层准备、施工放样。

参照路拌法施工相关叙述。

(2) 备料。

原材料选择要求与路拌法相同。

①各种不同材料(水泥、土、外掺剂等)及不同规格集料(碎石、砾石、石屑、砂)应隔离，禁止混合堆放。

②潮湿多雨地区或其他地区多雨季节施工时，应采取措施防止集料(特别是石屑和砂等细集料)遭受雨淋。

③重视水泥防潮工作。

④土块应予以粉碎，最大尺寸不得超过 15 mm。

(3) 拌和。

①当采用连续式的稳定土厂拌设备拌和时，应保证集料的最大粒径和级配符合要求。

②在正式拌制混合料之前，必须先调试所用的设备，使混合料的颗粒组成和含水率都达到规定的要求。原集料的颗粒组成发生变化时，应重新调试设备。

③配料应准确，拌和应均匀。

④拌和出厂的混合料含水率宜略大于最佳值，使混合料运到现场摊铺后，碾压时的含水率不小于最佳值；在拌和过程中，应根据集料和混合料含水率的大小及时调整加水量。

(4) 运输。

将拌制好的混合料从拌和机直接卸入自卸卡车，应尽快送到铺筑现场。车上的混合料应该覆盖，减少水分损失。一般运输时间宜限制在 30 min 内。

(5) 摊铺。

拌和机与摊铺机的生产能力应互相匹配。对于高速公路，摊铺机宜连续摊铺，拌和机的产量宜大于 400 t/h。

①高速公路应采用沥青混凝土摊铺机或专用的稳定粒料摊铺机进行摊铺作业。

②最好两台摊铺机同时作业，两台摊铺机可以前后(相距 5～20 m)错列前进；若只有一台小型摊铺机工作，可以在两条线或几个工作道上交替摊铺，但要注意任何一条工作道都不能比邻接的工作道摊铺得太靠前，要保证相邻工作道上任一地点摊铺混合料间隔时间不超过 25 min。摊铺均匀后立即碾压。

使用摊铺机铺筑水泥稳定土混合料，必须严格遵守操作技术规范，才能达到较好的平整度，为了得到一个平整的基层顶面，可以采取以下措施。

a. 保持整平板前的混合料的高度不变。

b. 保持螺旋分料器有 80%的时间在工作状态。

c. 减少停机/开动的次数，避免运料卡车碰撞摊铺机。

d. 一次铺筑厚度不超过 25 cm，分层摊铺时，上层厚度取 10 cm。

e. 工程计划要减少横向接缝。

f. 做好横向接缝，立即用直尺检验。

g. 经常检验控高钢丝和调整传感器。

h. 经常用直尺检验表面。

i. 保持摊铺机在良好工作状态运转。

③要特别注意避免摊铺时混合料的离析，在摊铺机后面应设专人消除粗细集料离析现象，应该铲除局部粗集料“窝”，并用新拌混合料填补。

(6) 施工注意事项。

①如拌和机的生产能力较小，在用摊铺机摊铺混合料时，应采用最低速度摊铺，减少摊铺机停机待料的情况。

②若摊铺后平整度不好，只要粒料的最大粒径不超过 37.5 mm，时间不太迟，就可以用平地机轻轻刮平，丢弃刮出的废料。平地机刮平后，需用轮胎压路机将表面碾压紧密。

(7) 整形与碾压。

摊铺机摊铺混合料后，宜先用轻型两轮压路机跟在摊铺机后及时进行碾压，后用重型振动压路机、三轮压路机或轮胎压路机继续碾压密实。

用平地机摊铺混合料后的整形和碾压均与路拌法相同。

(8) 接缝处理。

①横向接缝的设置要求。

a. 用摊铺机摊铺混合料时，不宜中断，如因故中断时间超过 2 h，应设置横向接缝，摊铺机应驶离混合料末端。

b. 人工将末端含水率合适的混合料修整整齐，紧靠混合料放两根方木，方木的高度应与混合料的压实厚度相同；整平紧靠方木的混合料。

c. 方木的另一侧用沙砾或碎石回填约 3 m 长，应高出方木几厘米。

d. 将混合料碾压密实。

e. 在重新开始摊铺混合料之前，将沙砾或碎石和方木除去，并将下承层顶面清扫干净。

f. 摊铺机返回到已压实层的末端，重新开始摊铺混合料。

g. 如摊铺中断，未按上述方法处理横向接缝，而中断时间已超过 2 h，则应将摊铺机附近及其下面未经压实的混合料铲除，并将已碾压密实且高程和平整度符合要求的末端挖成与路中心线垂直并向下的断面，然后再摊铺新的混合料。

②纵向接缝的设置要求。应避免纵向接缝。在不能避免纵向接缝的情况下，纵缝必须垂直相接，并符合下列规定。

a. 在前一幅摊铺时，在靠中央的一侧用方木或钢模板做支撑，方木或钢模板的高度应与稳定土层的压实厚度相同。

b. 养生结束后，在摊铺另一幅之前，拆除支撑木(或板)。

用平地机摊铺混合料时，横向接缝和纵向接缝的处理方法与路拌法相同。

2. 石灰稳定类结构层施工

用作高速公路底基层的石灰稳定类结构层宜采用厂拌法施工（与水泥稳定类结构层施工要求相同）。

3.2.3 工业废渣稳定类基层施工

用一定数量的石灰与粉煤灰、水泥与粉煤灰或石灰与煤渣等混合料与其他集料或土配合，在最佳含水量下，经拌和、压实及养生后得到的混合料，其抗压强度符合规定时，即可得到工业废渣稳定类基层。

石灰工业废渣稳定土中，应用最多、最广的是石灰、粉煤灰类的稳定土，简称二灰稳定土，其特性在石灰工业废渣稳定土中具有典型性。

二灰稳定类结构层施工的方法主要分为路拌法施工和厂拌法施工两种。用作高速公路底基层的二灰稳定类结构层一般采用路拌法施工；用作高速公路基层和底基层的二灰稳定集料应采用厂拌法施工。用作高速公路底基层时宜采用厂拌法施工。由于二灰稳定类结构层施工方法的相似性，现以二灰稳定土施工为例进行讲解。

1. 路拌法施工

(1) 准备下承层。

与水泥稳定类结构层施工要求相同。

(2) 施工放样。

与水泥稳定类结构层施工要求相同。

(3) 备料。

除符合水泥稳定类结构层路拌法施工“备料”的要求外，还应符合下列要求。

①当需分层采集土时，应将土先分层一一堆放在场地上，然后从前到后将上下层土一起装车运送到现场。

②对于塑性指数小于 15 的黏性土，机械拌和时，可视土质和机械性能确定是否需要过筛。人工拌和时，应筛除 15 mm 以上的土块。

③运到现场的粉煤灰应含有足够的水分，防止扬尘。在干燥和多风季节，应使料堆表面保持湿润或者覆盖。如在堆放过程中部分粉煤灰出现结块，使用时应将其打碎。场地集中堆放的粉煤灰应予以覆盖，避免雨淋过分潮湿。

④石灰应选择公路两侧宽敞、邻近水源且地势较高的场地集中堆放。当堆放时间较长时，应覆盖封存。石灰堆放在集中拌和场地时间较长时，也应覆盖封存。

⑤生石灰块应在使用前7～10 d充分消解。消解后的石灰应保持一定的湿度，不得产生扬尘，也不可过湿成团。

⑥消石灰宜过10 mm孔径的筛，并尽快使用。

⑦计算材料用量。根据各路段二灰稳定类结构层的宽度、厚度及预定的干密度，计算各路段需要的干混合料质量；根据混合料的配合比、材料的含水率以及所用运料车辆的吨位，计算各种材料每车料的堆放距离。

⑧如路肩用料与二灰稳定类结构层用料不同，应采取培肩措施，先将两侧路肩培好。路肩料层的压实厚度应与稳定土层的压实厚度相同。

(4) 运输和摊铺。

①材料装车时，应控制每车装料量基本相等。

②采用石灰、粉煤灰时，应先将粉煤灰运到现场；采用二灰稳定土或集料时，应先将土或集料运到现场。在同一料场供料的路段内，由远到近按计算的距离将材料卸置下承层上，卸料距离应均匀。

③料堆每隔一定距离应留一缺口。材料在下承层上的堆置时间不应过长。

④应通过试验确定各种材料及混合料的松铺系数。

⑤采用机械路拌时，应采用层铺法，即先摊铺土或集料，再摊铺粉煤灰，最后摊铺石灰。每种材料摊铺均匀后，宜先用两轮压路机碾压1～2遍，然后再运送并摊铺下一种材料。

摊铺每层材料时，应力求平整，并具有规定的路拱。集料应较湿润，必要时先洒少量水。

(5) 拌和及洒水。

①应采用专用稳定土拌和机械拌和，并应先干拌两遍。用稳定土拌和机拌和时，拌和深度应达稳定层底并宜侵入下承层5～10 mm(不应过深)。应设专人跟随拌和机，随时检查拌和深度并配合拌和机操作员调整拌和深度。如直接铺于土基上的拌和层，应避免素土夹层，其余各层严禁在拌和层底部留有素土夹层。最后一遍拌和之前，必要时先用铧犁紧贴底面多翻拌几遍。

②用喷管式洒水车将水均匀地喷洒在干拌后的混合料上，洒水距离应长些，水车起洒处离另一个掉头处均应超出拌和段2 m。洒水车不应在正在进行拌和的路段以及当天计划拌和的路段上掉头或停留，并防止局部水量过大。

③拌和机应紧跟在洒水车后面进行拌和，尤其在纵坡大的路段上应配合紧密，以减少水分流失或造成水分分布不匀。

在洒水拌和过程中，应及时检查混合料的含水率，并宜大于最佳含水率1%左右。检查拌和深度和均匀性。拌和完成的标志是：混合料色泽致，无灰条、灰团和花面，无粗细颗粒“窝”或“带”，且水分合适、均匀。

④对二灰级配集料，应先将石灰和粉煤灰拌和均匀，然后均匀摊铺在集料层上，再一起进行拌和。

(6) 整形。

①平地机整形操作要点。混合料拌和均匀后，先用平地机初步整平和整形。在直线段及不设超高的平曲线段，平地机由两侧向路中心进行刮平；在设超高的平曲线段，由内侧向外侧进行刮平。必要时再返回刮遍。之后用拖拉机、平地机或轮胎压路机快速碾压1～2遍，以暴露潜在的不平整。再用平地机按上述方法进行整形，并用上述机械再碾压一遍。整形过程中应及时消除粗细集料离析现象。对局部低洼处，应用齿耙将其表层5 cm以上耙松，并用新拌的二灰级配料找补平整，再用平地机整形次。

②人工整形操作要点。人工用锹和耙先将混合料摊平，用路拱板进行初步整形。用拖拉机初压1～2遍后，根据试验确定的松铺系数，确定纵横断面的高程，并钉桩、挂线。利用锹和耙按线形整形，再用路拱板校正成型。初步整形后，检查混合料的松铺厚度。

二灰土的松铺系数为1.5～1.7；二灰集料的松铺系数为1.3～1.5。用机械拌和及机械整形时集料松铺系数为1.2～1.3。每次整形都要按照规定的坡度和路拱进行，并应注意接缝顺适平整。在整形过程中，必须禁止任何车辆通行。

(7) 碾压。

与水泥稳定类结构层路拌法施工“碾压”要求相同。

(8) 接缝和掉头处的处理。

与水泥稳定类结构层施工“接缝和掉头处的处理”要求相同。

(9) 养生及交通管制。

①二灰稳定类结构层碾压完成后的第二天或第三天开始养生。通常采用洒水养生法，每天洒水次数视天气而定，应始终保持表面潮湿，养生期不宜少于7 d。也可采用泡水养生法，养生期应为14 d。对于二灰稳定粗、中粒的基层，也可用沥青乳液和沥青下封层进行养生，养生期一般为7 d。

②在养生期间，除洒水车外，应封闭交通。

③对于二灰集料基层，养生结束后，宜先让施工车辆慢速通行7～10 d，磨去表面的二灰薄层，或用带钢丝刷的机械扫去表面的二灰薄层。清扫和冲洗干净后再喷洒透层沥青。其后宜撒布5～10 mm的小碎(砾)石，均匀撒布60%～70%的面积(如喷洒的透层沥青能透入基层，当运料车辆和面层混合料摊铺机在其上行驶不会破坏沥青膜，可以不撒小碎石、小砾石)。

清扫干净的基层也可先做下封层，防止基层干缩开裂，同时保护基层免受施工车辆破坏。宜在铺设下封层后的10～30 d开始铺筑沥青面层的底面层。

④二灰稳定类底基层分层施工时，下层碾压完毕后，可以立即铺筑上一层，不需要专门的养生期，也可养生7 d后铺筑上一层。

3.3 沥青路面施工

3.3.1 温拌沥青混合料施工

在高速公路路面工程施工中，温拌沥青施工技术是一种重要的施工技术。温拌沥青施工技术可以有效解决高速公路路面病害问题，有效提高公路路面的施工质量，延长高速公路的使用寿命。下面以某高速公路提升改造工程为例，详细阐述了温拌沥青施工技术要点。

1. 温拌沥青施工技术的现实意义

温拌沥青技术是指在拌和沥青混合料之前，将一定剂量的温拌剂加入沥青混合料中，对混合料进行充分拌和，促使温拌剂在沥青混合料中均匀分布，当沥青与温拌剂发生化学反应后，沥青的表面会出现一层润滑层。

在高速公路工程施工中，选用温拌沥青技术有助于延长高速公路使用寿命，能够有效减少高速公路路面在外部环境因素下受到的不良影响。温拌沥青混合料的施工步骤与热拌沥青混合料的区别并不大。不过在施工效果与施工运用方面，选用温拌沥青施工技术能够获取更好的施工质量效果，更易控制温拌沥青混合料的温度，同时不会对温拌沥青混合料的性能、质量造成任何影响。从环保节能的角度来说，使用温拌沥青混合料能够有效降低车辆行驶过程中的耗油量，有效降低污染气体的排放量，减少有毒气体带来的影响。不过，现阶段温拌沥青施工技术尚未达到温拌沥青混合料的预期效果。

所以，在我国高速公路工程施工技术的未来发展中，有关技术人员需要继续优化与提高温拌沥青混合料的应用效果，解决当前温拌沥青施工技术的限制性问题，以提高高速公路施工质量。

2. 案例背景

某高速公路提升改造工程，自建成后投入使用以来，该高速公路路面已出现多种病害问题，对该公路路面的行驶舒适度与稳定性造成极大的影响。为有效解决高速公路路面病害问题，延长高速公路的使用寿命，施工单位通过综合考虑各方面因素，决定选用温拌沥青施工技术。温拌沥青施工技术与其他沥青混合料拌和技术的对比如表 3.2 所示。

表 3.2　温拌沥青施工技术与其他沥青混合料拌和技术的对比

比较项目	热拌沥青施工技术	冷拌沥青施工技术	温拌沥青施工技术
性能	路用性能好	路用性能不稳定	路用性能好、 长期性能需要进行验证
有害气体	气体排放量大	基本没有	气体排放量小
经济成本	一般	低	每吨比热拌沥青约高 3 美元
应用	应用技术广泛	常用于路面养护	目前正处于试探阶段

3. 温拌沥青施工技术的施工前期准备

（1）选用合理的施工原材料。

在对施工原材料进行选择的过程中，施工单位一定要对沥青材料的质量进行严格控制。

在本次施工中，施工单位主要选用的原材料有石灰矿岩粉、石灰岩、石油沥青等。在对沥青进行温拌的过程中，主要选用配合比为 100：17 的原液混合物与水。将适量的抗剥落剂加入温拌沥青混合料中，可以有效改变集料的表面特性，有助于提高沥青裹覆能力、沥青与集料的互容性，避免高速公路沥青路面发生病害问题。消石灰是一种常用的抗剥落剂，在沥青混合料中加入适量的消石灰可以提高集料与沥青之间的黏附性，有助于降低沥青混合料酸碱比。因为消石灰的表面粗糙程度随着消石灰粒径的减小而增大，所以施工单位应尽量选用较小粒径的消石灰。

施工单位一定要对集料的含水率进行严格控制，由于温拌沥青混合料的拌

和温度比较低，若选用泡沫温拌沥青混合料，在拌和生产混合料过程中施工温度突然大幅度降低，再加上集料具有偏高的含水率，沥青混合料内部水分过多，则会导致沥青混合料黏附性降低，高速公路路面病害问题的发生概率会大大提高。

(2) 温拌沥青混合料配合比设计。

在本工程中，温拌沥青混合料配合比设计如表 3.3 所示。

表 3.3　温拌沥青混合料配合比情况

毛体积相对密度	最佳沥青含量/(%)	饱和度/(%)	稳定度/kN	流值/mm
2.39	4.8	70.4	9.7	2.6

4. 温拌沥青施工技术要点

(1) 温拌沥青混合料的拌和。

①在本次施工中，施工单位选用间歇式拌和设备，以提高施工质量，将自动添加设备安装在沥青混合料拌和设备中，为使全部材料用量满足设计要求，选用专业的配套设备，对温拌沥青添加剂量进行精准计量。

②喷水处理沥青材料，在持续进行 3 min 的喷水以后，需要充分拌和混合料。在进行拌和过程中，为保障高速公路路面的施工质量，沥青喷射面积应与沥青混合料拌和时间保持重叠。

③合理布设排气口，排气口的直径不得大于 0.3 m，保证排气口能够排出混合料在拌和过程中产生的所有水汽，为便于后续施工，可以在混合料拌和区的上部设置排气口。

④在拌和混合料过程中会产生一定量的蒸汽，部分粉料会被蒸汽带走，因此，需要将适量的矿粉加入混合料中，保证混合料中的矿粉量满足施工要求，在蒸汽全部挥发后，需要加入适量的矿粉，以避免沥青材料发生滴漏现象。

⑤在拌和过程中，需要加入适量的纤维，沥青混合料的拌和时间应与纤维的添加时间保持一致。加入纤维材料有助于延长沥青混合料拌和时间，有效提高温拌沥青混合料的施工质量。

(2) 温拌沥青混合料的运输与摊铺。

①温拌沥青混合料的运输。

选用与普通沥青混合料相同的运输方式运输温拌沥青混合料。在运输过程中，一定要对运输车的数量进行明确，在运输之前，一定要将车厢内部进行彻底清理。在装料过程中，为避免出现离析现象，一定要严格遵守先装车厢前后位置、后装车厢中间位置的原则。在整个运输过程中，为有效控制混合料的温度，施工单位一定要对温拌沥青混合料进行有效覆盖，为保证路面的施工质量，一定要在规定时间内将温拌沥青混合料运输到施工现场。

②温拌沥青混合料的摊铺。

为避免在摊铺过程中混合料发生离析与裂缝现象，在进行摊铺施工之前，应先对熨平板预热 30 min。假如摊铺温度偏低，在这种情况下，需要适当提高预热温度。在摊铺过程中，对于施工机械设备不能够到达的地方，应选用人工找平的方法。

(3) 温拌混合料的碾压。

①选用轮胎压路机、钢轮压路机进行碾压，根据施工实际情况，施工单位共配置了 2 台 30 t 轮胎压路机、2 台 20 t 钢轮压路机，以确保在规定时间完成碾压施工。

②在初压施工过程中，选用钢轮压路机，进行 2～3 遍碾压，初压段落长度应控制在 30 m 以内，碾压速度应控制在 3.5～4.5 km/h，温拌沥青混合料温度应控制在 125 ℃左右；在复压施工过程中，选用轮胎压路机、钢轮压路机进行 3～5 遍碾压，碾压速度应控制在 2.5～3.5 km/h；在终压过程中，选用钢轮压路机进行 2～3 遍碾压，碾压速度应控制在 2.5～3.5 km/h，终压施工结束以后，沥青路面的温度不得低于 70 ℃。

③在碾压施工结束以后，施工单位需要对路面碾压质量进行详细检测，检测后发现，在经过碾压以后能够有效改善沥青路面的胶浆挤出效应。在复压过程中，应将适量的表面活性剂加入振动压路机的水箱，以避免压路机轮胎发生粘轮现象。

(4) 对外开放交通。

在温拌沥青混合料碾压施工结束以后，当路面温度下降至 50 ℃时，方可对外开放交通。如果遇到特殊情况，需要提前对外开放交通，为确保高速公路路面的施工质量，可以采取洒水降温措施，提高沥青材料的凝结速度。

(5) 施工质量控制措施。

①在施工过程中，施工单位一定要对相关施工数据信息进行详细记录，找出温拌沥青混合料施工过程中存在的问题，并制订有效的解决措施。

②施工单位一定要对施工温度进行严格控制，对拌和站混合料质量进行定期抽检，保证温拌沥青混合料的质量满足施工要求。

③在运输、摊铺与碾压温拌沥青混合料过程中，为避免沥青混合料发生离析现象，施工单位一定要对混合料的温度进行严格控制，同时需要对沥青混合料的质量进行抽检，一旦发现有质量不满足要求的沥青混合料，施工单位一定要对其进行有效处理。

④为提高施工人员的施工技术能力与工作责任心，施工单位应为施工人员提供更多的专业培训机会。在对建筑工程中的重要施工部位进行施工时，为保证施工质量，施工单位应安排专业技术人员控制工程质量。与热拌和冷拌沥青施工技术比较，温拌沥青技术可以减轻环境污染，有助于提高施工材料利用率，延长高速公路使用寿命。施工单位需要深入分析温拌沥青施工出现的问题，并以此为重要依据，采取有效措施不断优化现有的施工流程，不断提高高速公路路面的施工质量，获取更多的经济效益与社会效益。

5. 施工注意事项

（1）摊铺施工技术方面。

高速公路沥青路面的施工难度比较大，为保证施工质量，其施工技术有比较严格的要求。现阶段，摊铺施工存在不少问题，如选用质量不达标的施工材料、现场监管力度小、施工人员操作不规范等，会极大影响施工质量，所以施工单位及其施工人员一定要对以上问题给予高度重视。另外，沥青路面摊铺接缝位置极易发生渗水现象，所以在实际施工过程中，为有效避免渗水现象，要确保摊铺接缝位置处的平整性与严密性，提高施工管理力度。

（2）路面压实度方面。

在沥青路面施工中，压实度是一项非常重要的质量控制指标。在沥青路面施工初期阶段，尽管施工单位对不同施工路段均制订了相对应的路面压实度控制指标，而且各路段的路面压实度基本上可以满足施工要求，不过部分施工区域还是会出现路面压实度问题，进而影响沥青混凝土路面的整体施工质量。例如，与公路硬路肩比较接近的部位，一般情况下，该部位施工比较困难，是一个施工薄弱区域，不宜控制该部位的路面压实度。为有效解决以上问题，施工单位应安排专员彻底落实该部位的路面压实工作，同时一定要严格控制与认真检测该部位的压实度，对该部位压实度的实际情况进行及时掌握，能够详细地比较分析设计要求与实测结果，根据施工实际情况进行合理调整，以有效控制压实质量。

3.3.2 SBS改性沥青混合料施工

为延长公路的使用寿命，提高驾驶人的行车安全性与舒适性，高速公路工程施工宜选用高性能的路面材料。SBS(styrene butadiene styrene block polymer，苯乙烯-丁二烯-苯乙烯嵌段共聚物)改性沥青混合料具有较强的抗渗性、低温抗裂性、耐老化性等特点，且可以减少污染、降噪等，被广泛应用于高速公路路面面层施工中。下面以某高速公路工程为例，就SBS改性沥青混合料面层施工技术展开探讨。

1. 工程概况

某高速公路工程，双向4车道，设计速度为80 km/h，路面宽度为30 m，路线总长度为20.5 km。为提高本工程路面的使用性能，综合考虑多方面因素后，最终决定选用SBS改性沥青混合料。该公路路面结构方案为(由上及下)：4 cm细粒式SBS改性沥青混凝土(AC-13C)＋6 cm中粒式沥青混凝土(AC-20C)＋8 cm粗粒式沥青混凝土(AC-25C)＋36 cm水泥稳定碎石＋20 cm 6%石灰土。现就上面层SBS改性沥青混凝土施工技术展开分析。

2. 施工前期准备

(1) 施工材料。

①沥青。

改性沥青，即在普通沥青混合料中掺入改性剂，以改变沥青材料的性能。其中，改性剂的掺加量可通过试验确定。分别设置2%、2.5%、3%、3.5%、4%、4.5%、5%用量的改性剂进行试验，通过分析改性沥青混合料的耐久性、软化点、低温稳定性等性能，最后改性剂的掺加量确定为3%。

SBS改性沥青混合料面层混合料按马歇尔试验法进行配合比设计，以确定沥青用量及矿料级配，其技术指标应符合表3.4的要求，试验温度应相应提高10～20 ℃。同时进行轮辙试验，以动稳定度检验混合料的热稳性。沥青混合料技术指标应符合表3.4要求。

表3.4 沥青混合料技术指标

指标项目	指标要求	设计值
击实次数/次	两面各50次	两面各50次

续表

指标项目	指标要求	设计值
稳定度/kN	5	5
流值/mm	2～4.5	4.2
空隙率/(%)	3～6	5.3
矿料间隙率(沥青玛琋脂碎石混合料)/(%)	>15	16.8
沥青饱和度/(%)	65～75	72.6
动稳定度/(次/mm)	>2800	2973
浸水马歇尔试验残留稳定度/(%)	>80	93.6

②粗集料、细集料。

粗集料采用耐磨性强、质地坚硬的玄武岩，将其制作成碎石材料，以提高 SBS 改性沥青混合料的强度。粗集料入场之前须进行质量检测，主要检测内容包括压碎值、洛杉矶磨耗损失、表观相对密度、吸水率、坚固性、针片状颗粒含量等。质量检测合格的粗集料，方可进入施工现场。其中，粗集料技术要求如表 3.5 所示。

表 3.5　粗集料技术要求

指标项目	技术要求	设计值
压碎值/(%)	≤30	34.6
洛杉矶磨耗损失/(%)	≤35	36.7
表观相对密度/(t/m^3)	≥2.45	3.66
吸水率/(%)	≤3.0	2.78
坚固性/(%)	—	—
针片状颗粒含量(混合料)/(%)	≤20	18.5
水洗法小于 0.075 mm 颗粒含量/(%)	≤1.0	0.74
软石含量/(%)	≤5.0	4.71

细集料采用未风化、干净无杂质的河砂，以提高 SBS 改性沥青混合料的密实性。细集料入场之前须进行质量检测，主要检测内容包括坚固性、密度、砂当量等。质量检测合格的细集料方可进入施工现场。

③矿粉和水。

矿粉的主要作用是提高混合料的黏附性，本工程主要选用石灰石粉末作为矿粉。选用的矿粉应保持干燥，且满足性能要求。

水选用不含有任何杂质的饮用水，且水的 pH 值为 7。

（2）施工准备。

①技术准备。

施工前，施工单位应安排检测技术人员现场勘察，以熟悉与掌握施工现场的环境情况，制订合理、可行的施工方案，同时应做好施工技术交底工作；在路面基层施工结束后，应根据 SBS 改性沥青混合料面层施工方案，对路面面层厚度、边线、中线等进行测量放样，以指导 SBS 改性沥青混合料面层的摊铺施工。

②机械设备准备。

该 SBS 改性沥青混合料面层工程需用到运输车辆、碾压机、摊铺机等施工机械设备。在施工之前，施工单位需要对全部的施工机械设备进行检测与调试。为确保施工机械设备在施工过程中正常运行，应组织大型机械设备联合试运营，并安排专门人员负责施工机械设备的定期维修养护。

③施工场地准备。

在 SBS 改性沥青混合料面层施工前，需要对路面基层的施工质量进行验收，验收合格后，需清理干净路面基层，然后在路面基层上方铺洒黏层油，以提高路面基层与面层之间的黏结性。在黏层油铺洒结束后，需要进行 7 d 的养护，然后方可摊铺面层。

3. 施工要点

（1）SBS 改性沥青混合料的拌和。

①在做好施工前期准备后，应在拌和场中拌和 SBS 改性沥青混合料，选用间歇式拌和机，该设备的最大生产量为 350 t/h。为确保称重设备读数的精准，拌和机使用前应进行校对，然后根据配合比设计，精准称量各种施工材料的用量，并投入拌和机。先进行 5 s 的干拌，后进行 40 s 的湿拌，拌和后混合料呈均匀状态，不会出现离析、白料等现象。

②在拌和 SBS 改性沥青混合料过程中，应严格控制混合料的温度。在 SBS 改性沥青混合料中，集料的加热温度为 175～185 ℃，矿粉的加热温度为 190～200 ℃，沥青的加热温度为 160～165 ℃。混合料拌制结束后，需在拌和站进行质量检测，检测合格的混合料可运输到施工现场。SBS 改性沥青混合料的出厂温度至少为 175 ℃。

（2）SBS 改性沥青混合料的运输。

①采用自卸式运输车运输 SBS 改性沥青混合料。在装料前，需先清理车厢，并且在车厢的内部涂刷防黏结剂。为方便检测混合料的温度，应在车厢侧面的中间位置处布设检测孔，检测孔与车厢底部的至少相距 30 cm。在检测混合料温度过程中，应将检测设备插入 SBS 改性沥青混合料至少 15 cm。

②采用分次装车的方法来装料，装料结束后，为避免或减少 SBS 改性沥青混合料热量的散失，避免运输过程中受到外部环境的影响，应在混合料上方加盖一层篷布。在将 SBS 改性沥青混合料运输到施工现场后，需要通过检测孔测量 SBS 改性沥青混合料的温度，只有其温度高于 160 ℃，方可用于摊铺施工中。

（3）SBS 改性沥青混合料的摊铺。

①等待卸料的车辆至少有 5 辆时，开始摊铺 SBS 改性沥青混合料。本次施工共配置了 2 台摊铺机。在摊铺施工前，需要先对摊铺机进行预热。因为 SBS 改性沥青对成型的要求比较高，所以在摊铺 SBS 改性沥青混合料过程中，应适当增加熨平板的振动次数与锤击次数；预热处理熨平板，使其在 15～20 min 以内温度达到 110 ℃。

②摊铺机预热结束后，摊铺机应向前顶进运输车辆进行卸料，卸下的全部 SBS 改性沥青混合料进入摊铺机的料仓内，然后利用摊铺机均匀摊铺 SBS 改性沥青混合料；摊铺机应保持匀速前进，速度控制在 1.2～1.5 km/h。在摊铺施工中，两台摊铺机应呈梯形作业，前后搭接距离应控制在 10～20 m，两幅搭接宽度应控制在 150～300 mm。

③在摊铺过程中，SBS 改性沥青混合料的摊铺温度应控制在 165～175 ℃，待摊铺施工结束后，摊铺层表面应保持平整。若摊铺层表面存在坑槽等缺陷，应进行人工找平。在摊铺层的质量通过验收以后，方可进行后续施工。

（4）SBS 改性沥青混合料的碾压。

SBS 改性沥青混合料的碾压大致可以划分为 3 个环节，即初压、复压、终压。每个施工环节的施工重点与碾压方式均不同。在碾压过程中，应遵循低幅、高频、慢压、紧跟的碾压原则，在曲线路段应按照从内到外的顺序进行碾压，在直线路段应按照从中间到两侧的顺序进行碾压，碾压时两幅碾压机的搭接宽度应控制在 1/3～1/2 轮宽。

SBS 改性沥青混合料的具体碾压施工内容为：①初压，选用钢轮压路机，碾压 1～2 遍，碾压速度控制在 2～2.5 km/h；②复压，选用轮胎压路机，碾压 4～6 遍，碾压速度控制在 2.5～3 km/h；③终压，选用钢轮压路机，碾压 1～2 遍，碾压速度控制在 3 km/h。

在碾压施工中，需注意以下事项：①严禁颠倒碾压顺序，应按照规定的碾压顺序进行施工；②在整个碾压全过程中，不得出现掉头、中途停车等现象，同时施工单位应派专门人员来指挥协调碾压施工，若需停止碾压施工，应在道路两侧合适位置处停放碾压机；③碾压施工结束后，应检测碾压施工质量，如果面层的压实度满足施工要求，应在路表面的温度降低至 50 ℃后，再对外开放交通。

(5) SBS 改性沥青混合料的接缝处理。

一般来说，SBS 改性沥青混合料面层需设置横向接缝、纵向接缝：①横向接缝，即在当日施工中断的位置形成的接缝，横向接缝设置为平接缝，两幅路面搭接宽度应控制在 1 m 左右，并进行横向纵向碾压；②纵向接缝，即在两幅路段搭接位置处设置的接缝，纵向接缝布设为冷缝，两幅路面搭接宽度控制在 0.3～0.5 m，并进行跨缝碾压。

4. 施工质量的检测

(1) 抗滑性能。

为保证驾驶人的行车安全，高速公路路面应具有较高的抗滑性能。本工程施工结束后，需检测 SBS 改性沥青混凝土路面的抗滑性能。抗滑性能的评价指标为抗滑摆值。其中，SBS 改性沥青混凝土路面抗滑摆值的检测结果，如表 3.6 所示。

表 3.6 SBS 改性沥青混凝土路面抗滑摆值的检测结果(单位:BPN)

检 测 时 间	测点 1	测点 2	测点 3	测点 4	平均值	标准值
施工结束时	62.6	61.3	63.5	64.9	63.08	≥45
施工结束 1 年后	60.1	60.3	61.1	62.2	60.93	

通过表 3.6 可知，该公路在施工结束时的抗滑摆值平均值约为 63.08 BPN，在施工结束投入使用 1 年后，路面的抗滑摆值平均值为 60.90 BPN，二者相差 2.15，但依然满足设计要求。这充分表明，SBS 改性沥青混凝土路面具有较强的抗滑性能。

(2) 抗渗水性能。

为避免或减少路面水损坏，路面应具有较强的抗渗性。路面抗渗性的评价指标为渗水系数，渗水系数越大，路面的抗渗性越小。其中，SBS 改性沥青混凝土路面渗水系数的检测结果，如表 3.7 所示。

表 3.7　SBS 改性沥青混凝土路面渗水系数的检测结果(单位:mL/min)

检测时间	测点 1	测点 2	测点 3	测点 4	平均值	标准值
施工结束时	74.3	69.2	56.4	65.2	66.28	≤120
施工结束 1 年后	74.1	70.3	60.5	69.8	68.68	

通过表 3.7 可知,该公路在施工结束时的渗水系数平均值约为 66.28 mL/min,在施工结束投入使用 1 年后,路面的渗水系数平均值约为 68.68 mL/min,二者相差 2.4,但依然满足设计要求。这充分表明,SBS 改性沥青混凝土路面具有较强的抗渗水性能。

3.3.3　SMA 混合料施工

SMA(stone mastic asphalt,沥青玛瑀脂碎石混合料)是由沥青、矿粉、细集料及纤维稳定剂组成的沥青玛瑀脂填充在间断级配骨料间隙而形成的一种混合料。SMA 通过摊铺、碾压成型之后具备较强的抗滑性能和抗渗性能,因此在高速公路工程建设中被广泛应用。下面结合工程实例,对 SMA 路面施工技术进行探讨。

1. 工程概况

某高速公路长 30.216 km,起讫桩号为 K22+196~K52+412,设计采用双向六车道,全线最高行车速度 120 km/h,路基宽 35.5 m。根据项目现场的地质条件与通车要求,确定选用 SMA 路面。

2. 原材料

(1) 沥青。

在调研高速公路沿线地形、地质等条件的基础上,综合分析通车要求与经济性因素,决定选用 AH-70# 沥青,并使用 SBS 改性剂对其进行改性处理,最后制作成 SBS 改性沥青,其试验结果见表 3.8。

(2) 矿料。

SMA 路面的突出优势是能通过粗集料形成嵌挤结构,故须保证所用粗集料质地坚硬,并具备较好的耐磨性。细集料主要用于填充 SMA 结构的空隙,并以吸附沥青的方式提高集料之间的黏结性。经综合考虑,决定采用玄武岩碎石作为粗集料,采用以人工轧制方式制作而成的石灰岩机制砂作为细集料,选择以石灰岩为材料磨细而成的矿粉作为填料。该高速公路中矿料试验结果如表 3.9 所示。

表 3.8　SBS 改性沥青试验结果

检测项目		检测结果	要求
旋转薄膜烘箱试验后残留物	质量变化/(%)	0.23	≤±1.0
	针入度比(25 ℃)/(%)	73	≥65
	延度(5 ℃)/cm	21	≥15
针入度(25 ℃,100 g,5 s)×0.1/mm		58.7	40～60
延度(5 cm/min,5 ℃)/cm		26.3	≥20
闪点/℃		311.1	≥230
135 ℃黏度/(Pa·s)		1.89	≤3
软化点/℃		67.2	≥60

表 3.9　矿料试验结果

检测项目		检测结果	要求
粗集料	压碎值(常温状态)/(%)	12.8	≤20
	洛杉矶磨耗损失(高温状态)/(%)	17.7	≤24
	针片状颗粒含量/(%)	8.3	≤12
	吸水率/(%)	1.65	≤2.0
	沥青黏附性	5 级	≥5
	表观相对密度	3.0	≥2.6
	磨光值	57.1	≥42
细集料	砂当量/(%)	66.4	≥60
	亚甲蓝值/(g/kg)	11.5	≤25
	坚固性/(%)	5.6	≤12
矿粉	亲水系数	0.71	<0.8
	塑性系数	3.3	<4
	外观	无	无团粒结块现象

(3) 配合比。

严格按照相关规定做好配合比试验,最终采用的 SMA 混合料级配如表 3.10所示。

表 3.10　SMA-13 配合比

筛孔粒径/mm	16	13.2	9.5	2.36	1.18	0.6	0.15	0.075
目标级配/(%)	100	92.7	68.5	29.2	19.7	14.6	11.5	8.8

3. SMA 混合料施工

(1) SMA 混合料拌和。

提前准备间歇式拌和机，并安排专业技术人员对设备及其附属设施进行仔细检查。在拌和阶段，需定期检查计量仪表，确保计量结果的精度，还应加强电子秤等设备的校验。

本项目中 SMA 混合料的拌和要点如下。

①分类堆放保管集料，不同集料间可设置隔离墙，防止集料混杂。对细集料，必须搭建临时性遮雨棚，避免其被雨水淋湿影响性能。而矿粉主要采用储料罐保存。在集料上料过程中，需配置装载机并根据集料规格严格做好装料处理。

②根据配合比要求，合理控制各项集料用量，未经上级部门批准严禁随意调整配比。若遇到必须调整的特殊情况，则必须由持有项目监理工程师签字确认通知单的实验室专业人员负责处理。

③在沥青、矿料加热阶段，须对加热温度进行精准把控，使其符合规范要求，其中沥青加热温度为 165～175 ℃，矿料温度为 175～195 ℃。混合料拌和结束后，温度要达到 175～185 ℃，若最高温度大于 195 ℃，则禁止其在项目中使用。

④搅拌时间大约为 60 s，干拌与湿拌时间分别为 15 s 和 45 s，实际施工时以搅拌均匀、充分为准，沥青料应裹覆集料。

⑤在混合料拌和阶段，需定期进行试件检测，保证混合料的技术性能符合设计要求。

⑥拌和结束后，应确保混合料颜色均匀且无结团或离析等问题。为了提升混合料摊铺效果，需将混合料存储在专用料仓内，并加强温度控制，确保最大温度降低量不大于 10 ℃。

(2) 混合料运输。

①在分析混合料拌和能力的基础上，科学设计运输路线并编制相应的运输计划方案，合理配置运料车的数量。另外，要提前从车辆底板处打孔，以便进行混合料温度检测。

②将运料车车厢表面清理干净，条件允许时可喷洒适量隔离剂，防止出现混

合料黏结问题。

③装料作业须严格落实“三段放料”的原则，即先在运料车的前部装料，然后在运料车尾部装料，最后在运料车中间位置装料，以有效避免混合料离析问题。

④运输前做好篷布覆盖处理，避免混合料出现失温、受潮等问题。在混合料出厂后，应安排专业人员检测温度，确保温度不低于165 ℃。

⑤运料车进入施工现场后，应停在摊铺机正前方，然后将挡位调整至空挡等待卸料，本项目要求停车等候卸料的运料车数量在3辆以上。

(3) 混合料摊铺。

为提升SMA路面的整体施工质量，须高度重视混合料摊铺作业，尤其要做好连续、稳定摊铺。根据项目实际情况进行摊铺设备选型，同时做好各工序间的科学协调。本项目中SMA混合料摊铺选择型号一致的2台摊铺机，普通路段由2台摊铺机进行梯队式联合作业，前后摊铺机间距控制为3.0～5.0 m。

摊铺作业要点如下。

①通过试铺确定最佳的松铺系数为1.2，虚铺厚度为4.8 cm。提前在距离边线3.0 m、6.0 m及9.0 m处布设测量高程，待摊铺作业后分别复测高程，根据测量结果准确计算松铺厚度与压实厚度。

②摊铺作业应连续、缓慢进行，设备行驶速度应控制在1.5～2.0 m/min范围内。合理协调混合料供给关系，摊铺作业阶段禁止随意调整速度与停顿。

③根据现场实际条件和沥青标号合理调整混合料温度，确保最低温度不低于165 ℃。

④提前对熨平板进行加热处理，加热时间通常为30 min，保证熨平板温度处于100～130 ℃，需防止出现过热变形。

⑤摊铺作业过程中需安排专人负责检查摊铺层厚度、宽度及平整度等指标，若混合料有离析问题，必须及时做好处理。

⑥对于摊铺机不能施工的位置，需由项目监理工程师检查并确认之后，安排专业技术人员进行摊铺处理。

⑦若SMA混合料摊铺在雨季施工，则需重视对天气变化的监测，一旦遇到降雨而路面未能进行压实，则必须铲除重新进行摊铺。

⑧为了保证摊铺机连续作业，当受拌和站生产能力影响而导致混合料供应不足时，应及时通知作业现场，合理放缓摊铺机的作业速度。

(4) 混合料碾压。

①初压环节。

该环节的施工要点如下。

a. 为提升 SMA 路面的平整度及压实度,初压阶段需严格控制混合料出现推移、开裂等问题,同时混合料的温度不能低于 155 ℃。

b. 碾压顺序为由低至高,若选择振动碾压模式,要求重叠轮迹宽度大于或等于 20 cm;若选择静压模式,要求重叠宽度控制在碾压轮宽的 1/3。

c. 为避免初压阶段可能会发生的混合料推挤、鼓包问题,应保证压路机驱动轮始终朝向摊铺机,不可随意更改。

d. 相邻碾压带重叠宽度为轮宽的 1/2。

e. 若使用双钢轮压路机,则启停过程中应保持缓慢速度,停机之前必须关闭振动。

f. 碾压作业需喷洒适量的水,以免 SMA 混合料粘轮。

②复压环节。

该环节的施工要点如下。

a. 在进行振动碾压时,需要将振幅控制在 0.3～0.8 mm,轮胎实际重叠宽度不大于 20 cm。

b. 在压路机倒车阶段,须提前关闭振动器,到达指定区域后才能重新启动振动器,应免混合料出现鼓包等问题。

c. 不允许压路机随意在已摊铺成型的面层上随意转弯和调头,禁止压路机停在尚未碾压的面层表面。

d. 复压环节碾压施工基本原则为高温、高频、低幅以及紧跟。

e. 提前组织技术人员为压路机轮胎涂抹一层油水混合物,防止粘轮,注意控制油水混合物的实际用量。

f. 复压作业结束后,由专人手持直尺检测碾压平整度,如未达到标准要求,则选择粉笔或油漆进行标识,最后选取合适的设备进行振动找平处理。

③终压环节。

复压施工后要及时开始终压作业,具体可以采用静压模式,遍数控制为 1～2 遍,并确保收面质量。终压作业完成后,混合料温度不得低于 110 ℃。

在高速公路 SMA 混合料路面碾压阶段,需注意以下几点。

a. 不同碾压路段必须设置不同的标志牌,便于压路机驾驶技术人员精准辨认,组织专人根据碾压作业状况移动标志牌,确保碾压温度、遍数等指标满足规定要求。

b. 科学控制碾压参数，避免出现漏压、过压问题。如果碾压阶段混合料发生上浮或压碎，必须及时停止施工。

c. 若碾压过程中发现粘轮问题，需组织专人处理，在压路机轮胎处喷洒适量的油水混合物。

d. 综合分析摊铺速度等影响因素，合理确定碾压段长度。

4. 质量检测

(1) 平整度。

平整度是高速公路路面技术性能评价中的一项关键指标，可直接反映路面的纵断面曲线平整性。根据我国相关的公路测试规程要求，本项目主要通过连续式平整度仪器检测 SMA 混合料的路面施工质量，SMA 混合料路面的平整度检测结果如表 3.11 所示。可以看出，SMA 路面施工结束后以及通车 1 年后的平整度均符合规范要求，且路面平整度的整体变化幅度较小，表明采用 SMA 路面能够显著提升高速公路的行车舒适度与安全性。

表 3.11　SMA 混合料路面的平整度检测结果

检测桩号	施工结束后/mm	通车 1 年后/mm	要求/mm
K30+500	0.56	0.63	≤0.8
K31+500	0.61	0.58	
K32+500	0.59	0.52	

(2) 渗水系数。

根据公路现场测试规程基本要求，采用路面渗水仪器检测路面的渗水系数，SMA 沥青混合料路面的渗水系数检测结果如表 3.12 所示。

表 3.12　SMA 沥青混合料路面的渗水系数检测结果

检测桩号	施工结束后/($mL \cdot min^{-1}$)	通车 1 年后/($mL \cdot min^{-1}$)	要求/($mL \cdot min^{-1}$)
K30+800	39	65	≤200
K31+800	52	62	
K32+800	46	51	

(3) 摆值。

摩擦系数能够有效反映路面的实际抗滑性能。该项目按照公路测试规程以

摆式仪检测 SMA 路面的抗滑摆值，SMA 混合料路面的抗滑摆值检测结果如表 3.13 所示。可见，施工结束后及通车 1 年后的 SMA 路面都具有良好的抗滑性能，能有效保证高速公路的行车安全。

表 3.13　SMA 混合料路面的抗滑摆值检测结果（单位：BPN）

检测桩号	施工结束后	通车 1 年后	要　　求
K38＋200	69	65	≥45
K39＋200	78	77	
K40＋200	85	83	

通过检测结果可知，SMA 路面的各项技术性能指标均符合设计标准，表明该 SMA 路面施工技术可行。

3.4　水泥混凝土路面施工

针对高速公路工程，路面施工比较常用的是水泥混凝土施工技术。该技术具有良好稳定性、较长运行寿命和较低成本等优点，同时也便于维护，其与沥青混凝土路面相比优势显著。鉴于高速公路工程对路面施工质量要求较高，在路面施工时，施工人员应科学应用水泥混凝土施工技术并把握技术要点，加强技术管控，达到工程施工预期目标，满足我国交通运输行业的发展需求。

1. 施工准备

（1）常规准备工作。

高速公路水泥混凝土路面施工工序和内容复杂，容易因准备不充分而影响施工质量，这就需要相关人员在施工前期掌握好施工细节，做好充分的准备工作，以此保障工程施工顺利开展。在此准备阶段，施工和管理人员应综合考核和探索现场环境状况以及部门人员工作水平，结合设计要求制订科学的施工方案；同时，还要结合设计要求引入先进施工技术来优化原有的施工技术，针对施工中用到的搅拌机、摊铺机、压路机和检测仪器等加以准备和综合检测，保证设备和仪器的性能达标，定期开展设备检修维护工作。

（2）施工材料准备工作。

施工材料作为直接影响路面施工质量的关键因素，在施工之前的设计阶段，相关工作人员应开展科学的配合比设计工作，结合设计要求准备施工材料并做

好质量验收工作，同时要结合现场情况检验和调整混合料配比，然后开展基层检测、整修以及施工放样等准备工作，结合配合比要求确定混凝土的水灰比、砂率和水量等参数并由监理人员审批，再结合施工进度计划分批次准备施工材料，做好材料检验，保证符合质量要求，另外还要在浇筑之前检验和调整拌和物的性能。

2. 高速公路水泥混凝土路面施工具体技术分析

(1) 模板安装技术。

模板安装是高速公路路面施工的第一个环节，其安装质量直接影响路面承载力，它能够排除外在因素干扰来满足工程建设要求。为此，在选择模板时应结合工程施工要求保证其刚性达标，防止在路面施工中长时间应用而发生断裂问题。另外，在安装模板时，还应确保模板安装位置正确，保证模板处于平衡状态，避免出现模板扭曲而影响路面施工质量，确保路面平整性和安全性达标。

(2) 水泥混凝土拌和技术。

在路面施工中工作人员应结合实际情况对原材料占比进行调整，在保证各项材料占比达标之后进行混凝土拌和工作，保证拌制的混凝土具有较强的黏性和良好的综合质量。为了防止在拌和作业中出现离析问题而降低路面施工质量，工作人员应合理选择交通工具来运输拌和好的水泥混凝土，保证其离析频率在允许范围，确保其固有性能达标；同时，合理规划运输路线，保证水泥混凝土在拌制完成到浇筑完成的时间在 1.5 h 之内。如果在夏季或者时间难以满足上述要求，则需要加入适量的缓凝剂，另外还要避免水分损失和混合料离析。

(3) 摊铺与振捣技术。

在路面摊铺作业中，在特定模具中倒入水泥混凝土，控制摊铺厚度应符合设计要求。在布料时采取人工配合挖掘机的方式，保证布料均匀且摊铺作业均衡和连续开展。在此过程中，通过排架式刮平振捣机的应用，使用三轴自行式整平机开展摊铺、振捣和整平作业，在与模板比较接近的位置使用插入式振捣器保证振捣作业的全面性。振捣器的布置间距在作用半径以内，振捣时间应以混合料不再下沉和出现气泡、泛浆为止，避免过振，同时又要确保路面密实度达标，采取人工找平的辅助方式保证表面平整。

(4) 路面表面处理技术。

水泥混凝土路面成型之后具有较高的摩擦力，因此在施工之后工作人员还应结合实际摩擦力的大小和要求开展拉毛处理，提升路面的耐磨性，降低交通事

故发生的概率。在拉毛处理时，应结合实际情况选择拉毛技术，确保路面拉毛纹理的美观性。首先，表面整平，通过人工修整的方式将局部少量混凝土面板缺陷进行修整；其次，对混凝土表面开展整平处理，将其中的气泡加以清理，然后开展最后的精平处理工作，提升表面的致密性、平整性和美观性；最后，还要制作纹理提升路面的抗滑性。

在此阶段使用纹理制作机，时间在摊铺完成之后的3 d左右，纹理制作时间控制在两周之内。所制作的纹理应控制深度为3～5 mm，且不会对路面的整体平整度造成影响，能够实现路面构造深度和抗滑性能的提升。同时，所制作的纹理应与路面前进方向垂直，相邻板的纹理需要连通，以便排水。

(5) 路面接缝技术。

①胀缝。

针对胀缝，主要采用前置法，将胀缝钢筋支架加工完成后，传力杆无沥青涂层的一端焊接在支架上，接缝板夹在两支架之间。在施工之前将上述支架等运至现场之后，随着摊铺作业进行到胀缝位置前1～2 m，准确定位支架位置；在基层上用钢钎将支架和胀缝板锚固在一起，保证锚固的稳固性，然后进行布料操作，对于胀缝板两侧的混凝土使用手持振捣棒开展振捣工作，进行摊铺作业的同时，使用排架式刮平振捣机和三轴自行式整平机滑模摊铺。

在搭板和桥的连续铺装作业之前，将连接搭板的胀缝与钢筋网加工好，在混凝土硬化之前将胀缝板上的混凝土剔除，将木条嵌入其中，并将表面修整好。在填缝作业之前将接缝板顶部的木条凿去并涂黏结剂，将多孔橡胶条嵌入其中或将缝料灌入其中。

②横向缩缝。

针对横向缩缝，采取锯缝的方式，在混凝土凝结并强度达标后，保证收缩变形产生的拉应力不会将混凝土面板拉断时开展锯缝操作，控制施工温度和混凝土抗压强度，保证锯缝时间合适或者控制缝的深度为板厚的1/5～1/4。

③纵缝。

针对纵缝，保证其方向与车道线一致，采用锯缝的方式以及拉杆型方式；在进行摊铺作业的同时，通过排架式刮平振捣机将拉杆装置侧向插入其中。

④施工缝。

施工缝通常在胀缝或缩缝位置设置，不应在同一横断面上设置。如果施工缝在缩缝位置，则应通过一半锚固和一半涂刷沥青的传力杆的设置，控制其与缝壁垂直以及与板面平行。

⑤接缝。

对于接缝来说，填缝作业应在养护期完成之后开展，在清理缝内杂物之后经过检查合格，将聚氨酯类或硅树脂类材料加入其中，保证其与缝壁良好结合。同时，所用填缝料应符合设计要求，在填缝完成之后保证其与缝壁可以紧密黏附，不允许出现渗水现象，另外还要保证填缝效果均匀且连续。接缝的浇筑深度是胀缝宽度的 2 倍，在温度较高的夏季，控制填缝料高度与板面平齐，如果温度比较低，则需要保证高度低于板面。

(6) 路面养护技术。

水泥混凝土路面施工完成后需立即开展保湿覆盖养生施工，湿治养护方式应在路面表面修整完成后立即开展，在养护至路面强度达标之后才能开放交通。如果当地的气温较高，应通过养护保证混凝土表面处于湿润状态，避免出现表面开裂问题。另外，为了减少水分蒸发，还可以在养护初期混凝土上方遮盖活动三角形罩棚，同时也可以避免风吹和雨淋。具体养护时间应视具体情况而定，通常保证在养护 28 d 之后达到设计强度的 80%。此外，养护作业应重点避免出现裂缝，基于工程所在环境、所用水泥混凝土的性能和路面裂缝范围等因素，对引发裂缝的原因进行深入分析并制订针对性措施来阻止裂缝蔓延。

3. 高速公路工程水泥混凝土路面施工技术的应用策略

(1) 做好施工准备工作。

①加强水泥和混凝土原材料的性能控制。在高速公路工程水泥混凝土路面施工中，加强原材料的控制，重点在施工材料进场前对水泥的出厂合格证、质量检测证、类型、标号进行检查。在此过程中，加强对集料的控制，确保其比例符合混凝土施工等级的要求，对于集料的杂质含量进行检测，将集料的水泥含量、有机质含量控制在标准范围内。

②科学选择拌和场地。在选择拌和场地时，考虑运输距离、水电条件、范围等，此外根据要求和条件科学布置拌和机、砂石存放的位置，建造水泥库房。在具体开展摊铺作业前，检查路面的宽度、路拱、标高等，确保其符合设计要求，如果不符合要求，需要返工整修。此外，还需要保持混凝土的湿润，避免因水分不足出现裂痕。

③根据设计规范，放出公路中线和边线。一般需要每隔 20 m 在公路中线位置设置中线桩，并将中线桩设置在胀缝、曲线起始点及纵坡转点位置，同时将边桩设置在中线桩两边的一定位置。最后在路旁位置设置控制桩，确保其精度符

合施工要求。相隔 100 m 在公路边线相应位置设置临时水准点，便于后期对公路路面高程进行复核。

(2) 加强技术创新，更新设备。

在高速公路工程水泥混凝土路面施工中，现有的施工技术已经发展成为完整的技术体系，人们越来越重视对新材料、新技术、新工艺的研究和应用。在高速公路工程水泥混凝土路面施工中，为了有效解决质量问题，提高公路的使用寿命，就需要加强技术创新，从根本上预防和减少质量问题，推动我国公路工程的健康发展，有效提高高速公路工程水泥混凝土路面施工技术的水平。

部分高速公路工程建设施工单位已经采用了高平整水泥路面滑模摊铺技术、水泥路面裂缝控制技术。材料也进行了创新，大量使用彩色混凝土路面、纤维混凝土路面等，有效提高了路面的强度和硬度，提高了公路的等级。

另外，在施工技术创新的同时也需要加强对施工设备的更新、改造、升级，进一步提高技术水平。施工技术创新需要一定平台的支持，而施工设备可以为技术的应用搭建平台，对此也需要加强对设备的创新。比如，在混凝土混合料的摊铺与拌和工序中，对混凝土混合料中的含水量进行检测，对摊铺速度进行控制，采用一定的设备辅助进行，有效保证施工质量和进度，确保施工的顺利进行，减少后期维修和养护，降低施工成本，对此施工单位需要加强对施工设备精准度的控制和研究。

第4章　桥梁下部结构施工

4.1　浅基础施工

1. 基坑定位放样

在桥梁施工过程中，首先要建立施工控制网；其次进行桥梁轴线标定和墩台中心定位；最后进行墩台施工放样，定出基础和基坑的各部分尺寸。桥梁的施工控制网除了用来测定桥梁长度，还用于控制各个位置，保证上部结构正确连接。施工控制网常用三角控制网，其布设应根据总平面图设计和施工地区的地形条件来确定，并作为整个工程施工设计的一部分。布网时要考虑施工程序、方法以及施工场地的布置情况，可以用桥址地形图拟定布网方案。

桥梁轴线的位置是在桥梁勘测设计中根据路线的总走向、地形、地质、河床情况等选定的，在施工时必须现场恢复桥梁轴线位置，并进行墩台中心定位。中小桥梁一般采用直接丈量法标定桥轴线长度并定出墩台的中心位置，有条件的可以用测距仪或全站仪直接确定。

施工放样贯穿整个施工过程，是质量保证的一个方面。施工放样的目的是将设计图上的结构物位置、形状、大小和高低在实地标定出来，以作为施工的依据。桥梁施工放样的主要内容如下。

(1) 墩台纵横向轴线的确定。

(2) 基坑开挖及墩台扩大基础的放样。

(3) 桩基础的桩位放样。

(4) 承台及墩身结构尺寸、位置放样。

(5) 墩帽和支座垫石的结构尺寸、位置放样。

(6) 各种桥型的上部结构中线及细部尺寸放样。

(7) 桥面系结构的位置、尺寸放样。

(8) 各阶段的高程放样。

基础放样是根据实地标定的墩台中心位置为依据来进行的，在无水地点可

直接将经纬仪安置在中心位置，用木桩准确固定基础纵横轴线和基础边缘。定位桩随着基坑开挖必将被挖去，所以必须在基坑开挖范围以外设置定位桩的保护桩，以备施工中随时检查基坑位置或基础位置是否正确，基坑外围通常用龙门板固定或在地上用石灰线标出。

对于建筑物标高的控制，常将拟建建筑物区域附近设置的水准点引测到施工现场附近不受施工影响的地方，设置临时水准点。

2. 旱地基坑施工

(1) 旱地基坑开挖。

旱地基坑开挖分为无围护开挖和围护开挖。当基坑较浅、地下水位较低时，基坑可以不加围护，一般采用放坡开挖方法，基坑坑壁坡度可以参考表 4.1，表 4.1 中 n 称为边坡系数，表示斜坡的竖向尺寸为 1 时对应的水平尺寸。当基坑开挖深度大于 5 m 时，可将坑壁坡度适当放缓或在适当部位加设 0.5～1.0 m 的平台。基坑周围应设置排水沟，防止地面水流入基坑，当基坑顶缘有动荷载时，顶缘与动荷载之间留有 1 m 的护道，以减小动荷载对坑壁的不利影响。当基坑边坡稳定性差，或受建筑场地限制，或放坡给工程带来过大的工程量时，可以采用设置围护结构的直立坑壁。

表 4.1　无围护基坑坑壁坡度

坑壁土类别	坑壁坡度(1 : n)		
	基坑壁顶缘无荷载	基坑壁顶缘有静荷载	基坑壁顶缘有动荷载
砂类土	1 : 1	1 : 1.25	1 : 1.5
碎石、卵石类土	1:0.75	1 : 1	1 : 1.25
亚砂土	1 : 0.67	1 : 0.75	1 : 1
亚黏土、黏土	1 : 0.33	1 : 0.5	1 : 0.75
极软土	1 : 0.25	1 : 0.33	1 : 0.67
软质岩	1 : 0	1 : 0.1	1 : 0.25
硬质岩	1 : 0	1 : 0	1 : 0

(2) 旱地基坑形式。

①垂直坑壁基坑。

天然湿度接近最佳含水量，构造均匀，不致发生坍塌、移动、松散或不均匀下沉的基土开挖时可以采用垂直坑壁。

②斜坡和阶梯形基坑。

基坑深度在 5 m 以内，土的湿度正常、构造均匀，基坑坑壁可以参照表 4.1 选用坡度，可做斜坡或台阶开挖。采用台阶开挖时，每阶高度以 0.5～1.0 m 为宜，台阶可兼用于人工运土。当基坑深度大于 5 m 时，可以在表 4.1 基础上适当放缓或做平台。

③变坡度坑壁基坑。

开挖穿过不同土层时，可以采用变坡坑壁，当下层土为密实黏质土或岩石时，下层可以采用垂直坑壁。在变坡处可根据需要设置小于 0.5 m 宽的平台。

(3) 无水基坑施工方法。

一般小桥、涵基础、工程量不大的基坑可以用人工施工方法；大中桥基础工程，基坑深、基坑平面尺寸大、开挖方量多，可以用机械施工方法。无水基坑开挖方法可以参见表 4.2。

表 4.2　无水基坑施工方法

地质及支撑状况	挖掘方式	提升方法	运输方式	附注
土质、无支撑	挖土机(正铲)	挖土机(正铲)	挖土机直接装车	挖土机在坑底
土质、无支撑	挖土机(反铲)	挖土机(反铲)	挖土机回旋弃土	挖土机在坑缘上
土质、无支撑	挖土机(拉铲)	挖土机(拉铲)	挖土机回旋弃土	挖土机在坑缘上
土质、无支撑或有支撑	起重机抓泥斗：软土(无齿双开)、硬土(有齿双开)、大砾石或漂石(四开)	抓泥斗	吊臂回旋弃土或直接装车	—
土质、无支撑或有支撑	人工挖掘	用锹向上翻弃(H＜2 m)或人工接力上翻	弃土或装车	—

续表

地质及支撑状况	挖掘方式	提升方法	运输方式	附注
土质或石质、无支撑或有支撑	人工或风动工具	传送带（$H<4.5$ m）	传送带接运	传送带可分设在坑底或坑上
土质或石质、无支撑或有支撑	人工或风动工具	起重机、各种动臂起重机或摇头扒杆，配带活底吊斗	回旋弃土或直接装车	起重机具设在坑缘或坑下，必要时可在坑上脚手平台接运
土质或石质、无支撑或有支撑	人工或风动工具	爬坡车：有轨（石质坑）、无轨（土质坑）、用卷扬机或绞车	爬坡车、接斗车或手推车	—

注：H 为坑壁高度。

（4）基坑坑壁的支护和加固。

在下列情况下宜采用挡板支护或加固基坑坑壁：①基坑坑壁不易稳定，并有地下水的影响；②放坡开挖工程量过大，不符合工程经济的要求；③受施工场地或邻近建筑物限制，不能采用放坡开挖。常用坑壁支护结构有挡板支护、板桩墙支护、临时挡土墙支护和混凝土加固。

①挡板支护。

挡板支护结构适用于开挖面积不大、深度较浅的基坑，挡板的作用是挡土，工作特点是先开挖后设置围护结构。挡板支护形式包括木挡板、钢木结合挡板、钢结构挡板等形式。木挡板支护有垂直挡板式支护、水平挡板式支护以及垂直挡板和水平挡板混合支护等形式。垂直挡板直立放置，挡板外用横枋加横撑木支撑；水平挡板横向放置，挡板外用竖枋加横撑木支撑；垂直挡板和水平挡板混合支护是上层支护采用水平挡板连续支护到一定深度后改用垂直挡板。

挡板支撑方式有连续式和间断式。一般可以一次开挖到基底后再安装支撑，对于黏性差、易坍塌的土，可以分段下挖，随挖随撑。采用间断支撑时应以保证土不从挡板间隙中坍落为前提。

对于大型基坑，土质较差或地下水位较高时，宜采用钢木结合挡板支护或钢结构挡板支护基坑，采用定型钢模板作为挡板，用型钢做立木和纵横支撑。钢结构支护的优点是便于安装、拆卸,材料消耗少,有利于标准化、工具化发展。其缺点是刚度较弱,施工中应根据土质和荷载情况,合理布置千斤顶位置。

②板桩墙支护。

当基坑面积较大,且深度较大,尤其基坑底面在地下水位以下超过 1 m,涌水量较大不宜用挡板支护时,可以在基坑四周先沉入板桩,然后开挖基坑,必要时加内撑或锚杆。这种板桩支护既能挡土,又能挡水。板桩墙支护有悬臂板桩、锚拉式板桩等。板桩墙分为无支撑式、支撑式和拉锚式。无支撑式只适用于基坑较浅的情况,并且要求板桩有足够的入土深度,以保证板桩的稳定性;支撑式板桩适用于较深基坑的开挖,按照设置支撑的层数可分为单支撑板桩和多支撑板桩。板桩墙按照材料分为木板桩、钢板桩和钢筋混凝土板桩等。钢板桩强度较大、结构轻,能穿过较坚硬的土层,不易漏水,并可以重复使用,在桥梁施工中应用较为广泛。

③临时挡土墙支护。

基坑开挖完毕时,坑壁的稳定性将直接影响工程的进行。造成基坑坑壁坍塌的原因主要是基坑放坡不足,土体的自重应力的影响,或地下水的渗流破坏。如果基坑开挖深度较大,应及时进行固壁支撑,防止塌方。在地形狭窄开挖坡度陡,地下水水位埋深较浅时,工程中采用临时挡土墙结合草袋滤水的方法,固壁和滤水效果很好,在施工过程中基坑边坡基本稳定,保证正常施工。

如果只是临时挡土墙,沙袋与沙袋之间存在孔洞,会使地下渗流带出泥沙,从而掏空基坑壁,导致坑壁塌方,影响正常施工。采用临时挡土墙与草袋结合的挡土墙,草袋起到了过滤的作用,使泥沙不致被水流带出,保持了基坑壁的稳定。

临时挡土墙具有结构简单、易于施工和掌握等特点,同时投资较少。该方法适用于黏聚力较小,且地下渗流较大的砂性基础或黏土基础。

④混凝土加固。

混凝土加固的常用方式有现浇混凝土和喷射混凝土支护等形式。现浇混凝土是采用逐节向下开挖进行支模、浇筑混凝土,基坑每节开挖深度视土质或定型钢模板尺寸而定,一般以 1.0~1.5 m 为一节,在开挖深度内架立模板,并在模板上部预留混凝土浇筑口,通过浇筑口浇筑混凝土支护结构。混凝土厚度一般为 8~15 cm,强度等级不低于 C15,混凝土一般要掺早强剂。

喷射混凝土支护是以高压空气为动力,用喷射混凝土机械将混凝土喷涂于坑壁表面,并在坑壁形成混凝土加固层,对土体起加固和保护作用,防止坑壁风化、雨水冲刷和浅层坍塌剥落。喷射混凝土支护宜用于土质较稳定、渗水量不

大、深度小于10 m、直径为6～12 m的圆形基坑。施工时在基坑口开挖环形沟槽做土模，浇筑混凝土坑口护筒，然后分层开挖，喷护混凝土，每层高度约1 m，渗水较大时不宜超过0.5 m。

3. 基坑排水

基坑如在地下水位以下，随着基坑的下挖，渗水将不断涌入基坑，因此施工过程中必须不断地排水，以保持基坑干燥，便于基坑挖土和基础的砌筑与养护。常用的基坑排水方法有明式排水和井点法降低地下水位两种。

(1) 明式排水法。

明式排水是在基坑开挖过程及基础砌筑和养护期间，在基坑四周开挖集水沟汇集坑壁及基底的渗水，并引向一个或数个更深一些的集水井。集水沟和集水井一般设在基础范围以外。在基坑每次下挖以前，必须先挖集水沟和集水井，集水井的深度应大于抽水泵吸水龙头的高度，在抽水泵吸水龙头上套竹筐围护，以防土石堵塞龙头。

这种排水方法设备简单、费用低，一般土质条件下均可采用。但当地基土为饱和粉细砂等黏聚力较小的细粒土层时，抽水会引起流砂现象，造成基坑的破坏和坍塌，因此这类土应避免采用表面明式排水法。

(2) 井点法降低地下水位。

对粉质土、粉砂类土等采用明式排水法极易引起流砂现象，影响基坑稳定，可采用井点法降低地下水位排水。根据使用设备的不同，井点主要有轻型井点、喷射井点、电渗井点和深井泵井点等类型，具体可根据土的渗透系数、要求降低水位的深度及工程特点选用。

轻型井点降水布置示意如图4.1所示，即在基坑开挖前预先在基坑四周打入(或沉入)若干根井管，井管下端1.5 m左右为滤管，滤管部分钻有若干直径约2 mm的滤孔，外面包扎过滤层。各个井管用集水管连接抽水。由于井管两侧一定范围内的水位逐渐下降，各井管形成了一个连续的疏干区。在整个施工过程中仍不断抽水，保证在基坑开挖和基坑施工期间处于无水状态。

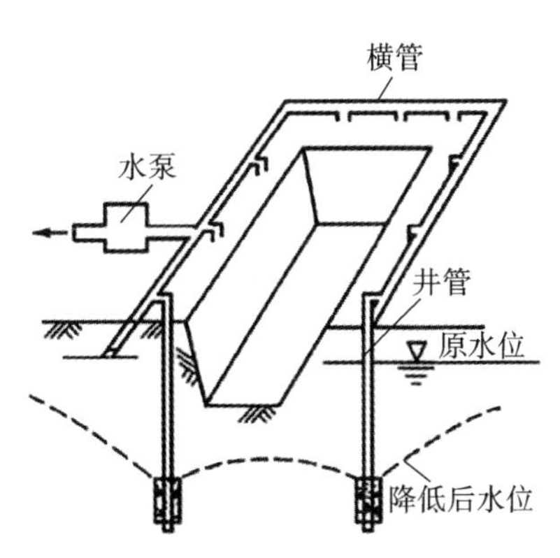

图4.1　轻型井点降水示意图

4.2 桩基础及承台施工

4.2.1 桩基础施工

桩基础施工前应根据已定出的墩台纵横中心轴线直接定出桩基础轴线和各基桩桩位，现已普遍应用全站仪设置固定标志或控制桩，以便施工时随时校核。常用的施工方法有预制沉桩、钻孔浇筑桩、挖孔浇筑桩等。

1. 预制沉桩施工

(1) 沉桩前准备。

桩可在预制厂预制，当预制厂距离较远且运桩不经济时，宜在现场选择合适的场地进行预制，但应注意：场地布置要紧凑，尽量靠近打桩地点，要考虑到防止被洪水淹没；地基要平整密实，并应铺设混凝土地坪或专设桩台；制桩材料的进场路线与成桩运往打桩地点的路线，不应互受干扰。

预制桩的混凝土必须连续一次浇筑完成，宜用机械搅拌和振捣，以确保桩的质量。桩上应标明编号、制作日期，并填写制桩记录。桩的混凝土强度必须大于设计强度的70%方可吊运；达到设计强度时方可使用。核验沉桩的尺寸和质量，并在每根桩的一侧用油漆画上长度标记(便于随时检查沉桩入土深度)。

此外，应备好沉桩地区的地质和水文资料、沉桩工艺施工方案以及试桩资料等。

预制的钢筋混凝土桩由预制场地吊运到桩架内，在起吊、运输、堆放时，都应该按照设计计算的吊点位置起吊(一般吊点应在桩内预埋直径20～25 mm的钢筋吊环，或以油漆在桩身标明)，否则桩身受力情况与计算不符，可能引起桩身混凝土开裂。预制钢筋混凝土桩主筋是沿桩长按设计内力配置的，吊运时吊点位置常根据吊点处由桩重产生的负弯矩与吊点间由桩重产生的正弯矩相等的原则确定，这样较为经济。一般的桩在吊运时，采用两个吊点，如桩长为L，吊点离每端距离为$0.207L$；插桩时为单点起吊，为了使桩内正、负弯矩相等，可将吊点设在$0.293L$处，如桩长不超过10 m，也可利用$0.207L$吊点。吊运较长的桩，为减少内力，节省钢筋，采用三点或四点起吊。根据相应的弯矩值，即可进行桩身配筋，或验算其吊运时的强度。

(2) 锤击沉桩法。

锤击沉桩法是靠桩锤的冲击能量将桩打入土中，因此桩径不能太大(在一般土质中桩径不大于 0.6 m)，桩的入土深度也不宜太深(在一般土质中不超过 40 m)，否则打桩设备要求较高，打桩效率很差。锤击沉桩法一般适用于松散、中密砂土、黏性土。

所用的基桩主要为预制的钢筋混凝土桩或预应力混凝土桩。

锤击沉桩常用的设备是桩锤和桩架，此外，还有射水装置、桩帽和送桩等辅助设备。

①桩锤。

常用的桩锤有坠锤、单动汽锤、双动汽锤、柴油机锤等。坠锤是最简单的桩锤，它是由铸铁或其他材料做成的锥形或柱形重块，锤击力为 2～20 kN，用绳索或钢丝绳通过吊钩由人力或卷扬机沿桩架导杆提升 1～2 m，然后使锤自由落下锤击桩顶。此法打桩效率低，每分钟仅能打数次，但设备较简单，适用于在小型工程中打木桩或打小直径的钢筋混凝土预制桩。

单动汽锤、双动汽锤是利用蒸汽或压缩空气将桩锤在桩架内顶起下落锤击基桩，单动汽锤锤击力为 10～100 kN，每分钟冲击 20～40 次，冲程 1.5 m 左右；双动汽锤锤击力为 3～10 kN，每分钟冲击 100～300 次，冲程数百毫米，打桩效率高。单动汽锤适用于打钢桩和钢筋混凝土实心桩，双动汽锤冲击频率高，一次冲击动能较小，适用于打较轻的钢筋混凝土桩或钢板桩，它除了打桩还可以拔桩。

柴油机锤实际上是一个柴油汽缸，工作原理同柴油机，利用柴油在汽缸内压缩发热点燃而爆炸将汽缸沿导向杆顶起，下落时锤击桩顶。导杆式柴油机锤适用于木桩、钢板桩；筒式柴油机锤宜用于钢筋混凝土管桩、钢管桩。柴油机锤不适宜在过硬或过软的土中沉桩。另外，施工中还应考虑防音罩，从能准确地获得桩的承载力看，锤击法是一种较为优越的施工方法，但因噪声高，在市区内难以采用。防音罩是为了防止噪声，用它将整个柴油锤包裹起来，可达到防止噪声扩散和油烟发散的目的。

打桩施工时，应适当选择桩锤重量，桩锤过轻桩难以打下，效率太低，还可能将桩头打坏，所以一般认为应重锤轻打，但桩锤过重，则各机具、动力设备都需加大，不经济。

②桩架。

桩架的作用是装吊桩锤、插桩、打桩、控制桩锤的上下方向，由导杆、起吊设备(滑轮、绞车、动力设备等)、撑架(支撑导杆)及底盘(承托以上设备)等组成。

桩架在结构上必须有足够强度、刚度和稳定性,保证在打桩过程中的动力作用下桩架不会发生移动和变位。桩架的高度应保证桩吊立就位时的需要及锤击的必要冲程。

桩架常用的有木桩架和钢桩架。木桩架只适用于坠锤或小型的单动汽锤。柴油机锤本身带有钢制桩架,由型钢装成。桩在移动时可在底盘托板下面垫上滚筒,或用轮子和钢轨等方式,利用动力装置牵引移动。

钢制万能打桩架的底盘带有转台和车轮(下面铺设钢轨),撑架可以调整导向杆的斜度,因此它能沿轨道移动,能在水平面做360°旋转,也能打斜桩,施工很方便,但桩架本身笨重,拆装运输较困难。

在水中的墩台桩基础,应先打好水中支架桩(小型的钢筋混凝土桩或木桩),上面搭设打桩工作平台。当水中墩台较多或河水较深时,也可采用船上打桩架施工。

③射水装置。

在锤击沉桩过程中,若下沉遇到困难,可用射水方法助沉,因为利用高压水流通过射水管冲刷桩尖或桩侧的土,可减小桩的下沉阻力,从而提高桩的下沉效率。图4.2所示为设置于管桩中的射水装置,高压水流由高压水泵提供。

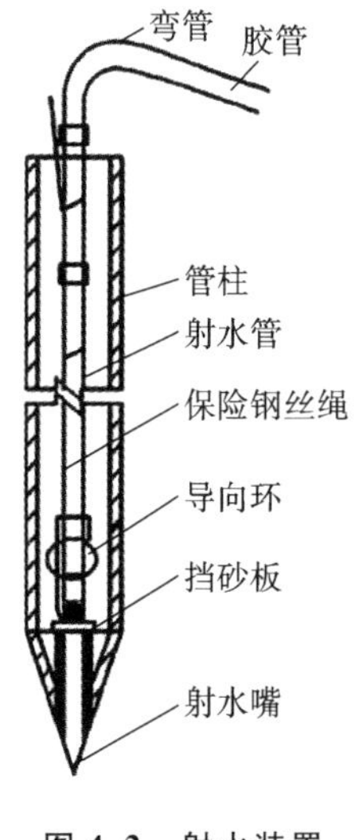

图4.2　射水装置

④桩帽与送桩。

桩帽的作用是直接承受锤击、保护桩顶,并保证锤击力作用于桩的断面中心。因此,要求桩帽构造坚固,桩帽尺寸与锤底、桩顶及导向杆相吻合,顶面与底面均平整且与中轴线垂直,还应设吊耳以便吊起。桩帽上部为由硬木制成的垫木,下部套在桩顶上,桩帽与桩顶间宜填麻袋或草垫等缓冲物。

送桩可用硬木、钢或钢筋混凝土制成。当桩顶位于水下或地面以下,或打桩机位置较高时,可用一定长度的送桩套连在桩顶上,就可使桩顶沉到设计标高。送桩长度应按实际需要确定,为施工方便,应多备几根不同长度的送桩。

锤击沉桩施工要点及注意事项。

a. 桩帽与桩周围应有5～10 mm间隙,以便锤击时桩在桩帽内可做微小的自由转动,避免桩身产生超过允许的扭转应力。

b. 打桩机的导向杆件应固定，以便施打时稳定桩身。

c. 桩在导向杆件上不应钳制过死，更不允许施打时导向杆件发生位移或转动，使桩身产生超过许可的拉力或扭矩。

d. 导向杆件的设置应使桩锤上、下活动自由。

e. 在有条件的情况下，导向杆件宜有足够的长度，以便不再使用送桩。

f. 钢筋混凝土或预应力混凝土桩顶面，应附有适合桩帽大小的桩垫，其厚度视桩垫材料、桩长及桩尖所受抗力大小决定。桩垫因承受高压力而炭化或破碎时，应及时更换。

g. 如桩顶的面积比桩锤底面积小，则应采用适当的桩帽，将锤的冲击力均匀分布到整个顶面。

(3) 振动沉桩法。

振动沉桩法是用振动打桩机(振动桩锤)将桩打入土中的施工方法。其原理是由振动打桩机使桩产生上下方向的振动，在清除桩与周围土层间摩擦力的同时使桩尖地基松动，从而使桩贯入或拔出。一般适用于砂土，硬塑及软塑的黏性土和中密及较软的碎石土。振动法施工不仅可有效地用于打桩，也可用以拔桩；虽然振动下沉，但噪声较小；在砂性土中最有效，硬地基中难以打进；施工速度快；不会损坏桩头；不用导向架也能打进；移位操作方便；需要的电源功率大。桩的断面大和桩身长者，桩锤重量应大；随地基的硬度加大，桩锤的重量也应增大；振动力大则桩的贯入速度快。

振动沉桩施工要点及注意事项如下。

①振动时间的控制。每次振动时间应根据土质情况及振动机能力大小，通过实地试验决定，一般不宜超过 15 min。振动时间过短，则土的结构尚未彻底破坏，振动时间过长，则振动机的部分零件易于磨损。在有射水配合的情况下，振动持续时间可以减短。一般当振动下沉速度由慢变快时，可以继续振动，由快变慢，如下沉速度小于 5 cm/min 或桩头冒水，即应停振。当振幅过大(一般不应超过 16 mm)而桩不下沉时，则表示桩尖端土层坚实或桩的接头已振松，应停振继续射水，或另作处理。

②振动沉桩停振控制标准。应以通过试桩验证的桩尖标高控制为主，以最终贯入度(cm/min)或可靠的振动承载力公式计算的承载力作为校核。如果桩尖已达标高而最终贯入度或计算承载力相差较大，应查明原因，报有关单位研究后另行确定。

③管桩改用开口桩靴振动吸泥下沉。当桩基土层中含有大量卵石、碎石或

破裂岩层。如采用高压射水振动沉桩尚难下沉，可将锥形桩尖改为开口桩靴，并在桩内用吸泥机配合吸泥，非常有效。

④振动沉桩机、机座、桩帽应连接牢固。沉桩机和桩中心轴应尽量保持在同一直线上。

⑤开始沉桩时宜用自重下沉或射水下沉，桩身有足够稳定性后，再采用振动下沉。

（4）射水沉桩法。

射水沉桩法是利用小孔喷嘴以 300～500 kPa 的压力喷射水，使桩尖和桩周围土松动的同时，桩受自重作用而下沉的方法。它极少单独使用，常与锤击和振动法联合使用。当射水沉桩到距设计标高尚差 1～1.5 m 时，停止射水，用锤击或振动恢复其承载力。这种施工方法对黏性土、砂性土都适用，在细砂土层中特别有效。射水沉桩对较小尺寸的桩不会损坏；施工时噪声和振动极小。

射水沉桩施工注意以下事项。

①射水沉桩前，应对射水设备（如水泵、输水管道）及其与桩身的连接进行设计、组装和检验，符合要求后，方可进行射水施工。

②水泵应尽量靠近桩位，减少水头损失，确保有足够水压和水量。采用桩外射水时，射水管应对称等距离地装在桩周围，并使其能沿着桩身上下移动，以便能在任何高度冲刷土壁。为检查射水管嘴位置与桩长的关系和射水管的入土深度，应在射水管上自上而下标志尺寸。

③沉桩过程中，不能任意停水，如因停水导致射水管或管桩被堵塞，可将射水管提起几十厘米，再强力冲刷疏通水管。

④细砂质土中用射水沉桩时，应注意避免桩下沉过快造成射水嘴堵塞或扭坏。

⑤射水管的进入管应设安全阀，以防射水管被堵塞时，水泵设备损坏。

⑥管桩下沉到位后，如设计需要以混凝土填芯，应用吸泥等方法清除泥渣以后，用水下混凝土填芯。在受到管外水压影响时，管桩内的水头必须保持高出管外水面 1.5 m 以上。

（5）静力压桩法。

静力压桩法用液压千斤顶或桩头加重物以施加顶进力将桩压入土层中的施工方法。其特点为：施工时产生的噪声和振动较小；桩头不易损坏；桩在贯入时相当于给桩做静载试验，故可准确知道桩的承载力；压入法不仅可用于竖直桩，也可用于斜桩和水平桩；但机械的拼装移动等均需要较多的时间。

2. 钻孔浇筑桩施工

钻孔浇筑桩施工应根据土质、桩径大小、入土深度和机具设备等条件选用适当的钻具和钻孔方法，以保证能顺利达到预计孔深；然后，清孔、吊放钢筋笼架、浇筑水下混凝土。现按施工顺序介绍其主要工序。

(1) 准备工作。

①准备场地。

施工前应将场地平整好，以便安装钻架进行钻孔。当墩台位于无水岸滩时钻架位置处应整平夯实，清除杂物，挖换软土；场地有浅水时，宜采用土或草袋围堰筑岛；当场地为深水或陡坡时，可用木桩或钢筋混凝土桩搭设支架，安装施工平台支承钻机(架)。深水中在水流较平稳时，也可将施工平台架设在浮船上，就位锚固稳定后在水上钻孔。水中支架的结构强度、刚度和船只的浮力、稳定都应事前进行验算。

②埋置护筒。

护筒的作用是固定钻孔位置；开始钻孔时对钻头起导向作用；保护孔口，防止孔口土层坍塌；隔离孔内、孔外表层水，并保持钻孔内水位高出施工水位以产生足够的静水压力稳重孔壁。护筒要求坚固、耐用、不易变形、不漏水、装卸方便和能重复使用。一般由木材、薄钢板或钢筋混凝土制成，护筒内径应比钻头直径稍大，旋转钻须增大 0.1～0.2 m，冲击或冲抓钻增大 0.2～0.3 m。

护筒埋设方式如下：下埋式适于旱地埋置；上埋式适于旱地或浅水筑岛埋置；下沉埋设适于深水埋置。护筒埋置时应注意下列几点。

a. 护筒平面位置应埋设正确，偏差不宜大于 50 mm。

b. 护筒顶标高应高出地下水位和施工最高水位 1.5～2.0 m。无水地层钻孔因护壁顶部设有溢浆口，筒顶也应高出地面 0.2～0.3 m。

c. 护筒底应低于施工最低水位(一般低于 0.1～0.3 m 即可)。深水下沉埋设的护筒应沿导向架借自重、射水、振动或锤击等方法将护筒下沉至稳定深度，黏性土的入土深度应为 0.5～1 m，砂性土则为 3～4 m。

d. 下埋式及上埋式护筒挖坑不宜太大(一般比护筒直径大 0.1～0.6 m)，护筒四周应夯填密实的黏土，护筒应埋置在稳固的黏土层中，否则应换填黏土并密实，其厚度一般为 0.5 m。

③泥浆制备。

泥浆在钻孔中的作用是在孔内产生较大的静水压力，可防止坍孔；泥浆向孔外土层渗漏，在钻进过程中，钻头的活动使孔壁表面形成一层胶泥，具有护壁作用；同时将孔外水流切断，能稳定孔内水位；泥浆比重大，具有携带钻渣作用，利于钻渣的排土。因此，在钻孔过程中，孔内应保持一定稠度的泥浆，一般比重为1.1～1.3，在冲击钻进大卵石层时可达1.4，黏度为20 Pa·s，含砂率小于3%。在较好的黏性土层中钻孔，也可灌入清水，使钻孔时孔内自造泥浆，达到固壁效果。调制泥浆的黏土塑性指数不宜小于15，粒径大于0.1 mm的砂粒不宜超过6%。

④安装钻机或钻架。

钻架是钻孔、吊放钢筋笼、浇筑混凝土的支架。我国生产的定型旋转钻机和冲击钻机都附有定型钻架，也有木制的和钢制的四脚架、三脚架或人字扒杆。在钻孔过程中，成孔中心必须对准桩位中心，钻机(架)必须保持平稳，不发生位移、倾斜和沉陷。钻机(架)安装就位时，应详细测量，底座应用枕木垫实塞紧，顶端应用缆风绳固定平稳，并在钻进过程中经常检查。

(2) 钻孔。

①旋转钻进成孔。

旋转钻进成孔的施工方法受到机具和动力的限制，适用于较细软的土层，如各种塑性状态的黏性土、砂土、夹少量粒径小于200 mm的砂卵石土层，在软岩中也可使用。这种钻孔方法的深度可达100 m。旋转钻进成孔的方法有普通旋转钻机成孔法、人工机动推钻与全叶式螺旋钻成孔法、潜水钻机钻孔法。

a. 普通旋转钻机成孔法(正、反循环回转钻)。利用钻具的旋转切削体钻进，同时采用循环泥浆的方法护壁排渣，继续钻进成孔。旋转钻机成孔按泥浆循环的程序有正、反循环回转之分。泥浆以高压通过空心钻杆，从底部射出，随着泥浆上升而溢出流至井外沉浆池，待沉淀净化后再循环使用的方式，称为正循环。泥浆由钻杆外流入井孔，旧泥浆由钻杆吸上排走的方式称为反循环。反循环钻机的钻进及排渣效率较高，但在接长钻杆时装卸较麻烦，如钻渣粒径超过钻杆内径(一般为120 mm)易堵塞管路，则不宜采用。

b. 人工机动推钻与全叶式螺旋钻成孔法。用人工或机动旋转钻具钻进，钻孔时利用电动机带动钻杆转动，使钻头螺旋叶片旋转削土成孔，土块随叶片上升排出孔外，一般孔深8～12 m，钻进速度较慢，遇大卵石、漂石土层不易钻进。

c. 潜水钻机钻孔法。利用密封电动机、变速机构带动钻头在水中旋转削土，并在端部喷出高速水流冲刷土体，以水力排渣。同正循环一样，压入泥浆，钻渣随泥浆上升溢出井口。如此连续钻进、排土而成孔。

②冲击钻进成孔。

利用钻锥(冲击力为 10～35 kN)不断地提锥、落锥,反复冲击孔底土层,把土层中泥沙、石块挤向四壁或打成碎渣,钻渣悬浮于泥浆中,利用掏渣筒取出,重复上述过程冲击钻进成孔。

主要采用的机具有定型的冲击式钻机(包括钻架、动力、起重装置等)、冲击钻头、转向装置和掏渣筒等,也可用冲击力为 30～50 kN 带离合器的卷扬机配合钢、木钻架及动力组成简易冲击钻机。冲击钻孔适用于含有漂卵石、大块石的土层及岩层,也能用于其他土层。成孔深度一般不宜大于 50 m。

③冲抓钻进成孔。

这是利用冲抓锥张开的锥瓣向下冲击切入土石中,收紧锥瓣将土石抓入锥中,提升出孔外卸去土石,然后再向孔内冲击抓土,如此循环钻进的成孔方法。施工时,泥浆仅起护壁作用,当土层较好时,可不用泥浆,而用水头护壁。冲抓成孔适用于较松或紧密黏性土、砂性土及夹有碎卵石的沙砾土层,成孔深度一般小于 30 m。用冲抓钻钻进时,应以小冲程稳而准地开孔,待锥具全部进入护筒后,再松锥进行正常冲抓。提锥应缓慢,冲击高度一般为 1.0～2.5 m。

在钻孔过程中应防止坍孔、孔形扭歪或孔斜,钻孔漏水、钻杆折断、钻头被埋住或掉进孔内等事故,因此钻孔时应注意下列各点。

a. 在钻孔过程中,始终要保持孔内外既定的水位差和泥浆浓度,以起到护壁、固壁作用,防止坍孔。若发现有漏水(漏浆)现象,应找原因及时处理。如护筒漏水或因护筒埋置太浅而漏水,应堵塞漏洞或用黏土在护壁周围夯实加固,或重埋护筒;若因孔壁土质松散,泥浆加固孔壁作用较差,应在孔内重新回填黏土,待沉淀后再钻进,以加强泥浆护壁。

b. 在钻孔过程中,应根据土质等情况控制钻进速度、调整泥浆稠度,以防止坍孔及钻孔偏斜、卡钻和旋转钻机负荷超载等情况发生。

c. 钻孔宜一气呵成,不宜中途停钻以避免坍孔,若坍孔严重,应回填重钻。

d. 钻孔过程中应加强对桩位、成孔情况的检查。终孔时,应对桩位、孔径、形状、深度、倾斜度及孔底土质等情况进行检验,合格后立即清孔、吊放钢筋笼,浇筑混凝土。

(3) 清孔及吊装钢筋笼骨架。

清孔目的是除去孔底沉淀的钻渣和泥浆,以保证浇筑的钢筋混凝土质量,保证桩的承载力。常用清孔方法有以下几种。

①抽浆清孔。

用空气吸泥机吸出含钻渣的泥浆而达到清孔的目的。由风管将压缩空气输进排泥管，使泥浆形成密度较小的泥浆空气混合物，在水柱压力下沿排泥管向外排出泥浆和孔底沉渣，同时用水泵向孔内注水，保持水位不变直至喷出清水或沉渣厚度达到设计要求为止，此法清孔较彻底，适用于孔壁不易坍塌的各种钻孔方法的柱桩和摩擦桩，一般用反循环钻机、空气吸泥机、水力吸泥机或真空吸泥泵等。

②掏渣清孔。

该法是用抽渣筒、大锅锥或冲抓锥清掏孔底粗钻渣，仅适用于机动推钻、冲抓、冲击钻孔的各类土层摩擦桩的初步清孔。掏渣前可先投入水泥 1～2 袋，再以钻锥冲击数次，使孔内泥浆、钻渣和水泥形成混合物，然后用掏渣工具掏渣。当要求清孔质量较高时，可使用高压水管插入孔底射水，使泥浆相对密度逐渐降低。

③换浆清孔。

适用于正循环钻孔法的摩擦桩，钻孔完成后，提升钻锥距孔底 10～20 cm，继续循环，以相对密度较低(1.1～1.2)的泥浆压入，把钻孔内的悬浮钻渣和相对密度较大的泥浆换出。

④喷射清孔。

喷射清孔只宜配合其他清孔方法使用，在浇筑混凝土前对孔底进行高压射水或射风数分钟，使剩余少量沉淀物飘浮后，立即浇筑水下混凝土。

清孔时应注意以下事项。

a. 不论采用何种清孔方法，在清孔排渣时，必须注意保持孔内水头，防止坍孔。

b. 柱桩应以抽浆法清孔，清孔后，将取样盒(即开口铁盒)吊到孔底，待浇筑水下混凝土前取出沉淀在盒内的渣土，渣土厚度应符合规定要求。

c. 用换浆法或掏渣法清孔后，孔口、孔中部和孔底提出的泥浆的平均值应符合质量标准要求；浇筑水下混凝土前，孔底沉淀厚度应不大于设计规定。

d. 不得用加深孔底深度的方法代替清孔。

钻孔桩的钢筋应按设计要求预先焊成钢筋骨架，整体或分段就位，吊入钻孔。钢筋骨架吊放前应检查孔底深度是否符合设计要求；孔壁有无妨碍骨架吊放和正确就位的情况。钢筋骨架吊装可利用钻架或另立扒杆进行。吊放时应避免骨架碰撞孔壁，并保证骨架外混凝土保护层厚度，应随时校正骨架位置。钢筋

骨架达到设计标高后，即将骨架牢固定位于孔口，立即浇筑混凝土。

(4) 浇筑水下混凝土。

①浇筑方法。

我国多采用直升导管法浇筑水下混凝土。将导管居中插入离孔底 0.30～0.40 m(不能插入孔底沉积的泥浆中)，导管上口接漏斗，在接口处设隔水栓，以隔绝混凝土与导管内水的接触。在漏斗中储备足够数量的混凝土后，放开隔水栓，储备的混凝土连同隔水栓向孔底猛落，这时孔内水位骤涨外溢，说明混凝土已灌入孔内。当落下足够数量的混凝土时，则将导管内水全部压出，并使导管下口埋入孔内混凝土 1～1.5 m 深，保证钻孔内的水不可能重新流入导管。随着混凝土不断通过漏斗、导管灌入钻孔，钻孔内初期浇筑的混凝土及其上面的水或泥浆不断被顶托升高，相应地不断提升导管和拆除导管，这时应保持导管的埋入深度为 2～4 m，最大不宜大于 4 m，拆除导管时间不超过 15 min，直至钻孔浇筑混凝土完毕。

②对混凝土材料的要求。

为了保证水下浇筑混凝土的质量，应按设计强度等级提高 20%进行设计混凝土的配合比；混凝土坍落度宜为 180～220 mm；每立方米混凝土中水泥用量不少于 350 kg，水灰比宜用 0.5～0.6，并可适当将含砂率提高 40%～50%，使混凝土有较好的和易性；为防止卡管，石料尽可能用卵石，适宜粒径为 5～30 mm，最大粒径不应超过 40 mm。

③混凝土浇筑。

为了随时掌握钻孔内混凝土顶面的实际高度，可用测绳和测深锤直接测定。测深锤一般用锥形锤，锤底直径 15 cm 左右，高 20 cm，质量为 5 kg，外壳可用钢板焊制，内装铁砂配重后密封。为保证浇筑桩成桩后的质量，现在可用超声波法等进行无损检测。

浇筑水下混凝土时需注意以下事项。

a. 浇筑首批混凝土时导管下口至孔底的距离一般宜为 25～40 cm；导管埋入混凝土中的深度不得小于 1 m。

b. 浇筑开始后应连续进行，并应尽可能缩短拆除导管的时间。当导管内混凝土不满时，应徐徐地浇筑，防止在导管内造成高压气囊；在浇筑过程中，特别是潮汐地区，应经常保持井孔水头，防止坍孔；应经常探测井孔内混凝土面位置，及时地调整导管埋深，导管的埋深一般为 2～6 m，当拌和物掺有缓凝剂、浇筑速度较快、导管较坚固并有足够起重能力时，可适当加大埋深；在浇筑过程中，应将井孔内溢出的泥浆引流至适当地点处理，防止污染环境；浇筑的桩顶标高应预加一定高度，一般应比设计高出 0.5 m，预加高度可于基坑开挖后凿除，凿除时须防止损毁桩身。

c. 混凝土面位置应采用较为精确的器具进行探测。若无条件，可采用测探锤，禁止使用其他不符合要求的方法。浇筑将近结束时，可用取样盒等容器直接取样，鉴定良好混凝土面位置。

d. 混凝土面接近钢筋骨架时，宜使导管保持稍大的埋深，并放慢浇筑速度，以减少混凝土的冲击力；混凝土面进入钢筋骨架一定深度后，应适当提升导管，使钢筋骨架在导管下口有一定的埋深。

e. 护筒拔出及提升操作时，处于地面及桩顶以下的井口整体式刚性护筒，应在浇筑完混凝土后立即拔出；处于地面以上、能拆卸的护筒，须待混凝土抗压强度达到 5 MPa 后拆除；使用全护筒浇筑时，应逐步提升护筒，护筒内的混凝土高度应考虑本次护筒将提升的高度及为填充提升护筒所产生的空隙所需的高度。在浇筑中途提升时，尚应包括提升护筒后应保留的混凝土高度(一般不小于 1 m)，以防提升后脱节。但护筒内混凝土也不得过高，以防护筒内外侧摩阻力超过起拔能力。

3. 挖孔浇筑桩施工

挖孔浇筑桩适用于无地下水或少量地下水，且较密实的土层或风化岩层。桩的直径(或边长)不宜小于 1.4 m，孔深一般不宜超过 20 m。若孔内产生的空气污染物超过规定的浓度限值，必须采用通风措施，方可采用人工挖孔施工。每一桩孔开挖、提升出土、排水、支撑、立模板、吊装钢筋骨架、浇筑混凝土等作业都应事先准备好，紧密配合。

(1) 开挖桩孔。

一般采用人工开挖，开挖之前应清除现场四周及山坡上悬石、浮土等，排除一切不安全的因素，做好孔口四周临时围护和排水设备。孔口应采取措施防止土石掉入孔内，并安排排土提升设备(卷扬机或木绞车等)，布置弃土通道，必要时孔口应搭雨棚。

挖孔过程中要随时检查桩孔尺寸和平面位置，防止误差。注意施工安全，下孔人员必须佩戴安全帽和安全绳，提取土渣的机具必须经常检查。孔深超过 10 m时，应经常检查孔内二氧化碳含量，如超过 0.3%应增加通风措施。孔内如用爆破施工，采用浅眼爆破法，严格控制炸药用量并在炮眼附近加强支护，以防

止振坍孔壁。孔深大于 5 m 时，应采用电雷管引爆，爆破后应先通风排烟 15 min 并经检查孔内无毒后施工人员方可下孔继续开挖。

(2) 护壁和支撑。

挖孔桩开挖过程中，开挖和护壁两个工序必须连续作业，以确保孔壁不坍塌。应根据地质、水文条件、材料来源等情况因地制宜选择支撑及护壁方法。桩孔较深，土质较差，出水量较大或遇流砂等情况时，宜就地浇筑混凝土护壁，每下挖 1～2 m 浇筑一次，随挖随支。护壁厚度一般为 0.15～0.20 m，混凝土强度等级为 C15～C20，必要时可配置少量的钢筋，也可采用下沉预制钢筋混凝土圆管护壁。如土质较松散而渗水量不大，可考虑用木料做框架式支撑或在木框架后面铺架木板做支撑。木框架或木框架与木板间应用扒钉钉牢，木板后面也应与土面塞紧。如土质情况尚好，渗水不大，也可用荆条、竹笆做护壁，随挖随护壁，以保证挖土安全进行。

(3) 排水。

孔内如渗水量不大，可采用人工排水(手摇木绞车或小卷扬机配合提升)；如渗水量较大，可用高扬程抽水机或将抽水机吊入孔内抽水。若同一墩台有几个桩孔同时施工，可以安排一孔超前开挖，使地下水集中在一孔排除。

(4) 吊装钢筋骨架及浇筑桩身混凝土。

挖孔达到设计深度后，应进行孔底处理。必须做到孔底表面无松渣、泥、沉淀土，以保证桩身混凝土与孔壁及孔底密贴，受力均匀。如地质复杂，应钎探了解孔底以下地质情况是否能满足设计要求，否则应与监理、设计单位研究处理。吊装钢筋骨架及浇筑水下混凝土的有关方法及注意事项与钻孔浇筑桩基本相同。

4.2.2　承台施工

1. 承台施工工艺

承台施工工艺的流程主要是：施工准备→基坑支护→基坑排水与开挖→凿除桩头→验槽、浇混凝土垫层→绑扎钢筋、支立模板→浇筑混凝土→养生→基坑回填→沉降观测。

(1) 施工准备。

①承台施工前应进行钻孔桩位置、高程等的复测，由监理工程师签认后，方可进行承台的施工。

②复核基坑中心线、方向、高程，按地质水文资料结合现场情况，决定开挖坡度和支挡方案。如承台埋深较大，可根据实际情况提高坡度，并制订支挡措施，做好地面防排水工作。

(2) 基坑支护

承台开挖必须要有可靠的基坑支护措施，并且有安全防护和降水措施。

(3) 基坑排水与开挖。

①基坑排水。

一般采用汇水井排水，在基坑内承台范围外低处挖汇水井，并在周围挖边沟，使其低于基坑底面 30～40 cm。汇水井井壁要加以支护，井底铺一层粗砂，抽水采用抽水机。抽水时需有专人负责汇水井的清理工作。当承台底面位于细砂土层时，可采用井点法降低地下水位，在基坑周围一定距离处打入或沉入井管，周围填以砂石作过滤层，上用黏土填封，地面上通过总管与抽吸设备相连。井点降水时应注意开始后不宜中途停止，否则易造成过滤管堵塞。

②基坑开挖。

常用挖掘机开挖，人工配合，并加强坑内的排水。挖掘时注意抽水，挖至距承台底设计高程约 30 cm 厚的最后一层土，采用人工挖除修整，以保证土结构不受破坏。

在开挖过程中根据拟定基坑支护措施，边开挖，边进行支护，并随时观察地下水和边坡情况，及时采取加固和应急措施。防止泡槽和边坡坍塌。

(4) 凿除桩头。

钻孔桩采用人工凿除桩头，先由人工将桩头上的钢筋凿出，并沿桩顶设计高程凿出一个槽子，再用风镐将桩头除去。凿除桩头后将破除杂物全部清除，对基坑底面进行平整。随即进行桩基检测，合格后方可进行下道工序施工。若不合格，应立即上报，及时采取措施处理。

(5) 验槽、浇混凝土垫层

检查桩顶高程和预留钢筋能否满足设计要求；检查基坑的开挖尺寸、基底高程是否符合要求，即验槽。根据控制桩定出承台垫层边线，并支立模板。基坑验收合格后，浇筑承台混凝土垫层。

(6) 绑扎钢筋、支立模板

①绑扎钢筋。钢筋加工应严格按照施工图纸和规范要求进行。特别注意预埋钢筋的位置及加固，防止浇筑混凝土时移位。底部设置的钢筋网在越过桩顶处不得截断。

承台钢筋绑扎时，应调整好其主筋与钻孔桩主筋的位置，在钢筋外侧绑扎与混凝土同级别的砂浆垫块，以确保保护层厚度满足要求。钢筋绑扎按顺序进行，从下而上，从内向外，逐根安装到位，避免混乱。若采用点焊固定时，不得烧伤主筋。安装成型的钢筋应做到整体性好，尺寸、位置、高程符合验收标准。同时还应避免混凝土施工过程中踩踏钢筋。

②支立模板。承台模板常采用竹胶板和定型钢模板两种形式。机械配合人工安装，并加固牢固。

(7) 浇筑混凝土。

混凝土采用搅拌站集中拌和，混凝土输送车运输，用滑槽、串筒送混凝土至灌筑部位。

为确保施工质量，采用斜向水平推进法或分层浇筑法施工。从承台一侧按等宽搭设滑槽，混凝土自由下落高度不得超过 2 m，保持水平分层，且分层厚度不超过 30 cm。

采用插入式振捣棒振捣，应插入下层混凝土 8 cm 左右，插入间隔小于其1.5倍作用半径，不得漏振和重振。每一层应边振动边逐渐提高振捣棒，并避免碰撞模板。

浇筑过程中，应设专人负责检查支架、模板及钢筋和墩柱预埋钢筋的稳定情况，发现问题，立即处理。

浇至设计高程后，振捣时观察到混凝土不再下沉，表面泛浆、水平、有光泽，即可缓慢抽出振捣棒，以防止混凝土内产生空洞。

(8) 养生。

混凝土浇筑完成后，对承台顶面进行修整。抹平定浆后，再一次收面压光(墩位处应拉毛)，表面用草袋覆盖，进行养护。

当混凝土达到拆模强度要求后方可拆模。

(9) 基坑回填。

承台施工完毕，模板拆除后，采用原土及时、对称、分部回填基坑，用冲击夯实机械进行分层夯实。

回填完成后，当基坑周围有钢板桩时，采用拔桩机将钢板桩拔出。为避免对周围土层产生扰动，应严格控制拔桩速度，严禁将土层带出，拔出一根立即用素土回填桩孔，夯实后再拔下一根钢板桩。

(10) 沉降观测。

承台施工完成后，设沉降观测点观测承台的初始高程，然后随着施工进程观测不同施工阶段、不同加载条件下承台的沉降情况，并做好详细记录。

2. 钢板桩围堰施工

钢围堰主要有钢套箱围堰、钢管桩围堰、钢板桩围堰等。钢套箱围堰主要用于深水基础施工，防水效果比较好，但其施工周期较长。钢管桩围堰的自身强度较大，可以节省围堰内支撑，但其防水性能较差，合龙对接不易，施工难度大，完工后钢管桩不容易拔除。而钢板桩围堰的防水效果好，施工简单，拔桩容易，施工周期短。

下面介绍某桥钢板桩围堰的施工方法。

钢板桩为拉森Ⅳ型，单根长度 12 m，采用长度为 24 m，双根拼接。围堰为圆形。

（1）钢板桩整理、接长。

首先钢板桩在加工场内整理、校正、接长，使其截面尺寸和垂直度满足要求。由于该桥钢板桩定尺为 12 m，接长时，除断面全焊接外，按等强度原则贴焊钢板进行加强。

（2）钢板桩插打。

钢板桩插打之前，首先插打围堰定位框 I40a，使其分布于钢板桩围堰内侧，然后于定位桩外围焊接导围框，保证钢板桩围堰的平面位置和垂直度。

施工注意事项如下。

①导向桩打好之后，以槽钢焊接牢固，确保导向桩不晃动，以便打桩时提高精确度。

②板桩插打，钢板桩起吊后人力将桩插入锁口，动作缓慢，防止损坏锁口，插入后可稍松吊绳，使桩凭自重滑入。

③钢板桩振动插打到设计高程以上 40 cm 时，小心施工，防止超深发生。

④封口时，精确计算异形钢板桩的尺寸，确保止水质量。

（3）围堰抽水与支撑。

钢板桩围堰封闭后进行抽水，抽水过程中应严格控制抽水速度和抽水高度，并在围堰顶端设置一道安全支撑。

当抽水达到预定的深度后，应及时加支撑防护。钢板桩全部牢固焊接到导向槽钢上。内部利用型钢做成骨架进行支撑，以保证安全，考虑到有 1.5 m 厚封底混凝土，故内部支撑共分 4 层，以确保钢板桩围堰的稳定性。两端采用双拼 I36 工字钢做成斜撑。

(4) 清淤。

在抽水及进行内部支撑的过程中用泥浆泵配合高压射水将围堰内的淤泥清除，清除过程中同时使用抽水机对围堰内进行清淤补水，保证内外水头差不大于50 cm，以保证围堰安全。

清淤时及时测量坑底高程，如达到设计底高程，停止高压射水。如果抽水后发现清淤不到位，用人工清除剩余淤泥。

(5) 混凝土封底浇筑。

采用水下封底钢板桩可能无法拔出，所以先抽水、支撑，后封底。当清淤达到要求后，即可按常规进行干封底施工。封底时在钢板桩围堰内侧支模，封底混凝土强度等级采用C20，厚度计算校核后方可实施。

(6) 防渗与堵漏。

钢板桩打入之前一般应在锁口内涂以黄油、锯末等混合物。当锁口不紧密漏水时，用棉絮等在内侧嵌塞，外侧包裹一层防水彩条布，起到防水和减小水压力的双重效果。抽水时同时在外侧水中漏缝处撒大量木屑或谷糠和炉渣的混合物，使其由水夹带至漏水处自行堵塞。在桩脚漏水处，采用局部混凝土封底等措施。若漏水严重，堵漏困难，在钢板桩外侧补打木桩围堰，木桩围堰内侧铺设彩条布，在彩条布与钢板桩围堰间填筑黏土进行封堵。

4.3　桥梁墩台施工

墩台施工在桥梁施工中占有重要的比例，因其伴有高空作业，所用材料和设备较多，有时会成为控制工期的关键工程。

桥梁墩台施工方法有两大类：一类是就地浇筑混凝土墩台和砌石墩台(或混凝土块墩台)，该方法工序简便，机具较少，技术操作难度较小，但是施工期限较长，需耗费较多的人力物力；另一类是预制杆件拼装式墩台。

混凝土浇筑墩台应用最广泛。

随着施工机械(如起重机械、混凝土泵送机械及运输机械)的发展，采用预制装配构件建造桥梁墩台的施工方法有新的进展。其特点是不仅可以保证施工质量，减轻工人劳动强度，又可加快工程进度，提高工程效益，对施工场地狭窄，尤其对缺少砂石地区或干旱缺水地区等有重要意义。

4.3.1　混凝土墩台施工

就地浇筑的混凝土墩台施工有两个主要工序：制作与安装墩台模板；浇筑混

凝土。

1. 墩台模板

模板一般用木材、钢料或其他符合设计要求的材料制成。木模重量轻，便于加工成结构物所需要的尺寸和形状，但装拆时易损坏，重复使用次数少。对于大量或定形的混凝土结构物，则多采用钢模板。钢模板造价较高，但可重复多次使用，且拼装拆卸方便。

常用的模板类型有固定式模板、拼装式模板、组合式定型钢模板、整体吊装模板及滑升模板等。

(1) 固定式模板。

固定式模板也称零拼模板，它是采用预先在场地制备好的模板构件，到工地就地安装而成的。模板由紧贴混凝土的面板(壳板)、支承面板的肋木、立柱、拉杆、铁件等组成。

固定式模板安装时，先拼骨架，后钉壳板。

具体做法是先将立柱安装在承台顶部的枕梁(底肋木)上，肋木固定在立柱上，在立柱两端用钢拉条拉紧并加强连接(可临时加横撑和斜撑)，形成骨架。若桥墩较高，应加设斜撑、横撑和抗风拉索等。

模板骨架拼成后，即可将面板钉在肋木上。为防止面板翘曲，每块面板宽度最好不超过 200 mm，厚度为 30～50 mm。与混凝土接触的面板，一般应刨光，拼缝应严密不漏浆，可用搭口缝、企口缝等。目前多在模板表面铺塑料薄膜，钉胶合板或薄铁皮等。

(2) 拼装式模板。

拼装式模板是将墩台表面划分成若干尺寸相同的板块，按板块尺寸预先将模板制成板扇，然后由各种尺寸的板扇利用销钉连接并与拉杆、加劲构件等组成墩台所要求的模板。拼装模板适宜在高大桥墩或同类型墩台较多时使用，其特点是当混凝土达到拆模强度后，可整块拆下，直接或略加修整后即可重复周转使用。

拼装式模板在划分板块时，应尽量使板扇尺寸相同，以减少板扇类型。板扇高度可与墩台分节浇筑的高度相同，为 3～6 m，宽可为 1～2 m，可依墩台尺寸与起吊条件而定，务必使立模方便、施工安全。

(3) 组合式定型钢模板。

组合式定型钢模板是桥梁施工中常用的模板之一。铁路、公路施工部门均

颁布过组合钢模板技术规则，为桥梁墩台的施工中应用组合钢模板提供了技术依据。还可以按照常见的墩台形式按一定模数设计制造组合钢模板。组合式定型钢模板可以进行常规尺寸的拼装，具有强度高、刚度大、拆装方便、通用性强、周转次数多、能大量节约材料等优点。在实际使用中，组合钢模板可预拼成大的板块后安装使用，这样可提高安装模板的速度。

(4) 整体吊装模板。

整体吊装模板是将墩台模板沿高度水平分成若干节，每一节的模板预先组装成一个整体，在地面拼装后吊装就位。节段高度可视墩台尺寸、模板数量、起吊能力及浇筑混凝土的能力而定，一般为3～5 m。模板安装完后在浇筑第一层混凝土时，应在墩、台身内预埋支承螺栓，以支承第二层模板和安装脚手架。

图4.3为整体吊装模板，图中的钢框架由型钢或万能杆件组成，间距0.8～1.0 m，上下节模板可利用型钢上的孔眼用螺栓连接。圆形模板在外侧用铁箍扣牢，内部则应增加临时撑杆加固，以防止模板变形。

吊装模板的优点为：大大缩短工期，浇筑完下节混凝土后，即可将已拼装好的上节模板整体吊装就位，继续浇筑而不留工作缝；模板拼装可在地面进行，有利于施工安全；利用模板外框架作简易脚手架，无须另搭施工脚手架；模板刚性大，可少设或不设拉筋；结构简单，装拆方便。

吊装模板缺点是起吊重量较大。

整体吊装模板常用钢板和型钢加工而成。

模板安装前应对模板尺寸进行检查；安装时要坚实牢固，以免振捣混凝土时引起跑模漏浆；安装位置要符合结构设计要求。

(5) 滑升模板。

滑升模板的工作原理是以预先竖立在建筑物内的圆钢杆为支承，利用千斤顶沿着圆钢杆爬升的力量将安装在提升架上的竖向设置的模板逐渐向上滑升，其动作犹如体育锻炼中的爬竿运动。这种模板是相对设置的，模板与模板之间形成墙槽或柱槽。当灌筑混凝土时，两侧模板就借助于千斤顶的动力向上滑升，使混凝土在凝结过程中徐徐脱去模板。

滑升模板施工是在地面上沿建筑物的墙等的周边组装高1.1 m左右的模板，随着向模板内不断地分层浇筑混凝土，用液压千斤顶沿支承杆不断地向上滑升模板，直至达到需要的高度。在模板滑升过程中模板最好不要调整，否则就要停滑后调整模板，影响滑升速度。

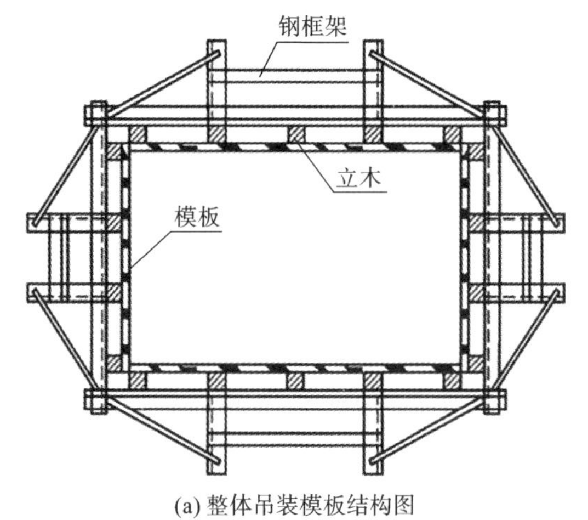

(a) 整体吊装模板结构图

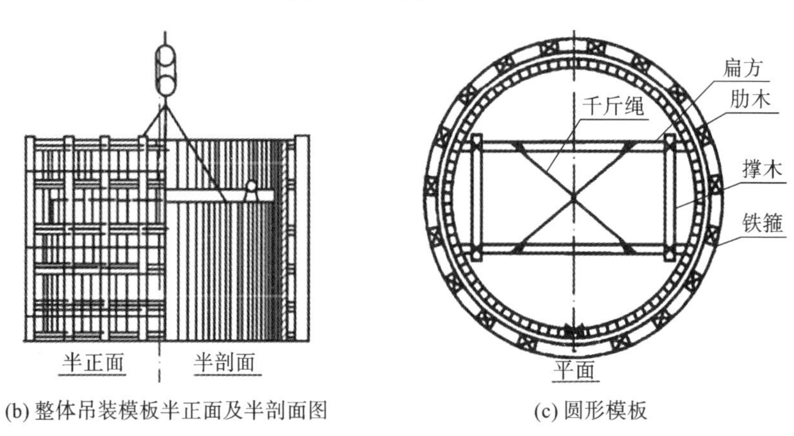

(b) 整体吊装模板半正面及半剖面图　　(c) 圆形模板

图 4.3　整体吊装模板

2. 混凝土浇筑施工要点

浇筑混凝土时，应经常检查模板、钢筋及预埋件的位置和保护层的尺寸，确保位置正确，不发生变形。混凝土施工中，应切实保证混凝土的配合比、水灰比和坍落度等技术性能指标满足规范要求。

(1) 混凝土的运输。

混凝土的水平和垂直运输应相互配合，如混凝土的数量大，浇筑振捣速度快，可采用混凝土输送泵。

(2) 混凝土的浇筑速度。

为保证浇筑质量，混凝土的配制、运送及浇筑的速度需满足式(4.1)的要求。

$$v \geqslant Sh/t \tag{4.1}$$

式中：v 为混凝土配料、输送及浇筑容许的最小速度（m^3/h）；S 为浇筑的面积（m^2）；h 为浇筑层的厚度（m）；t 为所用水泥的初凝时间（h）。

如混凝土的配制、运送及浇筑需较长时间，则采用式(4.2)计算。

$$v \geqslant Sh/(t - t_0) \tag{4.2}$$

式中：t_0 为混凝土的配制、运送及浇筑所消耗的时间（h）。其余符号意义同式(4.1)。

混凝土灌筑层的厚度 h，可根据使用捣固方法，按规定数值采用。

(3) 混凝土浇筑。

为防止墩台基础第一层混凝土中的水分被基底吸收或基底水分渗入混凝土，对墩台基底处理除应符合天然地基的有关规定外，一般在基础顶面浇筑一层 5～10 cm 厚的 C15 混凝土垫层，并使之湿润。

墩台身混凝土施工前，应将基础顶面冲洗干净，凿除表面浮浆，整修连接钢筋。

墩台身钢筋的绑扎应和混凝土的浇筑配合进行。在配置第一层垂直钢筋时，应有不同的长度，同一断面的钢筋接头应符合施工规范的规定，水平钢筋的接头，也应内外、上下互相错开。钢筋保护层的净厚度，应符合设计要求。墩台身混凝土宜一次连续浇筑，否则应按桥涵施工规范的要求处理好连接缝。墩台身混凝土未达到终凝前，不得泡水。

3. 墩身施工

桥墩施工工艺流程如图 4.4 所示。

(1) 承台顶面清理和测量放样。

将承台顶面冲洗干净，凿除混凝土结合面表面浮浆，整修连接钢筋。再测量放样。

(2) 钢筋绑扎。

钢筋在加工场地集中加工，现场人工绑扎成型。钢筋骨架外侧绑扎同级混凝土垫块，满足钢筋保护层要求。

钢筋接头所在截面按规范要求错开布置。经自检及监理工程师检验合格后，方可进行下道工序施工。

(3) 模板安装。

应严格控制模板加工质量，做到表面平整，尺寸偏差符合设计要求，具有足

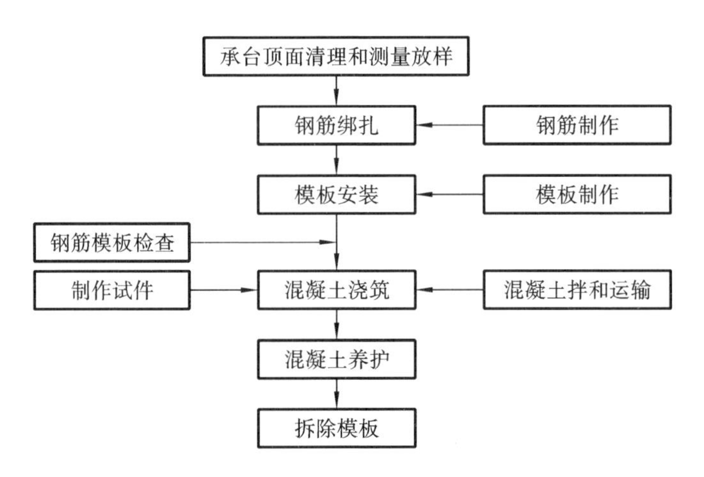

图 4.4　墩身施工流程图

够的强度、刚度、稳定性，拆装方便，接缝采用楔口缝确保严密不漏浆。

模板拼装前，先将表面用磨光机打磨平，清扫干净，涂刷脱模剂。模板安装好后，检查其位置、尺寸、高程符合要求后进行加固，保证模板在浇筑混凝土过程中受力后不变形、无移位。模板内干净无杂物，拼装平整严密，支架结构立面、平面均安装牢固，支架立柱在两个互相垂直的方向加以固定，支架支承部分应安置于稳固地基上。

钢筋骨架应绑扎、焊接牢固，保证在浇筑混凝土过程中不发生任何松动。检查模板的位置和尺寸，确保其位置正确且不发生变形。

(4) 混凝土浇筑。

浇筑前，对支架、模板、钢筋及预埋件进行检查。混凝土集中拌制，混凝土搅拌车运至现场，泵送或吊车料斗入模。

混凝土浇筑过程中应检查模板、支架等工作情况，出现变形、移位或沉陷，立即校正、加固，处理好后继续浇筑。随时检查预埋螺栓、预留支座锚栓孔及其他预埋件的位置是否移位，发现移位及时校正。

(5) 混凝土养护。

混凝土浇筑完毕后，及时抽拔或转动预留孔的模芯，墩身周围、顶部分别采用塑料薄膜、土工布或麻袋遮盖、覆盖，并洒水养护。确保混凝土按照规范要求进行潮湿养护，时间应满足规范要求。

(6) 拆除模板。

混凝土达到拆模强度要求后方可拆模。拆模后仍按规定要求继续养护，直

至达到要求。

4. 墩台顶帽施工

墩台顶帽位置、高程及垫石表面平整度等，均应符合设计要求，以避免桥跨结构安装困难；或使顶帽、垫石等出现裂缝，影响墩台的使用功能与耐久性。墩台支承垫石和墩顶预埋件位置应严格控制。墩台顶帽与支承垫石一般分开浇筑，浇筑支承垫石混凝土时，注意预留孔的位置。顶帽排水坡在混凝土初凝前应人工抹平压光，之后进行覆盖洒水养护。

墩台顶帽施工的主要工序如下。

(1) 墩台顶帽放样。

墩台混凝土(或砌石)浇筑至离墩台顶帽 30～50 cm 高度时，即需测出墩台纵横中心线，并开始竖立墩、台帽模板，安装锚栓孔或安装支座垫板、绑扎钢筋等。墩台顶帽放样时，应反复核实，以确保墩台顶帽中心、支座垫石等位置与水平高程等不出差错。

(2) 墩台顶帽模板。

墩台顶帽是支撑上部结构的重要部分，其尺寸和水平高程的准确度要求较严，浇筑混凝土应从墩台顶帽下 30～50 cm 处至墩台顶帽顶面一次浇筑，以保证墩台顶帽底有足够厚度的紧密混凝土。

图 4.5 为混凝土桥墩墩帽模板，墩帽模板下面的一根拉杆可利用墩帽下层的分布钢筋，以节省铁件。桥台顶帽背墙模板应特别注意纵向支撑或拉条的刚度，防止浇筑混凝土时发生鼓肚，侵占梁端空间。

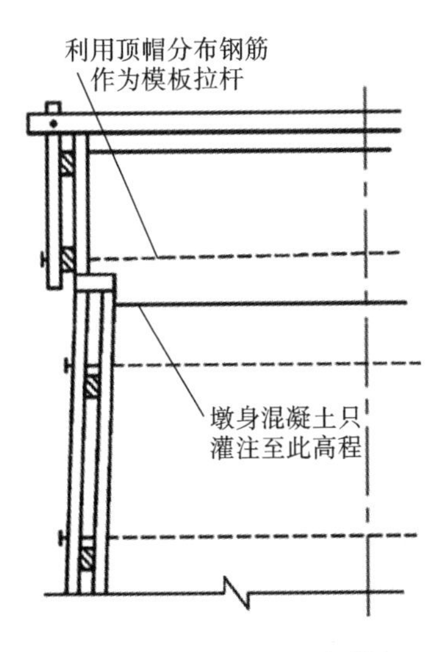

图 4.5　混凝土桥墩墩帽模板

(3) 钢筋和支座垫板的安设。

墩台顶帽钢筋绑扎应遵循有关规定。支座垫板的安设一般采用预埋支座垫板和预留锚栓孔的方法。前者须在绑扎墩台顶帽和支座垫石钢筋时，将焊有锚固钢筋的钢垫板安设在支座的准确位置上，即将锚固钢筋和墩台顶帽骨架钢筋焊接固定，同时，用木架将钢垫板固定在墩台顶帽上，此法在施工时垫板位置不易准确，应经常校正；后者须在安装墩台顶帽模板时，安装好预留孔模板，在绑扎钢筋时注意将锚栓孔位置留出，此法安装支座施工方便，支座垫板位置准确。

4.3.2 高桥墩施工

桥梁通过深沟宽谷或大型水库时采用高桥墩，能使桥梁更为经济合理，不仅可以缩短路线，节省造价，而且可以提高营运效益，减少日常维护工作。高桥墩可分为实体墩、空心墩与刚架墩。较高的桥墩一般采用空心墩。

高桥墩的特点：墩高、圬工数量多，而工作面积小，施工条件差，因此需要有独特的高墩施工工艺。

1. 高桥墩模板施工

高桥墩的施工设备与一般桥墩虽大体相同，但其模板却另有特色，一般有滑升模板、翻板式模板、爬升模板等。这些模板都是依附于已浇筑的混凝土墩壁上，随着墩身的逐步加高而向上升高。

(1) 滑升模板施工。

滑升模板是用一节模板，连同工作脚手架以整体形式安装在基础顶面，依靠自身的支承和提升系统，在浇筑混凝土的同时，模板也慢慢向上滑升，这样可连续不断地浇筑混凝土。

滑升模板由一节模板(约 1.2 m)、配套钢结构平台吊架、支撑圆钢、多台液压穿心式千斤顶和提升设备组成。

滑升模板适用于较高的墩台和悬索桥、斜拉桥的索塔施工。

施工时充分利用混凝土初期(4～8 h)强度，脱模后在混凝土保持自立而不发生塑性变形的情况下使滑模得以连续滑升。

滑模的连续滑升能加快施工进度、缩短工期、节省劳力，从而可以取得较好的效果。但滑模在混凝土强度还较低的情况下脱模，因而使混凝土表面出现变形或环向沟缝，有时会因水平力的作用使得滑模产生旋转。滑模在动态下浇筑混凝土，提升操作频繁，因而对中线的水平控制要求严格，施工中稍有不当就会发生中线水平偏差。由于滑模脱模快，对混凝土防冻十分不利，一般不适宜冬季施工。

①滑升模板的构造。

模板挂在工作平台的围圈上，沿着所施工的混凝土结构截面的周边组拼装配，并随着混凝土的浇筑由千斤顶带动向上滑升。由于桥墩和提升工具的类型不同，滑升模板构造也稍有差异，但其主要部件与功能则大致相同。一般可分为

顶架、辐射梁与内外围圈、内外支架、内外模板、工作平台及吊篮等。

a. 顶架。

顶架的作用是将模板重量及施工临时荷载传递到千斤顶上，并用以固定内外模板。顶架轮廓尺寸应由墩壁厚度、坡度、提升千斤顶类型等因素决定。千斤顶一般多固定在下横梁上。带有坡度的桥墩，顶架应设计成能在辐射梁上滑动的结构。

b. 辐射梁与内外围圈。

辐射梁为滑动模板的平面骨架，从滑模中心向四周辐射，与顶架或支架组合起来承受荷载，又作为施工操作平台。内外围圈用来固定辐射梁两端的相对位置。

c. 内外支架。

支架一般固定在辐射梁上，用调模螺栓来移动模板，模板上端则吊在辐射梁上移动，也可设计成能在辐射梁上用调径螺栓来移动的支架。

d. 内外模板。

滑动模板用 2～3 mm 钢板制作，高度一般为 1.1～1.5 m，每块内模宽约 0.5 m，外模宽约 0.6 m，以适应不同尺寸的桥墩。收坡桥墩模板分固定模板与活动模板。

e. 工作平台及吊篮。

工作平台是供施工人员操作、存放小工具及混凝土分配盘用，即在辐射梁上安设钢制或木制盖板。吊篮设在顶架或支架下面，供调节收坡螺丝杆、修补混凝土表面及养护等，宽度为 0.6～0.8 m。

②滑升模板提升设备。

滑升模板提升设备主要有提升千斤顶、液压控制装置及支承顶杆等。

提升千斤顶常用的有螺丝杆千斤顶和液压千斤顶。液压控制装置用来控制液压千斤顶提升和下降的机械。支承顶杆一端埋置于墩、台结构的混凝土中，一端穿过千斤顶心孔，承受滑模及施工过程中平台上的全部荷载。

③井架。

混凝土的垂直运输多采用井架提升混凝土，或者以井架为杆，另安装扒杆来吊送混凝土。井架可用型钢或万能杆件组装。

④滑模浇筑混凝土施工要点。

a. 滑模就地组装。

滑模组装完毕后，必须按设计要求及组装质量标准进行全面检查，并及时纠正偏差。

b. 浇筑混凝土。

滑模施工要求混凝土早强,所以宜浇筑低流动性或半干硬性混凝土,以便及早脱模,加快提升速度;浇筑时应分层分段对称地进行,分层厚度以20～30 cm为宜,并及时进行捣固。不得漏捣或重捣,不得碰顶杆、钢筋或模板;脱模时,混凝土应达到拆模强度,为缩短脱模时间,可根据气温掺用速凝剂,以便使混凝土早强;脱模后,立即对混凝土表面的缺陷进行修饰。

浇筑后混凝土表面距模板上缘距离不小于10 cm。脱模后8 h左右开始养护,用吊在下吊架上的环绕墩身的带小孔的水管来进行养护。养护水管一般以设在距模板下缘1.8～2.0 m处。

c. 提升与收坡。

整个桥墩灌筑过程可分为初次滑升、正常滑升和最后滑升3个阶段。

从开始浇筑混凝土到模板首次试升为初次滑升阶段,初灌混凝土的高度一般为50～70 cm,分3次浇筑,在底层混凝土强度达到0.2～0.4 MPa时即可试升。将所有千斤顶同时缓慢起升3～5 cm,以观察底层混凝土的凝固情况。检查提升设备和模板各部分是否正常工作,发现问题及时处理,还应检查脱模混凝土强度增长是否正常。认为符合要求时,方可进入正常滑升阶段。

现场鉴定可用手指按刚脱模的混凝土表面,基本按不动,但留有指痕,砂浆不沾手,用指甲划过有痕,滑升时能听到“沙沙”摩擦声,这些表明混凝土已具有必要的脱模强度,可以再缓慢提升20 cm左右。

初升后,经全面检查设备,即可进入正常滑升阶段。即每浇筑一层混凝土,滑模提升一次,每次浇筑的厚度与每次提升的高度基本一致。

在正常气温条件下,提升时间不宜超过1 h。最后滑升阶段是混凝土已经浇筑到需要高度,不再继续浇筑,但模板尚需继续滑升的阶段。灌注完最后一层混凝土后,每隔1～2 h将模板提升5～10 cm,滑动2～3次后即可避免混凝土与模板黏合。滑模提升时应做到垂直、均衡一致,顶架间高差不大于20 mm,顶架横梁水平高差不大于5 mm。

随着模板提升,应转动收坡丝杆,调整墩壁曲面的半径,使之符合设计要求的收坡坡度。

d. 接长顶杆、绑扎钢筋。

模板每提升至一定高度后,就需要穿插进行接长顶杆、绑扎钢筋等工作。为不影响提升的时间,钢筋接头均应事先配好,并注意将接头错开。对预埋件及预

埋的接头钢筋，滑模抽离后，要及时清理，不使之外露。

e. 混凝土停工后的处理。

在整个施工过程中，工序的改变，或发生意外事故，会使混凝土的浇筑工作停止较长时间，即需要进行停工处理。例如，每隔 0.5 h 左右稍微提升模板一次，以免黏结；停工时在混凝土表面要插入短钢筋等，以加强新老混凝土的黏结；复工时按施工缝处理规定办。

(2) 翻板式模板施工。

翻板式模板由滑模演变而来(滑模在桥梁高墩施工中存在顶杆回收率低、设备重量大、投资多等缺陷)，将翻板式模板技术引入后，经实际使用，效果良好。翻板式模板由上、中、下三节模板组成，随着混凝土的连续浇筑，下层混凝土达到拆模强度后，由下向上将模板拆除，连续支立，如此循环往复，完成桥墩的浇筑施工。翻板式模板施工技术适用于圆形、矩形等各种截面形式的高墩施工。

翻板式模板施工的特点是一般配置多节模板(2 节或 3 节)组成一个基本单元，每节为 1.5～3 m。当浇筑完上节模板的混凝土时，将最下节模板拆除翻上来，拼装成即将浇筑部分混凝土的模板。以此类推，循环施工。翻板式模板施工根据模板翻升的工艺不同又可分为滑升翻模和提升翻模等。

①滑升翻模。

滑升翻模近年来在一些高桥墩和斜拉桥、悬索桥的索塔施工中使用较多。此种模板既保留了滑模的优点，又克服了滑模的缺陷，主要用于不变坡的方形高墩和索塔。

滑升翻模是在塔柱的一个大面模板的背面上设置竖向轨道，轨距 2 m，作为竖向桁架的爬升轨道。竖向桁架滑升带动水平桁架摇头扒杆及作业平台整体上升。桁架由万能杆件组拼，竖向桁架作为起重扒杆的中心立柱，与摇头扒杆共同受力。

一个配 3 节模板的滑升翻模的施工程序如下。

a. 浇筑完两节混凝土并安装桁架及起重设备。

b. 用起重设备安装第 3 节模板并浇筑混凝土。

c. 混凝土强度达到 10～15 MPa 后，安装提升桁架设备，并将桁架及起重设备滑升 1 层高度(2.5 m)。

d. 把竖向桁架固定在第 2、3 节模板背面的竖向轨道上，锁定后即可拆除第 1 节模板。

e. 用扒杆起吊安装第 4 节模板。

至此，便完成了一个滑升翻模的施工循环。

滑升翻模兼有滑升模板施工与普通模板施工的优点，既像滑升模板那样有提升平台和模板提升系统，又像普通模板那样分节分段进行安装定位，可根据模板的安装能力制订模板的分块尺寸。

②提升翻模。

对于变坡的或者弧形截面的塔墩，用提升翻模可能更为方便。

提升翻模的特点是模板没有滑升架，模板也可由大板改成小块模板，以适应墩身变坡和随着墩高变化而引起的直径曲率变化。模板和物料的提升依靠其他起重运输机械协同工作，如缆索吊车、塔吊等。

(3) 爬升模板施工。

滑升模板存在一定的局限性，如墩、台施工必须昼夜进行，需要劳动力较多，混凝土表面及内部质量不稳定，支承杆件用钢量大，滑升高度受到限制，施工精度较低等。20 世纪 70 年代初出现了一种新型模板体系——爬升模板，特别适宜于空心高桥墩的施工。此种模板具有设备投资较省、节约劳动力、降低劳动强度、适用范围较广和易于保证质量等优点。

①工艺原理。

以空心墩已凝固的混凝土墩壁为承力载体，以上下爬架及液压顶升油缸为爬升设备主体，通过油缸活塞与缸体间一个固定、一个上升，上下爬架间一个固定、一个做相对运动，从而到达上爬架和外套架，下爬架和内套架交替爬升，最后形成爬模结构整体的上升。

②爬模施工工艺流程。

a. 爬模组装。可在地面拼装成几组大件，利用辅助起重设备在基础上进行组拼，也可将单构件在基础上拼装。

b. 爬升工艺。配置两层大模板或组合钢模，一个循环施工一节模板。当上一节模板灌筑完毕，经过 10 h 左右养护，便可开始爬升，爬升就位后拆除下一节模板，同时进行钢筋绑扎，并把拆下的模板立在上节模板之上，再进行混凝土灌筑、养护、爬模爬升等工序。按此循环，两节模板连续倒用，直到浇筑完整个墩身。

c. 墩帽施工。当网架工作平台的上平面高于墩顶 30 cm 时停止爬升。在墩壁的适当位置预埋连接螺栓，将墩壁内模拆除，并把 L 形外挂支架顶部杆件连接在预埋螺栓上，以此搭设墩帽外模板。将内爬井架的外套架的一节杆件嵌入桥墩帽，并利用空心墩顶端内爬井架结构以及墩壁预埋螺栓支设墩顶实心段

的底模，仍用爬模本身的塔吊完成墩顶实心段和墩帽的施工。

d. 爬模拆卸。拆除爬架、爬模要由专人进行，设专人指挥，严格按照规定的拆除程序进行。进行拆模架的工作时，附近和下面应设安全警戒线，并派专人把守，以防物件坠落伤人。堆放模架的场地，应在事前平整夯实，并比周围垫高 150 mm，防止积水，堆放前应铺通长垫木。

2. Y 形墩的施工

V 形、X 形及 Y 形桥墩具有外形美观匀称，能与桥址处山水环境相映衬，给人们增添美的享受等优点；同时，其结构新颖轻巧，可以增大主跨的跨度，提高桥梁整体刚度，因此得到了广泛的应用。这类桥墩施工的主要特点表现在墩顶的 V 形部分，并且其施工方法与桥梁结构体系有密切关系。

下面以某桥 Y 形墩刚构连续梁组合体系主墩为例说明 Y 形墩施工要点。

Y 形墩类桥梁属刚架桥体系，其施工方法除具有连续梁的施工特点外，还有着本身结构的施工特点。Y 形墩结构的施工方法与斜腿刚构相类似，它由 2 个斜腿和其顶部的主梁组成倒三角形结构。Y 形墩可做成劲性混凝土或劲性预应力混凝土结构。

根据该类型桥梁的结构特点，可将 Y 墩分为 Y 墩下直线段、斜腿及斜腿间的主梁三部分，分别施工。

①浇筑 Y 墩下直线段混凝土，并将第一节劲性骨架一起安装于斜腿位置。

②安装平衡架、角钢拉杆及后续节劲性骨架。

③分段对称浇筑斜腿部分混凝土。

④张拉斜腿间临时预应力拉杆，拆除角钢拉杆及部分平衡架构件。

⑤拼装 Y 形腿间膺架，浇筑主梁 0 号节段混凝土，张拉斜腿及主梁钢束，最后拆除临时预应力拉杆与墩旁膺架，使其形成 Y 形墩结构。

斜腿内采用劲性骨架和在斜腿间顶部采用临时预应力拉杆的作用：其一是吊挂斜腿模板及承受其他施工荷载；其二是在结构中替代部分主筋和箍筋；第三是可减小施工时的斜腿截面内力。

为保证施工中结构自身的稳定和刚度，将两侧劲性骨架用角钢拉杆联结在平衡架上。施工中应十分重视斜腿混凝土的浇筑与振捣，以确保其质量。两斜腿间主梁的施工，是在墩旁膺架上分三段浇筑，其大部分重力由膺架承受并传至承台上，只有在 Y 形墩顶主梁合龙时，合龙段有部分重量由斜腿承受。

第5章　桥梁上部结构施工

5.1　预应力混凝土简支梁桥施工

5.1.1　混凝土简支梁桥的制造

1. 模板和支架工作

模板是用于浇筑混凝土、形成结构形状和尺寸的临时性板件，而支架是用于现浇施工过程中支承梁体重力的临时性结构。模板和支架不仅控制梁体尺寸精度，影响施工进度和混凝土浇筑质量，还影响施工安全。因此模板和支架应满足以下要求：①具有足够的强度、刚度和稳定性，能可靠地承受施工过程中可能产生的各种荷载；②可保证被浇筑结构的设计形状、尺寸及各部分相对位置的准确性；③构造和制作力求简单，装拆既要方便，又要尽量减少对构件的损伤，以提高装、拆、运的速度和增加周转使用的次数。

(1) 模板。

按制作材料划分，桥梁施工常用的模板有木模板、钢木结合模板、钢模板。按模板的装拆方法划分，有零拼式模板、分片装拆式模板、整体装拆式模板等。

木模板通常采用零拼式或分片装拆式，其周转使用率不高，耗费木材，不宜大量采用。如果将零拼的木板用埋头螺栓连接在型钢支架上，在木板上再钉一层薄铁皮，就形成钢木结合模板，这种模板可节约木材，降低成本，而且具有较大的刚度和紧密稳固性，可用于对外观要求不太高的混凝土结构。

为保证混凝土造型和外观质量，分片装拆式和整体装拆式钢模板的应用越来越普遍。图5.1所示为一种分片装拆式钢模板的结构。侧模由厚度一般为4～8 mm的钢板，角钢做成的水平肋和竖向肋，支托竖向肋的支撑、斜撑，固定侧模用的顶横杆和底部拉杆以及安装在钢板上的振捣架等构成。底模通常用12～16 mm的钢板制成，通过垫木支承在底部钢横梁上。在拼装钢模板时，所有

紧贴混凝土的接缝内都使用了止浆垫,使接缝密闭不漏浆,止浆垫一般采用柔软、耐用和弹性大的 5～8 mm 橡胶板或厚 10 mm 左右的泡沫塑料。

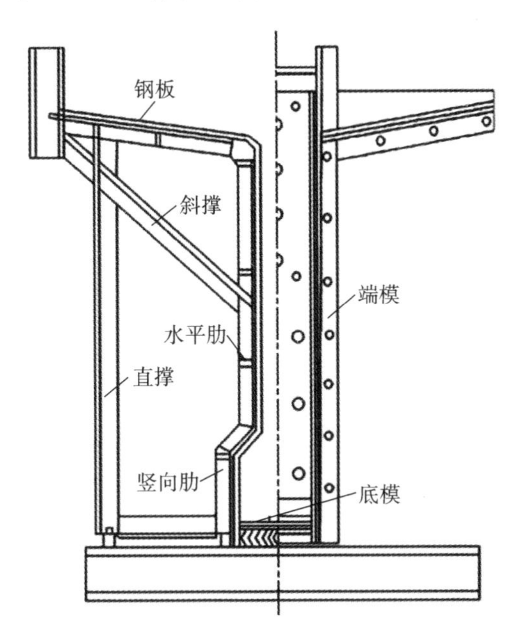

图 5.1　分片装拆式钢模板结构

在较大跨度的整孔箱梁预制中,为提高生产效率、保证混凝土浇筑质量和减轻劳动强度,开始采用整体装拆式液压钢模板系统。箱梁的内外模板采用折臂伸缩技术,拆、装及定位采用液压技术,内模板可在底模上自动走行。

在模板就位前,应在模板内面涂刷脱模剂,拆模后应及时进行清理。

(2) 临时支架。

就地浇筑梁桥时,需要在梁下搭设临时支架来支承模板、浇筑的结构重力以及其他施工荷载。对于装配式的桥梁施工,有时也需要搭设简易支架或支墩作为吊装过程中的临时支承结构。

临时支架可采用木结构,也可采用工具式钢结构拼装,如贝雷梁、万能杆件、工具式钢管脚手架等。

2. 钢筋工作

(1) 钢筋整备。

首先应对进场的钢筋通过抽样试验进行质量鉴定,合格的才能使用。抽样试验主要作抗拉极限强度、屈服点和冷弯试验。钢筋工作的特点是加工工序多,包括钢筋整直除锈、下料切断、弯制、焊接或绑扎成型等。

根据钢筋直径的大小,钢筋整直可采用不同的方法。对于直径在 10 mm 以上的钢筋一般用锤打整直,对于直径不到 10 mm 的钢筋,常用电动铰车或钢筋调直机通过冷拉整直(伸长率不大于 1%),这样还能提高钢筋的强度和清除铁锈。

经整直的钢筋可借用钢筋冷拉和钢丝调直过程除锈,或采用机械方法(钢丝刷或喷砂枪喷砂)进行除锈。钢筋经整直、除锈后,即可按图纸要求进行画线下料工作。

为了使成型的钢筋比较精确地符合设计要求,在下料前应计算图纸上所标明的折线尺寸与弯折处实际弧线尺寸的差值,同时还应计算钢筋在冷弯折过程中的伸长量。

(2) 钢筋弯制和接头。

下料后钢筋可在工作平台上用手工或电动弯筋器按规定的弯曲半径弯制成型,钢筋的两端亦应按图纸弯成所需的标准弯钩。如钢筋图未对弯曲半径作规定时,则宜以钢筋直径的 15 倍为半径进行弯制。对于较长的钢筋,最好在接长以后再弯制,这样较易控制尺寸。

钢筋的主要连接方法有搭接法、闪光接触对焊、电弧焊(如搭接焊、帮条焊、坡口焊、熔槽焊等)、电渣压力焊、气压对焊、套管法等。搭接法现较少采用,焊接接头的传力性能较好,且省钢料,应用较多。除焊接外,还可采用机械连接方式,如套筒挤压、锥螺纹、镦粗或滚轧直螺纹套管接头等。

钢筋接头在构件截面内应尽量错开布置,且受拉主钢筋的接头截面积不得超过受力钢筋总截面积的 50%。装配式构件连接处受力钢筋的焊接头可不受此限制。

(3) 钢筋骨架的成型。

装配式 T 梁的焊接钢筋骨架应在坚固的焊接工作台上进行。骨架的焊接一般采用电弧焊,先焊成单片平面骨架,再将它组拼成立体骨架。组拼后的骨架需有足够的刚性,焊缝需有足够的强度,以便在搬运、安装和浇筑混凝土的过程中不致变形、松散。

实践表明,装配式简支梁焊接钢筋骨架焊接后在骨架平面内还会发生两端上翘的焊接变形。为此,尚应结合骨架在安装时可能产生的挠度,事先将骨架拼成具有一定的预拱度,再行施焊。

对于绑扎钢筋的安装,应事先拟订安装顺序。对梁肋内钢筋,一般先放箍

筋，再装下排主筋，最后装上排钢筋。在钢筋安装工作中，为了保证达到设计及构造要求，应注意下列几点。

①钢筋的接头应按规定要求错开布置。

②钢筋的交叉点应用铁丝绑扎结实，必要时，亦可用焊接。

③除设计有特殊规定者外，梁中箍筋应与主筋垂直。箍筋弯钩的叠合处，在梁中应沿纵向置于上面并交错布置。

④为了保证混凝土保护层的厚度，应在钢筋与模板间间隔、错开设置水泥浆块、混凝土垫块、塑料垫块或钢筋头垫块。

⑤为保证及固定钢筋相互间的横向净距，两排钢筋之间可使用混凝土分隔块，或用短钢筋扎结固定。

⑥为保证钢筋骨架有足够的刚度，必要时可以增加装配钢筋。

3. 混凝土工作

混凝土工作包括混凝土配制、运送、浇筑、养护和拆模。

(1) 混凝土的配制。

混凝土一般应采用机械搅拌，上料的顺序，一般为石子、水泥、砂子。人工搅拌只用于方量不大的塑性混凝土或半干硬性混凝土。不管采用机械或人工搅拌，都应使石子表面砂浆饱满，拌和料混合均匀、颜色一致。人工拌和应在铁板或其他不渗水的平板上进行，先将水泥和细骨料拌匀，再加入石子和水，拌至材料均匀、颜色一致为止。如需掺入添加剂，应先将添加剂调成溶液（对可溶性添加剂），再加入拌和水中，与其他材料拌匀。在整个施工过程中，要注意随时检查和校正混凝土的流动性或工作度（又叫坍落度），严格控制水灰比，不得任意增加用水量。

混凝土添加剂指的是能明显改善混凝土的物理化学性能，提高混凝土的强度和耐久性的外加制品，其种类较多，适用情况各异。例如，为提高干硬或半干硬性混凝土的和易性，减少混凝土的单位用水量，提高混凝土强度并且节约水泥用量，可在混凝土中掺加高效早强减水剂；为延缓混凝土的初凝时间，可掺加缓凝型减水剂；为提高泵送混凝土的流动性，可掺加泵送剂。还有其他用于防水、防冻、抗碱等的添加剂。

(2) 混凝土的运送。

混凝土应以最少的转运次数、最短的距离迅速从搅拌地点运至浇筑位置。当采用车辆运送时，要防止道路不平整导致混凝土因颠簸振动而发生离析、泌水和灰浆流失现象，一经发现，必须在浇筑前再次搅拌。

采用泵送混凝土时，输送管道的定位及接头应牢固可靠，防止“爆管”。当输送距离较远时，需注意管道两端混凝土坍落度的变化。夏季或冬季施工时，管道应有降温或保暖措施，防止“堵管”。

(3) 混凝土的浇筑。

混凝土的浇筑方法直接影响到混凝土的密实性和整体性，对混凝土的质量影响很大。因此，必须根据混凝土的拌制能力、运距、浇筑速度、气温及振捣能力等因素，认真制订混凝土的浇筑工艺。

当构件的体积较大，一次连续浇筑不能完成时，需预定结合缝分次浇筑。在一次连续浇筑中，当构件的高度较大时，为了保证混凝土振捣密实，应采用分层浇筑法。浇筑层的厚度与混凝土的坍落度及振捣方式有关。在常规情况下，用插入式振捣器振捣时，浇筑层厚度为振捣器作用部分长度的 1.25 倍；用平板式振捣器振捣时，浇筑厚度不超过 20 cm。薄腹 T 梁或箱梁的梁肋，当用侧向附着式振捣器振捣时，浇筑层厚度一般为 30～40 cm；采用人工捣固时，视钢筋疏密程度，通常取浇筑厚度为 15～25 cm。

分层浇筑时，应在下层混凝土开始凝结之前，将上层混凝土浇筑捣实完毕。在此情况下，上下层浇筑时间间隔不宜超过 1 h，也可由试验资料来确定容许的间隔时间。如果在浇筑上层混凝土时下层混凝土已经凝结，则要待下层混凝土具有不小于 1.2 MPa 强度时，经将结合面凿毛处理后才可继续浇筑上层混凝土；当要求结合面具有不渗水性时，应在前层混凝土强度达到 2.5 MPa 后，再浇筑新混凝土。

对大体积(各向尺寸大致在 2 m 以上)混凝土，在制订浇筑方案时应注意混凝土水化热的不利影响。水化热会产生混凝土内外温差，这可能导致较大的温度应力并引起混凝土开裂。施工中可以采取的技术措施包括：选择优质混凝土原材料，优化混凝土配合比，选择合理的结构形式和分缝分块方式，采用水管冷却(在混凝土内埋设水管，通过低温水循环排出混凝土内部热量)等方法降低混凝土温度，或采用外部保温方式减少混凝土内外温差。

(4) 混凝土的养护和拆模。

混凝土中水泥的水化作用过程就是混凝土凝固、硬化和强度发育的过程。它与周围环境的温度、湿度有着密切的关系。当温度低于 15 ℃时，混凝土的硬化速度减慢；而当温度降至－2 ℃时，硬化基本上停止；在干燥的气候下，混凝土中的水分迅速蒸发，一方面使混凝土表面剧烈收缩而导致开裂，另一方面当游离

水分全部蒸发后，水泥水化作用也就停止，混凝土即停止硬化。因此，混凝土浇筑后即需进行适当的养护，以保持混凝土硬化发育所需要的温度和湿度。

桥梁施工采用最多的是在自然气温条件下(5 ℃以上)的自然养护方法。此法是在混凝土终凝时，在构件上覆盖塑料薄膜、草袋、麻袋等，定时洒水，以保持构件经常处于湿润状态。自然养护法的养护时间与水泥品种以及是否掺用添加剂有关。一般情况下，用普通硅酸盐水泥的混凝土，养护时间为 7 d 以上；用矿渣水泥、火山灰质水泥，养护时间为 14 d 以上。每天浇水的次数，以能使混凝土保持充分潮湿为度。在一般气候条件下，当温度高于 15 ℃时，前三天内白天每隔 1～2 h 浇水一次，夜间至少浇水 2～4 次，在以后的养护期间可酌情减少。在干燥的气候条件下，或在大风天气中，应适当增加浇水的次数。

自然养护法比较经济，但混凝土强度增长较慢，模板占用时间也长，特别在低温下(5 ℃以下)不能采用。为了加速模板周转和施工进度，在预制工厂内，可采用蒸汽法养护混凝土；在现场，可添加早强剂(通长 3～4 d 养护后即可拆模)。

混凝土经过养护，当强度达到设计强度的 50%时，即可拆除梁的侧模；达到设计吊装强度并不低于设计强度的 70%时，就可移梁或进行下道工序，如施加预应力。

4. 预应力工作

现简要介绍与后张法施加预应力有关的材料、设备和工艺过程。

(1) 预应力技术的材料和设备。

预应力技术是指预应力的锚固方式与张拉体系。一种体系只适合于一种或两种预应力钢筋，并配有专门的张拉设备、接长装置(连接器)和孔道成型方式。

预应力钢筋主要包括钢绞线(常用者为 7 丝)、钢丝(光面钢丝、螺旋肋钢丝和刻痕钢丝)和精轧螺纹钢筋。7 丝钢绞线的抗拉强度取值为 1770～1960 MPa，各类钢丝的抗拉强度为 1470～1860 MPa，精轧螺纹钢筋的可达 980 MPa。

锚具、夹具是锚固预应力钢筋的装置。在后张法结构中，为保持预加力并将其传递给混凝土的永久性锚固装置，称为锚具；在施加预应力过程中，能将千斤顶(或其他张拉设备)的张拉力传递给预应力钢筋的临时或永久性锚固装置，称为夹具。对大多数预应力体系而言，两者并无本质区别。

(2) 孔道成型。

现浇或预制后张预应力混凝土主梁时，需先按照设计图纸位置，预留出预应力孔道，待混凝土浇筑完毕并达到规定强度后，再穿束张拉。形成孔道的材料有

铁皮管、橡胶棒、金属波纹管和塑料波纹管。

早期使用的铁皮管用白铁皮卷制而成，其刚度小，施工中容易被压瘪和穿孔。将橡胶棒放置在设计位置，在混凝土未完全凝固前将其抽出，就形成孔道，但橡胶棒不易拔出，容易拉断而堵孔，且孔道的摩阻系数大。金属波纹管是采用约 0.3 mm 厚、30 mm 宽的钢带，用卷管机在现场制作的圆管或扁管（与扁平锚配合使用）。这种管子的抗渗漏、耐压、强度、柔韧性等指标优于铁皮管，一度在桥梁工程中普遍采用。塑料波纹管由高密度聚乙烯材料挤出成型的单壁波纹管（圆管及扁管），在实际使用中需辅以各类塑料连接件。与传统的金属波纹管相比，其具有良好的耐腐蚀性和密封性，强度高刚度大，抗冲击抗渗透，摩阻系数小等优点。

（3）张拉。

在预应力张拉前，需完成以下工作。①用压力水清孔，并观察孔道有无串孔现象（防止漏浆或造成其他孔道的堵孔），吹干孔道内水分。②对较短的钢束，可用人工直接穿束；对较长的钢束，可用卷扬机牵引穿束或采用钢绞线穿束机穿束。③按施工规范的要求检查千斤顶和油泵，标定配套使用的千斤顶和油压表，保证张拉质量和精度。

预应力张拉是预应力梁施工中的关键工序，必须严格遵循有关施工规范和操作规程。所采用的千斤顶等设备、张拉程序以及具体操作方法与预应力体系（预应力钢筋和锚具类型）有关。

钢绞线群锚体系的张拉过程分为以下几步。①张拉前的准备，包括清理锚垫板和钢绞线表面，安装锚环和夹片。②安装张拉设备，包括千斤顶定位，顶紧位于千斤顶后方的工具夹片。③张拉，即向千斤顶张拉缸供油直至设计油压，并测量钢绞线伸长量。④锚固，张拉缸回油，位于锚环内的工作夹片自动锚固。在张拉完成后，即可封锚（包括卸除千斤顶，切除多余钢绞线，孔道压浆，锚固端用混凝土封平）。

（4）压浆。

压浆就是用灰浆填满孔道内的所有空隙，其目的是防止预应力钢筋锈蚀，保证预应力钢筋与混凝土的握裹力，减少预应力损失。灰浆材料的水泥、水灰比、强度等应符合有关规范的要求。压浆所用设备为压浆泵，水泥浆自调制至压入孔道的间隔时间不得大于 40 min，压浆速度应平缓而不中断，压力控制在 0.7 MPa 以下。

压浆工艺有一次压浆法（用于不长的直线孔道）和二次压浆法（用于较长的

孔道或曲线形孔道)。二次压浆,就是按规定从一端完成一次压浆后,保持灰浆压力 30 min,再从另一端重复一次压浆。从目前的过程实践看,常规的压浆工艺很难达到孔道密实、饱满的要求。近年来发展的塑料波纹管及真空压浆新技术较好地解决了这一问题。其基本原理是:在塑料波纹管孔道的一端采用真空泵对孔道进行抽真空,使之产生−0.1 MPa 左右的真空度,然后用压浆泵将水泥浆从孔道的另一端压入,直至充满整个孔道,并施加不小于 0.7 MPa 的正压力,以确保预应力孔道灌浆的饱满度和密实度。

5.1.2　混凝土简支梁的架设

混凝土简支梁(板)的架设,有起吊、移位、落梁等工序。从架梁的工艺类别来区分,有陆地架梁法、浮吊架梁法和架桥机架梁法等。每一类架设工艺按起重、吊装机具等的不同,又可分成各具特色的架设方法。

1. 陆地架梁法

(1) 自行式吊车架梁。

在桥面不高,且场内可设置行车便道的情况下,用自行式吊车(汽车吊或履带吊)架设中小跨径的桥梁十分方便。此法视吊装重量不同,可分单吊(一台吊车)或双吊(两台吊车)两种。其特点是机动性好,不需要动力设备,不需要准备作业,架梁速度快。

(2) 门式吊车架梁。

针对桥面不太高,架桥孔数多,沿桥墩两侧设轨道不困难的情况,可以采用一台或两台门式吊车架梁。此时,除吊车行走轨道外,在其内侧尚应铺设运梁轨道,或者设便道用拖车运梁。梁运到后,就用门式吊车起吊、横移,并安装在预定位置。当一孔架完后,吊车前移,再架设下一孔。

2. 浮吊架梁法

在海上和深水大河上修建桥梁时,可采用伸臂式浮吊架梁。这种架梁方法,高空作业较少,施工比较安全,吊装能力强,工效高,但需要大型浮吊。浮吊架梁时需在岸边设置临时码头来移运预制梁,鉴于浮吊船来回运梁航行时间长,要增加费用,可采取用装梁船贮梁后成批一起架设的方法。架梁时,浮吊船需要锚固定位。

在近海环境中建造的非通航孔长桥,多采用中等跨度的混凝土梁桥,此时,

采用浮吊逐孔架设梁跨结构是合理的选择。例如，在东海大桥的施工中，采用了自带动力的(无需牵引船)、起吊能力达 2500 t 的巨型浮吊，架设跨度 50～70 m、质量 1600～2200 t 的混凝土箱梁。

3. 架桥机架梁法

架桥机架梁法适合中小跨径多跨简支梁桥，因其安置在桥墩上，故不受墩高和水深的影响，在施工过程中不影响桥下通航(或通车)。现以联合架桥机为例，简要介绍其架设方法。

联合架桥机由一根两跨长的钢导梁、两套门式吊机和一个托架(又称蝴蝶架)三部分组成。导梁顶面铺设运梁平车和托架行走的轨道。门式吊车顶横梁上设有吊梁用的行走小车；为了不影响架梁的净空位置，其立柱底部还可做成在横向内倾斜的小斜腿，这样的吊车俗称拐脚龙门架。

架梁操作工序如下。

(1) 在桥头拼装钢导梁，铺设钢轨，并用绞车纵向拖拉导梁就位。

(2) 拼装蝴蝶架和门式吊机，用蝴蝶架将两个门式吊机移运至架梁孔的桥墩(台)上。

(3) 由平车轨道运送预制梁至架梁孔位，将导梁两侧可以安装的预制梁用两个门式吊机起吊、横移并落梁就位。

(4) 将导梁所占位置的预制梁临时安放在已架设的梁上。

(5) 用绞车纵向拖拉导梁至下一孔后，将临时安放的梁架设完毕。

(6) 在已架设的梁上铺接钢轨后，用蝴蝶架顺次将两个门式吊车托起并运至前一孔的桥墩上。

如此反复，直至将各孔梁全部架设好为止。

架桥机的构造有许多不同的类型。除联合架桥机外，尚有闸门式架桥机、穿巷式架桥机等。在实际工程中，还可根据梁的构造、施工单位的现有材料自行设计制造架梁设备。

必须强调指出，桥梁架设既是高空作业，又需要使用大型机具设备，在操作中如何确保施工人员的安全和杜绝工程事故，这是工程技术人员的重要职责。因此，在施工前应研究制订周到而妥善的安装方案，详细分析和计算承力设备的受力情况，采取周密的安全措施。在施工中并应加强安全教育，严格执行操作规程和加强施工管理工作。

5.2　预应力混凝土连续梁桥施工

5.2.1　悬臂浇筑法施工

悬臂浇筑法的原理是采用移动挂篮作为主要施工设备，以桥墩为中心，对称向两岸利用挂篮浇筑梁段混凝土，待混凝土达到一定强度后，张拉预应力束，再移动挂篮，进行下一节段的施工，直至合龙。悬臂浇筑每个节段长度一般为 2～6 m，节段过长，将增加混凝土自重及挂篮结构重力，同时还要增加平衡重及挂篮后锚设施；节段过短，则影响施工进度。所以，施工时的节段长度应根据主梁形式和跨径、挂篮的形式及施工周期而定。

1. 挂篮的定义与形式

挂篮是悬臂浇筑施工的重要机具。它是一个能够沿梁顶面纵向滑动或滚动的承重钢制结构，锚固在已施工的梁段上，承重钢制结构一部分悬出前端，用于悬挂梁段施工模板结构，在上面进行下一段梁的钢筋、预应力管道的安设，混凝土浇筑和预应力张拉等作业。完成一个节段后，挂篮即可前移并固定，进行下一节段的悬臂灌法，不断循环下去，直到悬臂浇筑完成。随着施工技术的不断改进，挂篮已由过去的压重平衡式，发展成现在通用的自锚平衡式。自锚式施工挂篮结构的形式主要有桁架式和斜拉式两类。

(1) 桁架式挂篮。

桁架式挂篮按构成形状可分为以下几类。

①平行桁架式挂篮。

平行桁架式挂篮的主梁一般采用平行弦桁架，其结构为简支悬臂结构，受力明确，桁架刚度较大，变形容易控制。

②弓弦式挂篮。

弓弦式挂篮的桁架为拱形架，具有桁高随弯矩大小变化、受力合理、节省材料的优点。

③菱形桁架挂篮。

菱形桁架挂篮是一种简单的桁架，其结构形状为菱形，横梁放置在主桁架上，其菱形桁架后端锚固于箱梁顶板上，无须平衡重。该挂篮结构简单、重量轻。

(2) 斜拉式。

斜拉式挂篮也叫轻型挂篮。随着桥梁跨径越来越大,为了减轻挂篮自重,减少施工阶段增加的临时钢丝束,人们在桁架式挂篮的基础上研制了斜拉式挂篮。

斜拉式挂篮主要有三角斜拉、预应力筋斜拉、体内斜拉等多种。其中后两种用得较少,不详述。

三角形组合梁挂篮是在简支悬臂梁上增加立柱和斜拉杆,形成三角组合梁结构。斜拉杆的拉力作用大大降低了主梁的弯矩,使结构重量减轻,后端一般采用压重,以平衡行走时的倾覆力矩。

2. 挂篮的构造

挂篮由主桁(梁)结构、悬挂调整系统、走行系统、模板系统、平衡锚固系统、工作平台等组成。

3. 挂篮试压

为了检验挂篮的性能和安全,并消除结构的非弹性变形,应对挂篮试压。试压通常采用以下两种方法。

(1) 试验台加压法。

新加工的挂篮可用试验台加压法检测桁架的受力性能和状况。试验台可利用桥台或承台和在岸边梁中预埋的拉力锚筋锚住主桁梁后端,前端按最大荷载值施力,并记录千斤顶逐级加压变化情况,测出挂篮弹性变形和非弹性变形参数,用作控制悬浇高程依据。

(2) 水箱加压法。

对就位待浇混凝土的挂篮,可用水箱加压法检查挂篮的性能和状况。加压的水箱一般设于前吊点处,后吊杆穿过紧靠墩顶梁段边的底篮和纵桁梁,锚固于横桁梁上,或穿过已浇箱梁中的预留孔,锚于梁体上。在后吊杆的上端装设带压力表的千斤顶,反压挂篮上横桁梁,计算前后施加力后,分级分别进行灌水和顶压,记录全过程挂篮变化情况即可求得控制数据。

4. 悬臂浇筑施工程序

悬臂浇筑施工时,连续梁梁体一般要分 4 大部分进行浇筑。梁段Ⅰ为墩顶梁段(0 号块),一般为 5~10 m;梁段Ⅱ为 0 号块两侧对称分段浇筑部分,一般为 3~5 m;梁段Ⅲ为边孔在支架上浇筑部分,一般为 2~3 个悬臂浇筑分段长;梁段

Ⅳ为主梁在跨中合龙段，一般为 1～3 m。

悬臂浇筑一般施工程序如下。

①墩顶 0 号块在托架上立模现浇，并在施工过程中设置临时梁墩锚固。

②在 0 号段上安装施工挂篮，向两侧依次对称地分段浇筑主梁至合龙前段。

③在临时支架或梁端与边墩间的临时托架上支模浇筑梁段。

④合龙段在改装的简支挂篮托架上浇筑，多跨合龙段浇筑顺序按设计或施工要求进行。

(1) 0 号段施工。

0 号段结构复杂，预埋件、钢筋、预应力筋孔道、锚具密集交错。由于墩顶位置受限，无法设置挂篮，故 0 号段施工通常采用在托架上立模现浇，并在施工过程中设置临时梁墩固结，使 0 号块能承受两侧悬臂施工时产生的不平衡力矩。施工托架可以支撑在墩身、承台或地面上，通常用万能杆件、贝雷梁、型钢等构件拼装。在浇筑混凝土之前，应对托架进行试压，消除因其非弹性变形引起的混凝土裂缝。

0 号段施工工艺流程如图 5.2 所示。

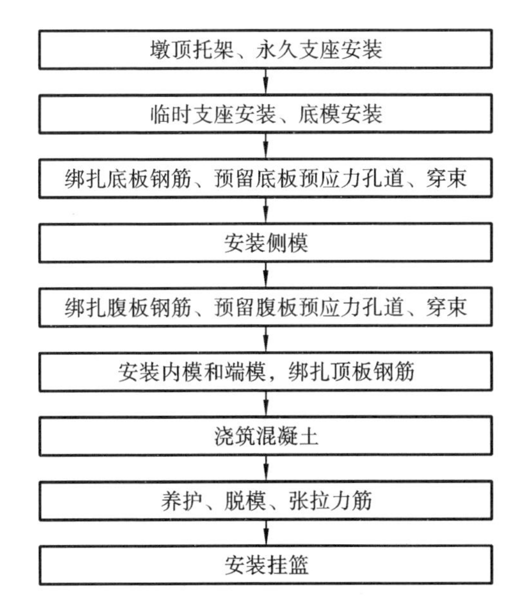

图 5.2　0 号段施工流程图

(2) 梁段Ⅱ施工。

梁段Ⅱ为对称段，采用挂篮依次对称进行施工。完成 0 号段施工即可安装挂篮和进行挂篮预压试验，以测定挂篮前端各部件的变形量，同时消除永久变形。施工时应对每一梁段前端，分别在浇筑前后和张拉前后，按设计提供的挠度值进行测定，以控制设计预拱度，同时应进行桥梁中轴线的测定(中线偏差不得大于5 mm)。混凝土的配合比、浇筑顺序及振捣方法，应严格按照施工工艺操作。梁段浇筑应自悬臂端向后分层铺灌振捣。根据挂篮试验，确定挂篮前端弹性挠度与节段重量之间的关系曲线，据此在每个节段立模时，把挂篮的弹性挠度增加到立模高程中，由此可以消除弹性挠度的影响。悬臂浇筑法施工流程图见图5.3。

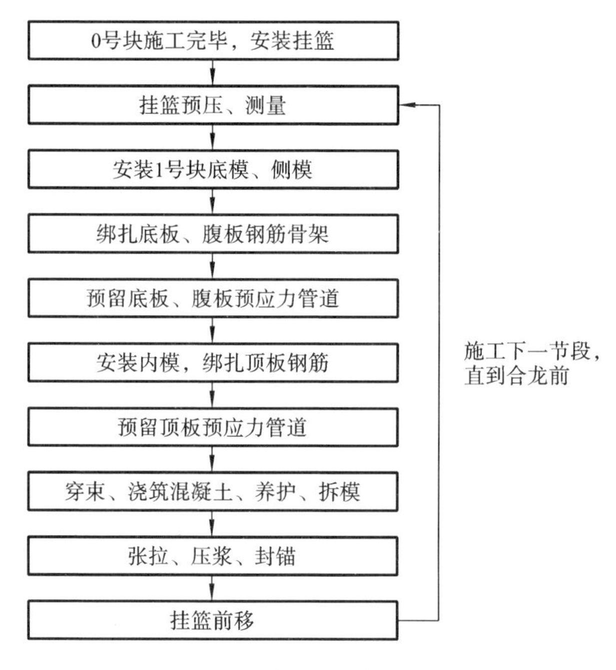

图5.3　悬臂浇筑法施工流程图

悬臂浇筑梁段混凝土时需要注意以下几点。

①挂篮就位后，安装并校正模板吊架，此时应对浇筑预留梁段混凝土进行抛高，以使施工完成的桥梁符合设计标高。抛高值包括施工结构挠度、因挂篮重力和临时支承释放时支架产生的压缩变形等。如一座中跨65 m的三跨连续桥梁，桥宽17 m，单箱单室，浇筑1号块梁段抛高10 mm，浇筑最后一块梁段时抛高60 mm。

②模板安装应保证中心位置及标高正确，模板与前一段混凝土面应平整密贴。如上一节段施工后出现中线或高程误差需要调整，应在模板安装时予以

调整。

③安装预应力预留管道时，应与前一段预留管道接头严密对准，并用胶布包贴，防止灰浆渗入管道。管道四周应布置足够定位钢筋，确保预留管道位置正确，线形平顺。

④浇筑混凝土，可以从前端开始，应尽量对称平衡浇筑。浇筑时应加强振捣，并注意对预应力预留管道的保护。

⑤为提高混凝土早期强度，以加快施工速度，在设计混凝土配合比时，一般加入早强剂。混凝土梁段浇筑一般以 5～7 d 为一个周期。为防止混凝土出现过大的收缩、徐变，配合比应按规范要求控制水泥用量。

⑥梁段拆模后，应对梁端的混凝土表面进行凿毛处理，以加强接头混凝土的连接。

⑦箱梁梁段混凝土浇筑一般采用一次浇筑法。在箱梁顶板中部留一窗口，混凝土由窗口注入箱内，再分布到底模上。当箱梁断面较大时，考虑梁段混凝土数量较多，每个节段可分两次浇筑，先浇筑底板倒角以上，待底板混凝土达到一定强度后，再支内模浇筑腹板上段和顶板。其接缝按施工缝要求进行处理。

⑧浇筑混凝土时消除挂篮变形的措施。箱梁梁段分次浇筑混凝土时，后浇混凝土的重力易引起挂篮变形，导致先浇混凝土开裂。为避免这种情况，一般可采用如下几种措施。

a. 水箱法：浇筑混凝土前先在水箱中注入相当于混凝土重量的水，在混凝土浇筑中逐渐放水，使挂篮负荷和挠度基本不变。

b. 浇筑混凝土时，根据混凝土的重量变化，随时调整吊带高度。

c. 将底模梁支承在千斤顶上，浇筑混凝土时，随混凝土重量的变化，随时调整底模梁下的千斤顶，抵消挠度变形。

(3) 梁段Ⅲ(边跨合龙段)施工。

预应力混凝土连续梁桥的合龙分为中跨合龙和边跨合龙。边跨合龙段即梁段Ⅲ，一般宜采取就地设立支架，在支架上立模浇筑边跨梁段混凝土的方法施工。但若邻近边跨桥墩较高，亦可在膺架梁的一端设立柱，将另一端挂在已成梁段上，立柱基础为钢管桩基础或混凝土基础，也可采用一端支点为打入桩，另一端支点为承台的方法施工。施工时，通常在墩身托架上进行边跨直线段施工，悬臂段与直线段用挂篮轨道调整标高，并临时锁定，而后绑扎钢筋，浇筑边跨合龙段混凝土，最后张拉力筋。

(4) 梁段Ⅳ(中跨合龙段)施工。

中跨合龙段施工时通常由两个挂篮向一个挂篮过渡,所以先拆除一个挂篮,用另一个挂篮走行跨过合龙段至另一端悬臂施工梁段上,形成合龙段施工支架,也可以采用吊架形成合龙支架。

在合龙段施工过程中,昼夜温差大,现浇混凝土的早期收缩、水化热,已完成梁段混凝土的收缩、徐变,结构体系的转换及施工荷载等因素会对施工产生影响,因此,需采取必要措施,以保证合龙段乃至全桥的质量。合龙段施工注意事项如下。

①合龙段长度选择。合龙段长度在满足施工操作要求的前提下,应尽量缩短,一般采用 1.5～2 m。

②合龙温度选择。预应力混凝土连续梁桥的设计合龙温度就是指劲性骨架的焊接锁定温度,一般宜在低温合龙,夏季应在晚上合龙,用草袋等覆盖,并加强接头混凝土养护,使混凝土在早期结硬过程中处于升温受压状态。

③合龙段采用临时锁定措施,一般采用劲性型钢或预制的混凝土柱安装在合龙段上下部做支撑,然后张拉部分预应力筋,待合龙段混凝土达到要求强度后,张拉其余预应力束筋,最后再拆除临时锁定装置。

④合龙段混凝土选择。混凝土中宜加入减水剂、早强剂,以便及早达到设计要求强度,及时张拉部分预应力束筋,防止合龙段混凝土出现裂缝。

⑤为保证合龙段施工时混凝土始终处于稳定状态,在浇筑之前各悬臂端应附加与混凝土重量相等的配重(或称压重)。加配重要依桥轴线对称加载,按浇筑重量分级卸载,避免对悬臂段梁体产生扭转和冲击。配重材料可根据工程实际选择,水箱、混凝土块、沙袋等均可。

中跨合龙和边跨合龙的重要区别在于中跨合龙时需要用千斤顶对两悬臂端进行一定量的顶开,边跨合龙时无须顶开。

(5) 连续梁施工的体系转换。

预应力混凝土连续梁利用悬臂浇筑法施工时须进行体系转换,即在悬臂浇筑施工时,墩梁采取临时固结,结构为 T 形刚构;合龙时撤销梁墩临时固结,悬臂梁呈受力状态,结构合龙后形成连续梁体系。墩梁临时锚固的拆除应均衡对称进行,确保约束均匀释放。在拆除前应测量各梁段高程,在拆除临时固结的过程中,注意各梁段的高程变化,如有异常,应立即停止作业,查明原因,排除危险后方可继续施工。

悬浇过程中各独立 T 构的梁体处于负弯矩受力状态,随着各 T 构的依次合

龙，梁体也依次转化为成桥状态的正负弯矩交替分布形式，这一转化就是连续梁的体系转换。因此，连续梁悬浇施工的过程就是其应力体系转换的过程，即悬浇时实行支座临时固结、各 T 构的合龙、固结的适时解除、预应力的分配以及分批依次张拉的过程。

在结构体系转换时，为保证施工阶段的稳定，一般边跨先合龙，释放梁墩锚固，结构由双悬状态变成单悬状态；最后中跨合龙，成连续受力状态。合龙次序为由边孔对称向中孔依次进行。

5.2.2　悬臂拼装法施工

悬臂拼装法施工是将连续梁梁体分段预制成若干梁段，当下部结构完成后，从桥墩顶开始，利用移动式悬拼吊机逐步将预制梁段起吊就位，以环氧树脂胶作接缝材料，通过对预应力钢束施加应力，使各梁段连接成整体，并逐渐接长的一种施工方法。悬臂拼装的分段主要取决于悬拼吊机的起重能力，每个节段长度一般为 2～5 m。节段过长，则自重大，需要悬拼吊机的起重能力大；节段过短，则拼装接缝多，工期延长。一般悬臂根部因截面积较大，预制长度比较短，以后逐渐增长。

1. 悬臂拼装施工主要工序

悬臂拼装施工主要工序如下：梁体节段预制、块件运输、预制梁段拼装、纵向接缝处理、穿束及张拉。

1）梁体节段预制

预制拼装施工是将梁沿纵轴向根据起吊能力分成适当长度的节段，在工厂或桥位附近的预制场进行预制，然后运到桥位处用吊机进行拼装的方法。节段预制的质量直接关系到梁段悬拼的速度和质量，因此预制时应严格控制梁段断面及形体精度，并应充分注意场地的选择和布置、台座和模架的制作。

梁段预制的方法有长线法和短线法两类。

(1) 长线法。

长线法是在预制厂或施工现场，将一跨梁（或一个悬臂）按桥梁底缘曲线制成的长台座（或称预制床），在台座上安装底模进行节段密接预制的方法。长线法预制需要较大的场地，台座两侧常设挡土墙。其底座的最小长度应为桥孔跨径的一半。

梁体节段的预制一般在底板上进行，模板常采用钢模，每段一块，以便于装拆使用。节段预制的质量,直接关系到梁段悬拼施工的质量和速度。为加快施工进度,保证节段之间密贴,常采用先浇筑奇数节段,在前一批梁块端面涂隔离剂(如石灰水),作为下一批浇筑梁块的端模,然后利用奇数节段混凝土的断面密合浇筑偶数节段,当节段混凝土强度达到设计强度的70%,可调出预制场地。

长线法施工顺序如下。

①采用方桩、混凝土条形梁对地基进行加固处理,防止台座沉降。

②浇筑制梁台座。

③底模采用分块钢模板,以适应箱梁平曲线及预拱度变化要求。

④侧模板每个台座按2个节段配置,可在轨道小车上移动就位。

⑤用已浇筑完成后的箱梁端面作为下一节段的端模,在上面涂刷隔离剂,以保证相邻块件在操作时既不黏结又接触密贴。

⑥将成型钢筋骨架整体吊装进预制台内;液压内模就位;端模就位。

⑦混凝土浇筑,当节段混凝土强度达到设计强度的70%,可吊出预制场地。在相邻梁段间设水平千斤顶,均匀对称施力,使相邻梁段分离。

(2)短线法。

短线法预制梁段由可调整外部及内部模板的台车与端模架完成。第一节段混凝土浇筑完成后,在其相对位置安装下一段模板,并利用第一节段的端面作为第二节段的端模完成混凝土的浇筑工作。短线预制适合工厂节段预制,设备可周转使用,每条生产线平均5 d可生产4块,但节段的尺寸和相对位置的调整要复杂一些。

短线法施工顺序如下。

①上一节段混凝土浇筑完成后,在其相对位置上安装下一段的侧模和固定端模。

②钢筋在装配架上绑扎成型,整体吊装入模。

③调整相邻节段的尺寸和相对位置,利用已浇筑完成的相邻节段的端面作为预浇筑节段的端模。

④液压内模就位。

⑤浇筑节段混凝土。

⑥拆模,将作为端模的节段移入存梁区。

(3) 长线法与短线法对比(表 5.1)。

表 5.1　长线法与短线法对比

分　类	优　点	缺　点
长线法	台座可靠,因而成桥后梁体线性较好,长线的台座使梁段储存有较大余地	占地面积较大,地基要求坚实,混凝土的浇筑和养护移动分散
短线法	场地相对较小,浇筑模板及设备基本无须移机,可调的底模、侧模便于平竖线的梁段预制	精度要求高,施工要求严;施工周转不便,工期相对较长

2) 块件运输

块件运输有水、陆、栈桥及缆吊等各种形式。梁体节段自预制底座上出坑后,一般先存放于存梁场,拼装时节段由存梁场移至桥位处的运输方式,一般有场内运输、装船和浮运三个阶段。

①场内运输。节段的出坑和运输工作一般由预制厂的龙门吊机承担,当预制厂距离岸边较远时,首先考虑用平车运输。运输过程中要保证梁段安放平稳,缆索固定,以确保运输安全。

②装船。码头的主要设施是施工栈桥和节段装船吊机,栈桥的长度应保证在最低施工水位时驳船能进港起运。栈桥的高度要考虑在最高水位时,栈桥的主梁不被水淹。栈桥起重机的起重能力和主要尺寸应与预制厂的吊机相同。

③浮运。浮运船只应该根据梁段质量和高度确定,可采用铁驳船、坚固的木趸船、水泥驳船或用浮箱装配。为了保证浮运安全,应设法降低浮运重心。节段的支垫应按底面坡度用碎石子堆成,满铺支垫或加设三角垫木,以保证节段安放平稳。节段一般较大,还需以缆索将节段系紧固定。

3) 预制梁段拼装

预制梁段拼装可以根据桥位施工条件和现有吊装设备情况或常备定型材料等情况采用不同的方法。预制块件的拼装按起重吊装的方式不同进行如下分类。

(1) 浮吊悬拼。

其重型起重机械装配在船舶上,全套设备在水上作业方便,起重力大,辅助设备少,相应的施工速度较快,但台班费用较高。一个对称干接悬拼的工作面一天可完成 2～4 段的吊拼。

(2) 悬臂吊机悬拼。

悬臂吊机外形似挂篮,由承重梁、横梁、锚固装置、起吊装置、行走系统和张拉平台等组成。和用挂篮悬臂浇筑施工一样,在墩顶开始吊装第一(或第一、二)段时,可以使用一根承重梁对称同时吊装,在允许布置两台移动式吊车后,开始独立对称吊装。目前国内移动式吊车的起重能力约为 1000 kN。节段的运输可从桥下或水上运至桥位,由移动式吊车吊装就位。

(3) 连续桁架(闸式吊机)拼装。

连续桁架悬臂拼装施工可以分为移动式和固定式。移动式连续桁架的长度大于所架设桥梁的最大跨径,桁架支承在已拼装完成的梁段和待拼装梁的墩顶上,由吊车在桁架上移运梁段进行悬臂拼装。

固定式吊机的长度大于两倍桥梁跨径,桁梁的支点均支承在桥墩上,而不增加梁段的施工荷载,同时前方墩 0 号块的施工可与悬臂拼装同时进行。

4) 纵向接缝处理

采用悬臂拼装施工的预应力混凝土连续梁,除采用预应力钢束(筋)将块件连接起来外,还通过纵向接缝使构件连成整体,通常有以下三种方式:干接缝、湿接缝和胶接缝。一孔桥跨拼装的不同施工阶段和不同部位,可以采用不同的接缝形式。

(1) 干接缝。

干接缝即在相邻块件接头处不作其他处理,只由预应力钢筋连接成整体。在干接头悬臂拼装法施工中,为了增强梁段之间的抗剪力,通常在箱梁顶板上和腹板上设置定位企口,在底板设置定位角钢。干接缝因其接缝间无任何填充料,实际工程中很少使用,主要原因是接缝不密封会导致钢筋锈蚀。

(2) 湿接缝。

湿接缝是在相邻块件之间现浇接头混凝土,接头混凝土一般采用早强水泥,集料尺寸的选择应能保证振捣密实。湿接缝的现浇混凝土需要养生使工期延长,因此少用,一般用于调整拼装误差。

通常 1 号块件及合龙段用湿接缝相连,墩柱两侧的 1 号块件是悬臂拼装的基准块件,悬拼施工时防止上翘、下挠的关键在于 1 号块件的准确定位,因此,必须采用各种定位方法确保 1 号块件的定位精度。湿接缝一般宽 0.1～0.2 m,拼装时块件可由吊机悬吊支承,或在下面设临时托架支承,当拼装梁段的位置调整准确后,用高铝快凝水泥砂浆(或小石子混凝土)填实(3 d 混凝土强度可达到 30 MPa)。在其他节段拼装过程中,如因拼装误差过大,难以用其他办法补救,也可

以增设一道湿接缝来调整。

(3) 胶接缝。

胶接缝用环氧树脂胶黏剂连接。胶黏剂由环氧树脂、间苯二胺、邻苯二甲酸二丁脂和水泥拌和而成。其配方应根据施工环境、温度、固化时间和强度要求选定。胶黏剂的抗压强度在 24 h 内可达 60 MPa,抗拉强度可达 16 MPa,抗剪强度高于混凝土的强度。接缝施工时要求胶黏剂在 36 h 以内达到梁体混凝土设计强度,固化时间不少于 10 h。

5) 穿束及张拉

(1) 穿束。

采用悬臂施工的桥梁的纵向预应力钢筋布置有两个特点。

①较多集中于顶板部位。

②钢束布置基本对称于桥墩,有明槽布设和暗管布设两种。

(2) 张拉。

钢丝束张拉次序的确定与箱梁横断面形式、同时工作的千斤顶数量、是否设置临时张拉系统等因素关系很大。在一般情况下,纵向预应力钢丝束的张拉次序按以下原则确定。

①对称于箱梁中轴线,钢束两端同时成对张拉。

②先张拉肋束,后张拉板束。

③肋束的张拉次序是先张拉边肋,后张拉中肋(若横断面为三根肋,仅有两对千斤顶时)。

④同一肋上的钢丝束先张拉下边的,后张拉上边的。

⑤顶板束的张拉次序是先张拉顶板中部的,后张拉边部的。

2. 预制拼装施工中结构上挠的解决方法

(1) 1 号块定位时按计算的悬臂挠度及需设的预拱度确定正确的定位位置,并仔细准确地进行定位。

(2) 其他块件胶接缝的涂层尽量减薄,并使其在临时的均匀压力下固化。

(3) 拼装过程中发现实际挠度过大时,需认真分析原因,及时采取措施。可采取的措施按上翘程度不同大体如下。

①多次涂胶将胶接缝做成上厚下薄的胶接层,以调整上翘度。

②在接缝上缘的胶层内加垫钢板,增加接缝厚度。

③凿打端面,将块件端面凿去一层混凝土,凿去的厚度沿截面的上、下方向

按需要变化，然后涂胶拼接。

④增加一个湿接缝，即改胶接缝（或干接缝）为湿接缝，将块件调整到要求的位置。

3. 悬臂浇筑法与预制拼装法比较

悬臂浇筑法与预制拼装法比较见表 5.2。

表 5.2　悬臂浇筑法与悬臂拼装法对比

项　目	悬臂浇筑法	悬臂拼装法
施工进度	混凝土中加入早强剂，每个节段施工周期通常为 5～7 d	预制节段可以与桥梁下部结构施工同时进行，拼装时仅占用吊装定位、环氧胶粘贴和穿束张拉等工序，一个节段拼装时间仅 1～1.5 d。所以从施工进度方面比较，悬臂拼装速度比悬臂浇筑要快得多，悬臂拼装适合快速施工
结构整体性	梁体钢筋采用焊接，并对已建梁体表面混凝土进行了凿毛等处理，结构整体性较好	虽因块件在预制场预制，块件本身质量较易保证，但组拼时块件间的接缝、预应力束的穿束连接张拉，使结构整体性要差一些
施工变形控制	可采用计算机程序对梁体逐段进行标高的控制和调整	因梁段已完成预制，能调整的余地相对较小，再加上施工中许多不确定荷载等因素，施工变形控制难度较大
施工适应性	遇冬季寒冷气候施工，混凝土蒸汽养护难度较大，所以受到地域季节条件的影响，但不受桥下地形、水文或建筑物影响	由于节段块件在预制场预制，养生条件较好，对低温状况下环氧树脂胶接缝的处理有较成熟的经验，如采用干接缝则不受低温影响。但悬臂拼装时，一般从桥下运输节段，再由悬拼吊机吊起就位，所以对桥下地形及水文等情况有一定要求
起重能力要求	悬浇起重能力要求不高，仅起吊钢筋骨架及混凝土。但加长节段长度将增加混凝土自重及挂篮结构重力，而且要增加平衡重及挂篮后锚设施。一般悬臂浇筑的节段长度为 2～6 m	需起吊节段块件，则要求悬拼吊机起吊能力较大。一般节段长度为 2～5 m，悬拼吊机一般可采用贝雷桁架或万能杆件拼装

5.3 钢箱梁施工

钢箱梁制作复杂，钢梁制造、现场安装质量要求较高，尤其是高速公路应用的单箱双室钢箱梁弯斜桥，其结构线形要求更高，因此必须研究钢箱梁的工厂制作、公路运输、现场拼装等一系列技术问题。下面以某高速复线 S2 合同段威海互通项目为例，详尽地论述了高速公路钢箱梁的制造技术、顶推架设施工技术。

1. 工程概况

威海互通设置为梨形互通形式，匝道设计速度为 60 km/h。除 L 匝道桥外，其余匝道桥梁部为钢混组合梁，L 匝道桥设计三联，其中 40 m 跨径组合梁上跨化工管廊。前 4 孔设计单箱多室现浇梁结构。标准段顶板宽 24.5 m，底板宽 19.9 m，翼板悬臂 2.3 m，采用整跨(联)一次性浇筑工艺施工。后 4 孔采用钢混叠合梁。

2. 高速公路钢箱梁制造技术

(1) 钢梁设计。

钢梁标准宽度和跨度分两种型号，分别为 9 m、10.5 m 宽，跨度为 25 m、30 m。9 m 宽匝道桥，以单箱双室双焊钢箱梁为主，设 3 道纵腹板，钢梁顶板全宽 8.8 m，底板宽 5.5 m。10.5 m 宽匝道桥，主梁为双箱双室全焊钢箱梁，纵腹板有 4 道，钢箱梁顶板全宽 10.3 m，底板宽 7.0 m。30 m 标准跨梁高 1.6 m(内轮廓)，25 m 标准跨梁高 1.5 m(内轮廓)，行车道内、外设 0.5 m 宽防撞栏杆。标准梁段顶板厚度 16 mm，底板厚度 16 mm，中墩顶、底板朝外侧加厚到 20 mm。

(2) 工艺方案。

钢梁分为两大部分，制作工艺流程上为“两地三阶段”。结构两大部分为纵梁及横梁。两地为钢箱梁制造厂、威海互通桥位。制造三大阶段分别为板单元制造阶段、节段总拼及预拼装阶段、桥位吊装及连接阶段。钢梁节段在钢箱梁制造厂总拼胎架上采取“正造法”，以底板为基面模拟成桥线形，连续匹配多节段，依次进行组装、焊接、节段总拼及预拼装作业。在架设现场以吊装的方式将节段布设到位，再组织桥位拼装焊接作业。

(3) 板单元制造。

板单元的类型包含底板单元、腹板单元、隔板单元等，各自的制造均在指定车间内完成，加工人员严格依据设计图纸规范操作工装设备，保证各板单元的加工质量。板单元加工成型后，安排质量检验，禁止任何存在质量缺陷的板单元出厂使用。

(4) 节段制造。

单元件制作成型后，安排节段的组装与焊接，此操作在桥梁整体组装胎架上完成。钢梁节段采取“正造法”，以底板为基面，依次进行匹配组装、焊接、预拼装作业，制作特定尺寸的钢梁节段。根据节段的结构形式采用正造法总拼工艺，逐段组装与焊接。将隔板作为内胎，胎架作为外胎，组装作业人员加强对桥梁线形、钢梁几何尺寸的检测与控制。

(5) 钢梁制造难点及控制措施。

①钢梁制造难点。

综合考虑钢梁结构特点、受力条件，总结出钢梁制造环节的主要难点如下：底板单元制造时，需要切实提高整体和细部的几何精度，保证整体的协调性和细部的可靠性；对隔板的几何尺寸精度要求高；钢梁整体组装及焊接细节多，易出现质量问题；对预拼装线形及接口匹配连接精度要求高，需精准控制；钢梁有腐蚀的可能，必须采取防腐措施。一般箱梁制造尺寸允许偏差应符合表 5.3 规定。

表 5.3　一般箱梁制造尺寸允许偏差

检查项目		检查方法	允许值偏差/mm
梁高	≤2 m	测量两端腹板处高度	±2
	>2 m		±4
跨度		测两支座中心距离	±8
全长			±15
腹板中心距		测两腹板中心距	±3
盖板宽度 b			±4
横断面对角线差		测两端断面对角线差	≤4
拱度			−5～10
支点高度差		压实度检测	≤4

②钢梁制造难点控制措施。

a. 控制底板单元几何尺寸。

在整个钢梁的结构组成中，底板单元属于基础部分，为提高几何尺寸精度，着重采取如下措施。(a)面板加工采用数控精切下料的方法，辅以滚平工艺，尽

可能减小焰切应力，以免后续焊接作业时面板出现大幅度变形。(b)严格按照图纸测放加劲位置线，以此为参照基准，将加劲肋布置到位。(c)利用反变形胎架设置反变形量，焊接采用线能量较小的 CO_2 气体保护自动焊接工艺，在纵横向预留焊接工艺补偿量，以有效控制焊接变形。(d)针对焊接后产生的微小残余变形，联合采用冷、热矫措施。

b. 控制隔板几何尺寸。

隔板是钢梁组装的内胎，属于整体式结构，其尺寸精度直接对钢梁的断面尺寸造成影响。此外，I 肋槽口间尺寸精度控制属于重点内容。提高隔板几何尺寸精度的措施如下。(a)适配滚板机，对机械滚平待下料的钢板，消除轧制和焰切应力，以免在后续作业中产生明显焊接变形。(b)为提高下料精度，采用数控精切下料的方法。部分隔板较薄，为防止切割过程中产生变形，采用水下等离子切割的方法。(c)在平台刚性约束下施焊，维持材料形态的稳定性。

c. 控制钢梁组装和焊接质量。

架设效果受钢梁断面尺寸、接口匹配精度等因素的影响，为此提出如下措施。(a)搭建整体组装胎架，以胎架为外胎，以隔板为内胎，施工人员按图纸要求准确组装，期间加强对纵横基准线、节段外形尺寸、测量塔控制箱口几何尺寸的检测，根据实测结果与设计要求的差值采取控制措施。(b)采用地样线控制底板单元准确就位，并以地样线为基准，在底板单元上二次画隔板位置线、腹板位置线，最后按线定位、组焊各单元件。(c)横向对接焊缝施工时，采用单面焊双面成形工艺，设置 V 形坡口，适时修正焊接收缩量，并加强施工监测，根据监测数据优化装配时的工艺补偿量，提高装配精度。

d. 控制预拼装线形及接口匹配。

节段吊装准确性、桥梁线形合理性均受到预拼装线形及箱口匹配连接精度的影响，据此主要采取以下措施。(a)按成桥状态进行预拼装，预拼装胎架线形值按“设计纵断面＋预拱度”值进行设置，确保桥梁线形。(b)准确测放地样线，以此为基准控制拼装节段长度。(c)加强对箱梁匹配连接精度的控制，对局部偏差部位进行适当矫正，并采用多段立体预拼装的方法。(d)腹板与顶底板间的焊缝留出适量长度不做焊接处理，以便后续灵活调整桥位接口对接错边。

3. 顶推架设施工技术

(1) 滑动及顶推装置。

①顶推轨道。

顶推轨道由顶推梁、侧挡块、挡板、不锈钢板等组成，在支撑架平台钢板上通长布置，顶推梁上设挡板、侧挡块以及不锈钢板。在顶推梁上通长焊接挡板，侧挡块由材质 Q235B 的材料制作而成，挡板与顶推梁在位置无误前提下做焊接处理。挡板间通长设 2 mm 厚不锈钢板，将其焊接至挡板处。

顶推期间，顶推梁具有传递支座荷载的作用，挡板和侧挡板具备抵抗水平荷载侧的作用，减小力的不良影响。采用不锈钢板有利于降低摩阻力，以便顶推的顺利进行。挡板与顶推梁采用坡口焊焊接，不锈钢板与顶推梁用氩弧焊焊接，侧挡块与挡板和顶推梁用角焊缝焊接。

②顶推支座。

在钢箱梁底面设顶推支座，根据顶推支座的布设情况，在该处设由两块耳板构成的顶推节点，使顶推器与钢箱梁形成连接关系。顶推器反推顶紧块，在推动作用下促使钢箱梁沿着特定的轨迹移动。

(2) 箱梁及导梁安装。

钢箱梁在预制梁厂加工成型后，用大型车辆运输至现场。吊装设备采用 300 t 汽车起重机，先将两根缆风绳系在节段上，以便通过对缆风绳的控制调整钢箱梁的姿态，避免吊装磕碰问题，将钢箱梁精准吊装到位。钢丝绳与梁段捆绑至一体，起重机司机在专员的指挥下缓慢起升至特定高度，转动吊臂，将被吊装置转移至指定安装位置的最上方。

经检查确认位置无误后，起重机缓慢落钩，吊运至分段处顶面 10 cm 时停止。由现场施工人员辅助，根据分段边线、中心线调整钢梁，精准对位后起重机继续下放。用码板对钢箱梁分段接口部位做临时固定处理。吊装结束并经过焊接处理后，节段的稳定性得到保证，可拆除临时固定措施。

按照从大桩号到小桩号的顺序拼装梁段，每段拼装时均进行质量检验。桥址区梁段环缝、纵缝及隔板的焊接，由具有资质的焊工操作，保证焊接的可靠性，焊后及时检查，尽快解决存在的问题。钢箱梁和滑块以焊接的方法处理。导梁采用长度为 28 m 的变高截面工字板梁，用 300 t 汽车起重机吊装，导梁与箱梁腹板高度保持一致，在确认位置无误后进行熔透对接焊接。为使钢梁与导梁有效焊接，适当加长钢梁腹板，两者的对接焊缝用大型马板连接，提升连接稳定性。

(3) 顶推施工。

根据天窗封锁时间及滑靴位置控制每次的顶推距离，每结束一次顶推后切割滑靴。顶推作业要点如下。

全面清理轨道、滑道上的杂物，要求下滑道板与四氟乙烯板、滑块与轨道间无杂物附着。清理箱梁上面各类无用物体，以免对顶推作业造成干扰。测量箱

梁的梁体、下滑道面的线形及标高，采集数据并记录。实测结果显示局部偏离设计要求时，对其进行妥善处理。

在滑移接触面均匀涂抹黄油，以便在顶推期间梁体、滑靴均顺畅运行。滑靴间的连接、千斤顶与锁夹的连接必须稳定可靠。顶推设备安装后进行试顶，检验各类装置的运行状况，根据反馈信息调整泵站的调速阀，使各千斤顶的运动速度相同。试顶期间，加强对桥体结构的检查，判断是否有失稳倾斜、局部受力开裂等问题。试顶结果显示顶推过程中有异常时，根据现状优化顶推施工工艺。严格按照施工方案顶推，现场作业人员听从指挥，协同配合，将顶推工作落实到位。

（4）拆除导梁。

钢箱梁顶推到位后，拆除导梁并用起重机悬挂，依次切割导梁腹杆、分段导梁。切割可能造成不必要的损伤，要求切割人员精准操作，确保钢梁不会因切割而受损。对于切割后产生的不平整之处，先用手砂轮磨平，再补漆。

（5）落梁。

按照如下流程缓慢落梁。

①钢箱梁顶推后，在其下方设两道支撑装置。配套液压泵源系统、顶升器等装置，共同组成液压同步顶升系统（顶升器初始状态下的行程为 0 mm）。

②液压同步顶升系统安装后，安排调试，检验系统是否存在异常，若无误，则开始落位。支撑一顶升器伸液压缸，顶升器底部落至垫板时，仍继续伸液压缸，推动箱梁将其向上顶起，观察顶升器由初始状态的 0 mm 变为 100 mm，可将顶推临时设施拆除。

③于支撑二上放置垫块，支撑一顶升器缩液压缸，由支撑二承受钢箱梁的质量，将两台顶升器底部的垫块各拆除一块。

④支撑一顶升器伸液压缸，顶升器落至垫板处，伸液压缸顶起钢箱梁，拆除支撑架二的一个垫块。

⑤支撑一顶升器缩液压缸，支撑二承受钢箱梁的质量，将两台顶升器底部的垫块各拆除一块。

⑥按照步骤④、⑤的流程重复操作 6 次，此过程中每个支撑拆除的垫块数量均为 6 块。

⑦顶升器伸液压缸，底部落至垫板处，伸液压缸顶起钢箱梁。

⑧顶升器缩液压缸，支撑二承受钢箱梁的质量，在此状态下将两台顶升器底部的各垫块均拆除。

综上所述，分节段顶推是高速公路桥梁钢箱梁施工中的常见方式，逐段有条不紊地施工，可提高安装精度、缩短钢箱梁施工时间。顶推设备配置简单，操作便捷，若能妥善做好准备工作并规范施工，可确保钢箱梁成型结构稳定。钢箱梁顶推施工技术适用工况范围广，综合应用效果优异，具有较高的推广应用价值。

5.4 预制 T 梁施工

在高速公路建设过程中，桥梁作为跨越天然沟谷、河流与其他障碍物的重要工程结构，是高速公路线路中不可或缺的组成部分。在桥梁施工过程中，上部结构往往选择采用预应力 T 梁，可以充分利用其受力合理、自重相对较小、工厂化生产、施工快速高效等优点，整体提升工程施工效率与质量。

预制 T 梁的施工环节多，技术水平要求高，质量控制难度大，施工单位必须严格遵循施工工艺，确保成型的预制 T 梁不出现裂缝、破损等质量问题。下面结合工程实例，对预制 T 梁的施工工艺、质量检测方法和施工注意事项进行说明。

1. 工程概况

某高速公路 ZT45＋405～ZT53＋420 标段，设计为双向六车道，设计时速为 100 km/h。路段包含整体式路基和分离式路基。整体式路基的宽度为 34.5 m，分离式路基的宽度为 17.64 m。本标段共包含 8 座桥梁，桥梁的左、右幅结构采用先简支后连续 T 梁。

根据预制 T 梁的要求，首先需要规划预制场，在预制场内完成各类 T 梁的预制作业。结合本标段桥梁预制 T 梁的施工要求，拟建设预制场一处，用于预制 225 片 20 m 的 T 梁、58 片 30 m 的 T 梁和 960 片 40 m 的 T 梁。预制场内布设 4 台 80 t 龙门吊，以机械作业的方式进行 T 梁和模板等的场内吊装。对预制场地面做混凝土硬化处理，提升地面的平整性和稳定性，保证车辆能够平稳通行。

2. 预制 T 梁施工流程

(1) 底模安装。

预制 T 梁采用的固定钢底模可以采取分段制作和运输进场的方式，底模安装的过程中要保证各段的中心线在同一直线，避免偏差过大，出现不符合要求的情况。底模按照高于地表 20 cm 的要求安装到位，在底模的两端设吊装槽，将距

底模两端端头部位约1 m处作为活动段，便于吊梁作业的开展。

(2) 侧模安装。

梁体侧模以型钢和钢板为原材料加工成型，模板安装过程中加强对模板刚度和平整度的检测与控制，确保安装完成的模板满足设计的要求。板间拼缝部位设海绵条，提升模板的严密性，防止施工时漏浆。底模和侧模用拉杆拉筋，增强模板整体的稳定性。施工中用预制场内的龙门吊，可以高效吊装和拆除模板。

(3) 钢筋加工。

钢筋进场后，应全面检查钢筋的质量，做好除锈、清理油渍、调直等各项准备工作，保证投入使用的钢筋洁净、平直、完整。若钢筋成盘状态，用冷拉法调直，以Ⅰ级钢筋为例，适宜的冷拉率不超过2%。针对钢筋弯曲的异常状况，在弯筋机平台上予以处理。钢筋经过处理并且无问题后，分类存放，挂牌标识，采取防护措施，避免钢筋在存放期间锈蚀。使用前应根据要求完成钢筋的加工。下料前应从钢筋种类、尺寸、直径等方面做全面的核查，确认无误后用钢筋切断机按照设计的要求精准下料。

(4) 混凝土浇筑。

模板和钢筋安装完成以后，要详细地检查，判断整体的稳定性和位置的准确性以及模板间拼缝的严密性等，确认无误后，方可开始浇筑混凝土。

按照试验确定的配合比控制水泥、砂石等原材料的用量，经过充分地拌和后，制得合格的混凝土。确认混凝土无质量问题后即可加入料桶内，用卷扬机转至T梁模板的台座边，下降至距离翼缘钢架50～80 cm的位置开始浇筑。

混凝土浇筑过程中，用插入式振捣棒加强振捣，点位间距不超过20 cm，振捣棒不碰触模板、钢筋等。振捣过程中应遵循“快插慢拔”的振捣原则，振捣后排出聚集在混凝土内的气泡，提高混凝土的密实性。为准确地判断预制T梁的施工效果，每片梁浇筑过程中制作6组试块，标准条件下养护7～14 d，测试各试块的抗压强度，供对比分析。混凝土浇筑完后，每1～2 h抽送一次橡胶管(设置在波纹管内)，适时抽动的目的在于防止橡胶管固结，混凝土拌和的最短时间如表5.4所示。

(5) 混凝土养护。

恒温蒸汽养护的方法在该工程施工中具有良好的效果，可有效适应现场温度偏低的气候特征。根据养护要求搭建钢骨架的养护棚主体框架，于骨架上设置厚度为5 cm的岩棉板，覆盖帆布，起到保温、保湿的作用。现场配备1台4 t的蒸汽锅炉，借助此设施可以满足养护条件。

表 5.4　混凝土拌和的最短时间

搅拌机类型	搅拌机容量/L	混凝土坍落度/mm		
		<30	30～70	>70
强制式	≤400	1.5 min	1.0 min	1.0 min
	≤800	2.5 min	1.5 min	1.5 min

蒸汽养护时，静停阶段的温度需在 5 ℃以上，浇筑后的 4 h 内由于水泥水化热作用开始释放热量，混凝土普遍以 8 ℃/h 的速度升温，期间应保证恒温温度不大于 60 ℃；后续进入降温阶段时，降温速度控制在 10 ℃/h 以内。为避免因温差过大而产生温度裂缝，混凝土的内外及周围环境的温差均要稳定在 15 ℃以内。养护期间加强对温度的检测，根据实测温度灵活调节养护方法，实现对混凝土各部分温度的有效控制。

(6) 拆模。

待混凝土的强度超过 10 MPa 后，拆除外模。拆模作业人员需要谨慎操作，确保混凝土的各部分不会因拆模而磕碰受损(边角处较为脆弱，更应加强防护)。拆模后，及时将模板转运至指定区域，做适度的清理与修整，分类存放。

(7) 预应力钢束张拉。

钢绞线的施工安排在预制 T 梁养护完成后，作业设备采用穿束器，由专业人员规范作业，捋顺钢绞线，将其穿入预先设置好的孔内，穿束后钢绞线不可出现变形、受损或是其他的异常状况。

混凝土强度达到 80%时进行预应力张拉施工。张拉前做好准备：向波纹管内穿入钢束，检查是否可以顺畅抽动；标定张拉机具，保证参与张拉的仪器有较高的精度。确认各项条件均无误后，开始正式张拉。张拉时上紧夹片，同时启动两端的油泵，待实测张拉力达到设计值时持荷 5 min，可按张拉要求适度超张拉，再回至设计应力，并进行锚固。张拉作业技术人员站在 T 梁两侧作业，并由专业人员加强现场管控，有效保证张拉的安全性。

张拉质量控制采取“双控”的方法，张拉力达到要求的同时，用钢绞线伸长量进一步校核，要求两项指标均无误。其中，钢绞线实际伸长量与理论值的偏差需在 6%以内。张拉结果显示某项或多项指标未达到要求时，随即暂停张拉，根据实际情况妥善处理。

现场气温低于 5 ℃时，先采取保温措施，再进行张拉，禁止低温条件下直接张拉。确认张拉效果达到要求后，确定多余的钢绞线，用冷切割的方法将该部分

切除,余留钢绞线的长度以 5 cm 左右为宜。切割时精准控制作业量,并加强防护,不可损伤钢绞线。

(8) 孔道压浆。

压浆前先清理堆积在孔内的积水和杂物,使其保持洁净。测量现场的气温并关注未来气温的变化情况,温度低于 5 ℃时不安排压浆。浆液按照水灰比 0.40～0.45,稠度 14～18 s 的要求拌制,时间在 2 min 以上,制得合格的浆液后,随即开展压浆施工。现场作业人员在压浆期间检查出气孔是否流出浆液,有浆液流出时检测其稠度。若流出浆液的稠度与压入浆液的稠度一致,随即对出气孔做封堵处理,再维持该状态压浆 1 min,增强压浆的饱满性。最后拆除无须使用的注浆管道,严密封堵注浆孔。

注入的浆液需经过一段时间方可成型,在此期间浆液的强度有限,须加强防护,禁止对其产生振动。压浆施工过程中,每批浆料需制作 3 组试件,进行 28 d 的标准养护,作为分析实际压浆效果的浆液参数依据。

(9) 封锚。

封锚时间安排在孔道压浆 1 d 之后。根据配筋图将钢筋布设到位,建立稳定的封锚端模板架,再进行混凝土浇筑。振捣采用插入式振捣器,经过处理后使混凝土具有一定的密实性。成型的封锚混凝土与 T 梁表面平整对齐。

(10) 移梁。

移梁时,调用两台龙门吊,平稳地将竖直钢板吊起,梁的底部超过其他梁面时停止;在桁车和两台龙门吊的共同配合下,将预制 T 梁转至存梁场并下放到位。移梁时做到精细化作业,严格控制梁体的方位,要求移梁全过程中梁体均维持水平、稳定的状态,不与周边的任何物体产生磕碰。

3. 预制 T 梁质量检测与施工注意事项

(1) 质量检测方法及要求。

预制 T 梁成型后,抽样并进行静载试验,判断预制 T 梁的质量,确保输送至现场的预制 T 梁均满足工程质量要求。试验中,配套静载试验台、油泵、标准油压表、放大镜等,先检验各类参与试验的装置,要求各类装置均可稳定运行。各项基础条件均达到试验要求后,于混凝土承受全部应力 30 d 后开始试验。试验加载由 5 台千斤顶同步实现,分阶段有序进行:第一循环为预加载,加载量等同于使用时的短期荷载值;第二循环为正式加载,将抗裂检验荷载作为最大荷载。静载试验对环境温度较为敏感,为获得准确的试验结果,应在气温和梁体温度相对稳定时进行。根据温度要求，条件允许时尽可能在夜间进行，原因在于夜晚气温变化较小，对加载试验的影响相对有限。各循环加载时用加载系数 K 表示加载等级。加载期间及时测量构件在特定荷载作用下的表现，记录数据。加载中，还应满足以下要求。

①试验前先确定车轮的位置，在桥面做清晰的标记，再根据该标记驾驶车辆至指定位置。避免车辆过度集中在某处，否则桥梁局部有过强的车辆荷载，易影响桥梁的稳定性。试验时取关键应力和挠度测试点，测定具体数据，供试验分析使用。

②按照每种跨度每批 30 片抽 1 片的频率安排静载试验，不足 30 片的视为一批次。

③生产期间材料、预制 T 梁结构、制作工艺等方面有较大变动时，须单独安排静载试验，检验调整后的 T 梁预制效果，对不足之处做出优化。

④预制 T 梁存在影响结构刚度或承载力的缺陷时，或对部分生产资料有疑问时，也应安排静载试验。

(2) 施工注意事项。

①T 梁模板到场后，先安排试拼，检查各模板的布设位置、板间拼缝的宽度、对拉螺杆孔的位置等。根据检查结果判断到场的 T 梁模板是否达到要求。若试拼无误，表明 T 梁模板可用于正式拼装。

②钢绞线的表观应洁净，形态须良好，此类材料进场时必须提供材质检验报告，现场检验人员核对每捆钢绞线的标识号，判断其是否与检查报告相同。此外，每捆钢绞线的使用去向均要有完整的记录，以便作为验收的依据。

③钢绞线进场后要采取防晒、防雨等多项防护措施，保证钢绞线在使用前不出现质量问题。安排人员每月检查一次钢绞线，向其均匀涂刷专用防护油，以此来保证钢绞线的质量。预制 T 梁混凝土浇筑完成 4 h 后，向波纹管内通水，采取此方法降低混凝土内部的温度，防止混凝土因内外部温差过大而产生裂缝。波纹管堵塞时，用钢丝连接一小节钢管，疏通管道。混凝土有一定强度后拆模，再尽快封堵波纹管出口，防止外部杂物落入其中。

④T 梁端头的钢筋密度大，振捣设备在该处作业时可能会碰触钢筋，导致钢筋偏位、受损。因此，施工人员需仔细振捣，控制振捣的点位、深度、时间等关键参数。其中支座抗剪钢筋部位最特殊，必须有效避免出现钢筋遭扰动的情况。

⑤预制 T 梁拆模后检查表观质量，存在蜂窝、麻面问题时，将对应部位的混凝土凿除，清理粉尘及各类杂物，再用环氧树脂灰浆修补至平整的状态。T 梁的

保护层厚度有限，可能仅经过适当的凿除后内部钢筋便会裸露出来。针对此情况，先向外露钢筋涂刷SIKA608钢筋钝化剂，起到防护的作用，再进行修补。

5.5　现浇箱梁施工

1. 地基处理

如原地基地质状况较差，为淤泥，用挖掘机挖出一定深度的淤泥，换填沙砾、石料；如原地基地质状况较好，将原有地基整平压实后，在其上分层填筑一定厚度的土或沙砾，并用振动压路机进行碾压密实，确保压实度不小于90%，并设置横坡，坡度控制在1%，便于及时排除雨水，如纵向坡度过大，采取设置台阶方式，便于底托支垫平整。然后在处理后的地基上铺15～20 cm厚的5%石灰水泥稳定层或素混凝土作为支架基础，并按照满堂式脚手架钢管立杆所对应的位置铺设方木或5 cm木板。为避免处理好的地基受水浸泡，在两侧设排水沟，排水沟分段开挖形成坡度，低点设集水坑。

2. 支架搭设

支架基础施工完成后，支架搭设前，对箱梁支架进行放样，确定其平面位置。必须挂好每孔的纵向中心线，支架沿中心线向两侧对称搭设。为确保支架的整体强度、刚度和稳定性，竖向钢管用纵横钢管水平联结，一定距离设置顺桥向通长剪刀撑、横桥向每隔一定距离设一道剪刀撑。剪刀撑与支架立杆、水平杆相交处，转扣设置数量按大于85%控制，杆件的连接必须紧密。最后按作业要求设置防护栏及连接、加固杆件。可调顶托调整高度严格控制在30 cm以内，以确保架子顶自由端的稳定。底托安放时必须用硬木楔垫平，以保证立杆的垂直度。考虑到浇筑顶板混凝土时需留设施工平台、过道，支架在搭设时要有一排延伸到翼缘板的外侧，并保证翼缘板下横桥向有2～3排支撑。

搭设质量要求：竖杆要求每根竖直，采用单根钢管。立竖杆后及时加纵、横向平面钢管固定，确保满堂支架具有足够的强度、刚度、稳定性。满堂钢管支架搭设完毕后，应测量放样确定每根钢管的高度（每根钢管的高度按其位置处梁底高度减构造模板厚度和方木楞、木楔的厚度计算，并考虑预拱度设置），并在钢管上做标记，对高出部分的钢管进行切割，保证整个支架的高度一致，并满足设计要求。在支架顶部横桥向设横向钢管（以在其上直接设方木楞和木楔，铺装模板），在横向钢管扣件的下部紧设纵向钢管，要求横向钢管扣件紧贴在纵向钢管扣件之上，再在纵向钢管扣件下紧贴着增设一个加强扣件，这样就能保证横向钢管与竖向钢管的扣件连接具有足够的强度承受施工荷载。为了施工方便和安全，外侧搭设人行工作梯，并在支架两侧设置 1.2 m 宽的工作、检查平台，工作梯和平台均要安装护栏。

3. 模板系统安装施工

①底模。

箱梁底模板一般采用竹胶板，根据箱梁结构尺寸现场加工。底模采用大块竹胶板，铺在分配梁方木上，调模、卸模采用可调顶托完成，底模根据设计要求设置反拱。支架顶设可调高度顶托，顶托上纵横向铺方木，方木间距根据施工荷载计算确定，方木与竹胶板用钉子固定。如为曲线梁，模板加工时可根据箱梁线形曲线及宽度将模板分段制作，将每一段视为直线段，即分段用折线代替圆曲线，从而提高模板的使用效率。

②外侧模。

模板设置竖向和横向背带，模板在施工现场根据梁体线型加工制作。采取一定措施保证模板与钢管脚手架固定。

③端模。

堵头模板预留孔位应满足设计要求。

④内模。

箱梁内模可分节段加工，也可以采用组合钢模，分节段加工，内模先在拼装场地按 4～6 m 拼装成节，待底板、腹板钢筋及波纹管道安装完毕后，将内模分节吊入箱梁内组拼。为了保证箱梁内模位置，内模与钢筋间设置混凝土垫块作为支撑。为了防止内模上浮，每隔 1～1.2 m 在外模设一道横梁，以模板横梁作为支撑用可调螺杆向下顶紧。为了固定内模使其不偏移轴线位置，采用木方及三角楔将内模与外模顶牢，在浇筑混凝土时将木楔逐步拆除。箱梁顶板采用钢管支架支模，支架直接支撑在底板上。

4. 支架预压

①预压目的。

检验支架及地基的强度及稳定性，消除整个支架的非弹性变形，消除地基的沉降变形，测量出支架的弹性变形。

②预压方法。

在铺设完箱梁底模后对支架、模板分节段进行预压，预压采用沙袋直接堆码在底模上和两侧翼缘板上。加载重量应不低于梁体自重。

③预压观测。

堆码沙袋前在底模上及与其相对应的基础上设置观测点，在预压前、卸载前、卸载后和预压过程中定期用仪器观每跨的两端、1/4梁、跨中和3/4梁跨处的变形情况，并检查支架各扣件的受力情况，沉降稳定后开始卸载（卸载前安排专人逐个检查顶托的受力情况，若有个别顶托未受力，人工通过调节杆调整，保证支架各顶托受力一致）。根据观测数据计算支架的弹性和非弹性变形值，通过U形可调托座调整底模标高（设计标高＋弹性变形值＋预留拱度，预留拱度按1/1000计算）。弹性变形值为卸载前后观测点之高差，非弹性变形值为卸载后与预压前观测点之高差，非弹性变形值可作为后续支架施工时的预留变形量的参考值。

④预压后检查。

在预压结束、模板调整完成后，再次检查支架和模板的扣件是否牢固，松动的要重新上紧。

5. 钢筋、预应力管道制作及安装

钢筋由工地集中加工制作，运至现场由汽车吊提升现场绑扎成型。顶板、底板、腹板内有大量的预埋波纹管，为了不使波纹管损坏，焊接应在波纹管埋置前进行，管道安装后尽量不焊接，当普通钢筋与波纹管位置发生矛盾时，适当移动钢筋位置，准确安装定位钢筋网，确保管道位置准确。钢筋绑扎前由测量人员复测模板的平面位置及高程，无误后方可进行钢筋绑扎。纵向普通钢筋在两梁段的接缝处的连接方法及连接长度满足设计及规范要求。悬浇梁段及现浇段先进行底板普通钢筋绑扎及竖向预应力钢筋梁底锚固端（包括垫板、锚固螺母及锚下螺旋筋）的安装，再进行腹板钢筋的绑扎、竖向波纹管及预应力钢筋的接长、腹板内纵向波纹管的安装，最后进行顶板普通钢筋的绑扎、顶板内纵向波纹管的安装、横向钢绞线及波纹管的安装。为使保护层符合设计要求，保护层垫块不被压坏，箱梁施工垫块一般采用定型塑料垫块或混凝土垫块。

6. 混凝土施工

①混凝土配合比设计。

混凝土的配合比设计应使用施工实际采用的材料，配制的混凝土拌和物不

仅应满足和易性、凝结速度等工作性能要求，而且应符合强度、耐久性（抗冻、抗渗、抗侵蚀）等要求。普通混凝土的配合比可参照现行《普通混凝土配合比设计规程》(JGJ 55—2011)，通过试配确定。混凝土的试配强度，应根据设计强度等级，考虑施工条件的差异和变化以及材料质量可能出现的波动。对于有特殊要求的混凝土的配合比设计（包括抗渗混凝土、抗冻混凝土、高强混凝土、泵送混凝土、大体积混凝土），亦可参照上述规程，经过试配确定。在施工过程中，应及时积累资料，为合理调整混凝土配合比提供依据。

②混凝土生产。

混凝土生产集中在拌和站进行。拌制混凝土配料时，各种计量器具应准确。对骨料的含水率应经常进行检测，雨天施工应增加测定次数，据以调整骨料和水的用量。配料数量的允许偏差（以质量计）：水泥、矿物外掺材料为±1%；粗、细骨料为±2%；水、外加剂为±1%。拌制时间应根据工艺试验成果控制。混凝土生产过程中应加强对混凝土的坍落度、扩展度等工作性能的检测，确保混凝土生产质量。

③混凝土运输。

混凝土的运输能力应适应混凝土凝结速度和浇筑速度，使浇筑工作不间断并使混凝土运到浇筑地点时仍保持均匀性和规定的坍落度。混凝土拌和物应采用搅拌运输车运输。混凝土运至浇筑地点后发生离析、严重泌水或坍落度不符合要求时，应进行二次搅拌。二次搅拌时不得任意加水，确有必要时，可同时加水和水泥以保持其原水灰比不变。如二次搅拌仍不符合要求，则不得使用。

④混凝土现场浇筑。

浇筑点可选在端头（一般从较低点开始），也可从两端同时进行浇筑施工，根据现场混凝土供应能力和人员组织实际情况进行选择。浇筑混凝土前，应对支架、模板、钢筋和预埋件进行检查，并做好记录，符合设计要求，方可浇筑。模板内的杂物、积水和钢筋上的污垢应清理干净。模板如有缝隙，应填塞严密，模板内面应涂刷脱模剂。浇筑混凝土前，应检查混凝土的均匀性和坍落度。为防止混凝土离析，自高处向模板内倾卸混凝土时，其自由倾落高度不宜超过 2 m；当倾落高度超过 2 m 时，应通过串筒、溜管或振动溜管等设施下落；在串筒出料口下面，混凝土堆积高度不宜超过 1 m。混凝土应按一定厚度、顺序和方向分层浇筑，应在下层混凝土初凝或能重塑前浇筑完成上层混凝土。上下层同时浇筑时，上层与下层前后浇筑距离应保持 1.5 m 以上。在倾斜面上浇筑混凝土时，应从低处开始逐层扩展到高处，保持水平分层。混凝土分层浇筑厚度不宜超过

300 mm。

浇筑混凝土期间，应设专人检查支架、模板、钢筋和预埋件等的稳固情况，当发现有松动、变形、移位时，应及时处理。混凝土的浇筑应连续进行，如必须间断，其间断时间应小于前层混凝土的初凝时间或能重塑的时间。混凝土浇筑顺序纵向由悬臂端向施工缝端进行，分层浇筑，每层 30 cm。每段梁横断面先浇底板，再浇腹板，最后浇顶板。混凝土插入式振动棒和平板式振捣器振捣。在前层混凝土初凝之前将次层混凝土浇筑完毕，保证无层间冷缝，混凝土的振捣严格按振动棒的作用范围进行，严防漏捣、欠捣和过度振捣。当预应力管道密集，空隙小时，配备小直径 30 型的插入式振捣器，振捣时不可在钢筋上平拖，不可碰撞预应力管道、模板、钢筋、辅助设施（如定位架等）。

⑤混凝土养护。

现浇箱梁的养护方式有覆盖和洒水养生、塑料薄膜或喷化学浆液等养护、自动喷淋养护系统。混凝土浇筑完成后，应在收浆后尽快予以覆盖和洒水养护。对于炎热天气浇筑的混凝土以及桥面等大面积浇筑的裸露混凝土，有条件的可在浇筑完成后立即加设棚罩，待收浆后再予以覆盖和洒水养生。覆盖时不得损伤或污染混凝土的表面。混凝土面有模板覆盖时，应在养护期间经常使模板保持湿润。当气温低于 5 ℃时，应覆盖保温，不得向混凝土面上洒水。每天洒水次数以能保持混凝土表面经常处于湿润状态为宜。采用塑料薄膜或喷化学浆液等方法养护时，可不洒水养护。对大面积混凝土的养护，应根据气候条件采取控温措施，并按需要测定浇筑后的混凝土表面和内部温度，将温差控制在设计要求的范围内。当设计无要求时，温差不宜超过 15 ℃。

7. 预应力张拉及孔道压浆

①预应力束制作及现场安装。

预应力束制作应在干净的水泥地坪上编束，以防钢束受污染；在编束前应用专用工具将钢束梳一下，以防钢绞线绞在一起。在穿束之前应清除锚头上的各种杂物以及多余的波纹管，并用高压水冲洗孔道。若预应力束孔道是曲线状，人工穿束就比较困难，通常将钢丝绳系在高强钢丝上，用人工先将高强钢丝拉过孔道，然后将钢丝绳头用半圆钢环与钢束头焊接在一起，开启卷扬机将钢束缓慢拉入孔内，在钢束头进孔道时，人工协助使其顺利入孔。如果在钢束穿进过程中堵塞，要立即停止，查准堵塞管位置，凿开混凝土，清除管道内的堵管杂物，继续用卷扬机将束拖入孔道。

②预应力筋张拉及孔道压浆。

a. 预应力筋张拉。

混凝土强度达到设计要求后可进行张拉。张拉控制应力按设计文件要求，且不应大于钢绞线强度标准值的75%。预应力筋的张拉顺序，应根据结构受力特点、施工、操作安全等因素确定，一般分层、分部位、分段张拉。在现浇连续梁施工中，预应力筋施工顺序为先纵向、后竖向、再横向。预应力筋的张拉方法应根据设计和施工计算要求，确定采取一端张拉或两端张拉。采用两端张拉时，宜两端同时张拉，也可一端先张拉，另一端补张拉。同一束预应力筋，应采用相应吨位的千斤顶整束张拉，直线形或扁管内平行排放的预应力筋。当各根预应力筋不受叠压时可采用小型千斤顶逐根张拉。特殊预应力构件或预应力筋，应根据要求采取专门的张拉工艺，如分段张拉、分批张拉、分级张拉、分期张拉、变角张拉等。

b. 孔道压浆。

孔道压浆方法有真空压浆法和常规压浆法两种。现浇梁预应力混凝土梁体一般梁体较长时，常用真空压浆法。

真空压浆过程中，每孔梁制作3组标准养护试件，并做1组同条件养护试件，作为吊装或入库备用。取样方法如下。将拌好的压浆料倒入试模，静置，止浆体初凝后，将表面多余的浆体刮掉。24 h后拆模，放入标准养护室于水中养护至7 d、28 d，分别进行7 d、28 d抗压强度和抗折强度试验。试模尺寸为40 mm×40 mm×160 mm。压入管道内的浆料终凝时间小于24 h，压浆时浆体温度不超过35 ℃，压浆时及压浆后3 d内，梁体及环境温度不得低于5 ℃。7 d抗压强度不小于35 MPa，抗折强度不小于6.5 MPa；28 d抗压强度不小于50 MPa，抗折强度不小于10 MPa。24 h内最大自由收缩率不大于1.5%，标准养护条件下28 d浆体自由膨胀率为0～0.1%。浆体对钢绞线无腐蚀作用。其技术要求符合高性能无收缩防腐蚀灌浆剂的规定，有结块不得使用，经检验合格后方可使用。启动真空泵抽真空，使真空度达到−0.08～−0.06 MPa并保持稳定。启动灰浆泵，当输出的浆体达到要求的稠度时，将输送管阀门打开，开始灌浆。压浆次序自下而上，同一管道压浆须连续进行，一次压完，以免孔道漏浆将邻近孔道堵塞。灌浆过程中，真空泵要保持连续工作。压浆过程中经常检查压浆管道是否堵塞和漏浆。待真空泵端的空气滤清器中有浆体经过时，关闭空气滤清器前端的阀门，稍后打开排气阀，当水泥浆从排气阀顺畅流出，且稠度与灌入的浆体相当时，关闭抽真空端所有的阀门。灌浆泵继续工作，压力达到0.5～0.6 MPa，

持压 3 min。关闭灰浆泵及灌浆端所有阀门，完成灌浆。拆卸外接管路、附件，清洗空气滤清器及阀等。完成当日灌浆后，必须将所有粘有水泥浆的设备清洗干净。安装在压浆端及出浆端的球阀，在灌浆后 1 h 内拆除、清洗。

8. 支架系统拆除

在压浆及封锚完成后拆除所有支架。拆除支架时从跨中开始对称向两头均匀拆卸，以便使桥体重量对称、均匀地由两端支座平均承担，同时预防箱梁因受力不均匀产生裂纹。拆除底模时，防止损坏箱梁外观质量。拆除时，禁止无关人员进入危险区域。拆除要统一指挥协调。拆除脚手架时，拆除应按由上而下的顺序，不准上下同时作业。拆除脚手架大横杆、剪刀撑，应先拆中间扣，再拆两头扣。拆下的材料应向下传递用绳吊下，禁止往下投扔。

第6章　隧道施工

6.1　隧道概述

1. 隧道的基本概念及组成

1970年，国际经济合作与发展组织召开的隧道会议综合了各种因素，对隧道所下的定义为："以某种用途、在地面下以任何方法按规定形状和尺寸修筑的断面面积大于2 m^2 的洞室均为隧道。"

隧道是埋藏于地面以下的条形建筑物，被岩土体围绕。在隧道周围一定范围内，对洞身的稳定有影响的岩(土)体，即由于受开挖影响而发生应力状态改变的岩(土)体被称为围岩。

隧道在岩土体开挖后，自身很难保持稳定，为了达到洞室稳定及施工安全的目的，而在洞室开完后对洞室围岩采取的支撑、加强作用的构件和其他处理措施总称为支护。

现代隧道施工技术采取的支护手段按支护作用效果可分临时支护和永久支护两类，包括喷锚支护、钢木支撑、模筑混凝土衬砌、锚杆加固，超前管棚、注浆支护等多种类型。

隧道结构由主体结构和附属结构组成。其中主体结构包括隧道洞门及洞身衬砌部分。为了满足隧道的使用功能，隧道除应有主体结构外，还应具有其他设施，包括公路隧道紧急停车带、人行横道、洞内排水系统、电力电缆系统、通风系统等。

2. 隧道的分类

隧道包括的范围广，根据不同的作用，可以分为不同的种类，下面介绍工程中常见的几种隧道分类方法。

(1) 按照隧道埋深分类：深埋隧道和浅埋隧道。深埋隧道和浅埋隧道的临界深度是以隧道顶部覆盖层能否形成压力拱(自然拱)为原则确定。因此，不同

类别围岩的分界深度也是不一样的，一般采用塌方平均高度的2～2.5倍为深浅埋的临界高度。

(2) 按照隧道所处地理位置分类：山岭隧道、浅埋及软土隧道、水底隧道等。

(3) 按照隧道所处的地层情况分类：岩石隧道（或岩质隧道）、土质隧道（或软土隧道）。

(4) 按隧道断面形式分类：圆形断面隧道、多心圆断面隧道、马蹄形断面隧道、矩形断面隧道等断面形式。

(5) 按隧道的长度分类：隧道长度是指进出口洞门端墙面之间的距离，以端墙面或斜切式洞门的斜切面与设计内轨顶面的交线同线路中线的交点计算。双线隧道按下行线长度计算，位于车站上的隧道以正线长度计算，设有缓冲结构的隧道长度应从缓冲结构的起点计算。

6.2 钻爆法施工

6.2.1 钻爆法概述

1. 钻爆法定义

钻爆法即在待开挖的隧道断面上首先钻凿爆破孔，然后装入炸药引爆，将崩落下的岩石运走，便形成隧道的初型；然后喷锚支护、稳定地层；最后用混凝土衬砌，成为供车辆行走或引水通过的隧道。

2. 钻爆法隧道施工特点

(1) 勘测阶段中地质调查和勘探工作十分重要，尽可能准确掌握隧道工程范围的岩层性质、岩体强度、地应力场、自稳能力、地下水状况、有害气体、地温状况。结合资料，初步确定施工方法、施工措施、配套的施工机具。

(2) 狭窄的施工场地决定了施工存在顺序作业，个别工序可以沿着隧道纵向展开，平行作业。

(3) 施工环境影响因素较多，比如地热、瓦斯、岩爆、地下水等不利地质，所以钻爆法施工必须加强通风、照明、有害气体检测、防尘、排水等工作。

3. 钻孔机具

隧道工程中常使用的凿岩机有风动凿岩机和液压凿岩机，另有电动凿岩机和内燃凿岩机，但较少采用。其工作原理都是利用镶嵌在钻头体前端的凿刃反复冲击并转动破碎岩石而成孔。有的可通过调节冲击功大小和转动速度以适应不同硬度的石质，达到最佳成孔效果。

①钻头和钻杆。

钻头直接连接在钻杆前端（整体式）或套装在钻杆前端（组合式），钻杆尾套装在凿岩机的机头上，钻头前端镶入硬质高强耐磨合金钢凿刃。凿刃起着直接破碎岩石的作用，它的形状、结构、材质、加工工艺是否合理，都直接影响凿岩效率和其本身的磨损。凿刃的种类按其形状可分为片状连续刃及柱齿刃（不连续）两类。片状连续刃有一字形、十字形等几种布置形式；柱齿刃有球齿、锥形齿、楔形齿等形状。一字形片状连续刃钻头的制造和修磨简单，对岩性的适应能力较强，适用于功率较小的风动凿岩机在中硬以下岩石中钻孔，但钻孔速度较慢，且在节理裂隙发育的岩石中容易卡钻。十字形片状连续刃钻头和柱齿刃钻头的制造和修磨较复杂，适用于功率较大和冲击频率较高的重型风动或液压凿岩在各种岩石中钻孔，尤其在高硬度岩石中或节理裂隙发育的岩石中钻孔效果良好，速度也快。常用钻头的钻孔直径有 38 mm、40 mm、42 mm、45 mm、48 mm 等，用于钻中空孔眼的钻头直径可达 102 mm，甚至更大。钻头和钻杆均有射水孔，压力水即可通过此孔清洗岩粉。

钻孔速度受冲击频率、冲击功、钻头形式、钻孔直径、钻孔深度及岩石质量等的影响，另外钻杆与钻头、机头与钻杆的套装紧密程度和钻杆的质量、粗细则影响冲击功的传递。若套装不紧密、钻杆轴线与机头轴线重合不好或钻杆硬度小，钻杆较粗，都会损耗冲击功而降低钻孔速度。

②风动凿岩机。

风动凿岩机俗称风钻，其以压缩空气为驱动力。

③液压凿岩机。

液压凿岩机以电力带动高压油泵，改变油路，使活塞往复运动，实现冲击作用。

④凿岩台车。

将多台凿岩机安装在一个专门的移动设备上，实现多机同时作业，集中控制，称为凿岩台车。凿岩台车按其走行方式可分为轨道走行式、轮胎走行式及履

带走行式;按其结构形式可分为实腹式和门架式两种。工程中应用较多的为实腹结构轮胎走行的全液压凿岩台车。

实腹式凿岩台车通常为轮胎走行,可以安装 1～4 台凿岩机及一支工作平台臂。其立定工作范围可达到宽 15 m,高 12 m,以适用于不同断面的隧道。但实腹式凿岩台车占用坑道空间较大,需与出渣运输车辆交会避让,占用循环时间较长,即机械避让占用的非工作时间较长,故实腹式凿岩台车多应用于断面较大的隧道中。

门架式凿岩台车的腹部可以通行出渣运输车辆,可大量减少机械避让时间。门架式凿岩台车通常为轨道走行,可安装 2～3 台液压凿岩机,适用于中等净空断面(20～80 m^2)的隧道开挖,开挖断面过小或过大则不宜采用。

按其控制的自动化程度分类,凿岩台车又可以分为人工操作、电脑控制、电脑智能导向三种。人工控制由人工控制操作杆来实现钻机的定位、定向和钻进。钻炮眼位置由工程师标出,钻炮眼方向则由操作手按经验目测确定。电脑控制凿岩台车的所有动作都在电脑的程序控制下进行,必要时也可以由操作手进行干预。电脑智能导向凿岩台车不仅具有电脑控制功能,而且可在隧道定位(导向)激光束的帮助下自动定位和定向,可以缩短钻孔作业时间,提高钻孔精度,减少超挖或欠挖量等。

6.2.2　钻爆法隧道施工

1. 钻爆法施工技术要点

(1) 超前地质预报技术。

隧道工程属于地下工程,施工危险性极大,必须加强隧道监控量测工作,其中必测的项目应详细准确,超前地质预报,长短结合,以短为主,准确预报不大于 30 m 的隧道前方及隧道周边外 1 倍洞径的地质情况。具体实施中,掌子面素描法利用常规地质理论和几何作图法推测前方地质情况,其主要内容包括地层岩性、地质构造、地下水特征、围岩稳定情况及支护情况。超前导坑法作用很多,平常在正洞的中间开挖导坑,既起到了地质预报的作用,又开挖隧道、探明了地质。超前地质钻机是利用水平钻机在隧道掌子面进行水平地质钻探获得地质信息的一种地质超前预报方式,直观展现前方的地层岩性,岩体的完整程度、裂隙度等。风钻超前探测在隧道掌子面钻水平的小孔径浅孔获得地质信息,是岩溶发育区对超前地质钻孔的一种重要补充,可与爆破孔同时实施,深度比较爆破孔深 2～

6 m,保证了每循环的施工安全,但是不能提取芯样。

(2) 初期支护和二次衬砌的受力分配与组合。

普通隧道初期支护承受部分水荷载和全部土荷载,而在浅埋、海底隧道,初期支护则要承受全部水荷载和土荷载,二次衬砌仅仅为安全储备。

塑性强化区和弹性区是围岩支撑的主体,塑性软化区是支护的对象。支护软化区对强化区围岩实施作用,增强了围压,使强化区围岩的承载力大大提高,实现深部围岩的稳定,使其成为主要承载区。预支护原理主要解释了围岩极限自承载力、支护抗力、围岩原始内力三者之间的力学关系。预支护力是隧道“围岩—支护”结构体系的承载力,它由围岩极限自承载力和支护结构承载力共同组成,所以隧道的核心是动态平衡与保护中线,使围岩达到稳定平衡状态。隧道开挖后围岩变形过程分为形变压力阶段和松弛压力阶段。在形变压力阶段,围岩极限自承载力下降,围岩发挥的自承载力随变形的增加而增加,围岩的自承载力得到了发挥,所以隧道开挖完成初期,允许围岩发生一定范围的变形,应及时采取柔性支护,反之采用高刚度的支护结构限制变形,支护结构将承受较大的荷载。如果支护刚度过小或支护时机过晚,围岩变形发展到松弛压力阶段,围岩进入松弛状态,则极限自承载力迅速下降。二次支护合理时机的选择使隧道开挖后允许围岩有一定的变形,再进行支护,促使围岩从非稳定平衡状态向稳定平衡状态转变,充分发挥围岩的自承载力,减小支护刚度,降低工程造价。应结合围岩的自稳能力,确定采用柔性支护或者刚性支护。

(3) 初期支护中,多采用网构钢拱架,少用型钢拱架。

在隧道初期支护施工中,靠近工作面的第一排型钢拱架不受力,喷射混凝土后的网构拱架可承受 10 倍荷载,型钢则承受 4 倍荷载,而型钢后部的混凝土喷不上,易渗漏水,网构钢架则不存在这些问题。网构钢架的刚度随着喷射混凝土强度的增加而增强,它的刚度可以通过调整喷层厚度和纵向拱架间距等方式进行调整,以适应不同的地层需要,表现为先柔后刚,与围岩刚度匹配。型钢拱架是将 I14～I20 工字钢在重型机械配合下弯制成拱形,而格栅钢架多为四杆式,四根主杆用 ϕ14～ϕ22 螺纹筋在操作台上人工弯制成拱形,主杆间设置八字形斜杆,在 X、Y 方向实现等强度、等刚度、等稳定度,组合焊接成栅形,断面规格有 14～20 cm 不等。

拱架架立后,都要及时喷射混凝土覆盖,一是为了使混凝土和拱架联合受力,提高支护强度,封闭围岩,防止不稳定岩体掉块;二是为了包裹钢筋,使其不受地下潮湿环境侵蚀,喷混凝土厚度要求将拱架全部覆盖,并具有 5～10 cm 的

保护层。施工中特别注意，不能在拱架和围岩间的空隙填垫碎石，否则喷射混凝土不能填满石头间的空隙，出现“两层皮”现象，降低支护强度。拱架与围岩间的较大空隙，采用浇筑混凝土或者喷射混凝土、注浆填平处理，1.5 m 以上的空隙可以考虑在主拱上方设附拱。

（4）软弱地层施工中，取消系统锚杆，仅在拱架接头处设置锁脚锚杆。

对于软弱围岩的拱部，由于台阶法施工高度的限制，根本不可能垂直打设，水平打设的系统锚杆对于软弱围岩反而是一种负载。对于拱部有水的地段，垂直打设的系统锚杆相当于在拱部无洞的情况下打出一个洞，是百害而无一利的。要保证软弱围岩隧道施工安全，需要在两榀格栅钢架之间用斜拉杆焊接，拱脚处采用纵向托梁、较长的锁脚注浆锚杆或者扩大拱脚等措施进行加强，这是保证开挖安全的重要措施。钢架落底接长时，应沿隧道两侧交错进行，根据围岩条件，每次接长 1～3 榀，上下格栅拱架必须对接牢固，顶部锚杆施工危险，也没有锚固点，所以不宜设置。

经过对相关试验检测数据分析，系统锚杆对黄土隧道的作用不大，网构钢架、喷射混凝土、钢筋网共同组成的支护系统是合理的黄土隧道初期支护结构；通过对Ⅳ级围岩隧道施工各工序所需时间的统计，即使在 4 台风钻同时施工的工况下，每循环系统锚杆施工至少需要 2 h，完成初期支护每循环所需总时间为 16 h，如果取消系统锚杆，可以及时喷射混凝土，有利于围岩稳定，大大缩短工期。同时，按照 3 m 长锚杆 46 元/m 的单价计，以Ⅳ级围岩为例，其拱部和边墙的系统锚杆布置为每延米 23 根，工程造价为 3174 元，以隧道工程造价 30000 元/m 计算，系统锚杆价格占工程造价的 10.6%。

（5）喷射混凝土的方法选择。

潮喷混凝土工艺将集料预加少量水，使之呈潮湿状，再加水泥用强式搅拌机拌和，形成水泥包砂小球，再加小碎石拌匀。之后将搅拌料投入喷射机料斗，同时加入速凝剂，利用高压风动力将混合料输出，在喷头处加水喷出。砂石料在经过预湿后，再在喷头处二次加水，水化较好，所以质量比干喷大大提高；同时在地面对集料进行预湿，粉尘、回弹量较少，一般为 20%左右，一般小于 10 mg/m^3，隧道施工现场使用最多的是该种喷射工艺。

2. 钻爆法隧道施工进度控制

隧道工程施工应保证工程质量、工期、成本满足合同目标的要求。其中工程成本发生在各个工序作业之中，工程质量取决于每个工序进行过程，工期则取决于工程进度系列时间的保证。施工中的管理主要是使上述目标实现，而要使之实现只有通过进度控制方能达到。

隧道施工进度控制包括整个隧道施工的实施阶段（施工设计准备、设计、施工及竣工交付使用等）的控制。此处所讲的隧道施工进度控制主要指制订施工总进度计划后交付施工单位实施。从准备到竣工全过程中的进度控制不含建设方的设计准备、设计和招投标阶段的进度控制，即着重于施工全过程的进度控制。这个过程虽然按总进度计划进行，但常常发生计划与现场的实际情况不吻合的现象，影响按计划规定的时间表运行。影响进度的因素很多，如技术、组织、协调、资金、人力、气候、材料、机械设备等，这就要制订一套进度控制办法，进行有效的控制。

施工总进度计划制订的工期，须兼顾质量、成本的目标。如果每个工序进度都在规定的日期内完成，必将获得较高的经济效益，也就达到了隧道施工管理的目的。故进度控制在施工管理中有非常重要的地位。在钻爆法施工中，进度控制主要采用规划、控制和协调的方法；采取的措施有组织措施、技术措施、合同措施、经济措施等。利用工程曲线和网络计划技术控制施工进度，跟踪实际进度并进行对比分析，查明原因立即采取措施，或修改调整原计划，使之按计划总工期完成或提前。

6.3 盾构法施工

6.3.1 盾构法概述

1. 盾构法及其工作原理

盾构法是以“盾构”在地面以下暗挖隧道的施工方法。“盾构”是一种集支承地层、推进、挖土、衬砌等多种作业于一体的大型暗挖隧道施工机械。盾构施工法是“使用盾构机在地下掘进，在护盾的保护下，在机内安全地进行开挖和衬砌作业，从而构筑成隧道的施工方法”。按照这个定义，盾构施工法由稳定开挖面、盾构机挖掘和衬砌三大部分组成。

盾构施工时，先在隧道某段的一端建造竖井（工作井）或基坑，将盾构组装就位。然后利用竖井的后壁作为推进基座，由盾构千斤顶将盾构从工作井井壁开

孔处顶出工作井，在地层中沿着设计轴线，向另一竖井或基坑的孔壁推进。在推进过程中不断地从开挖面排出土体，推进中受到的地层阻力通过千斤顶传至盾构尾部已经拼装好的预制衬砌管片上，在盾尾内拼装预制的管片衬砌。

2. 盾构法的特点和适用条件

盾构法施工的优点主要如下：①除竖井施工外，施工作业均在地下进行，穿越城市地层时，施工噪声和振动很小，对地面环境影响较小，不影响地面交通，穿越水下地层时不影响河道航运；②由于有盾构的保护，挖掘和衬砌等工作比较安全，这是盾构法的最大特点，其安全性不仅表现为工作人员安全，更表现为能够有效避免围岩坍塌和涌水、流砂等工程事故；③盾构的推进、出土、拼装衬砌等主要工序循环进行，易于施工管理，全过程可实现机械化、自动化作业，施工人员较少，施工速度快，工人劳动强度低；④隧道的施工费用基本不受埋深的影响，适合修建覆土深的隧道；⑤施工本身基本上不受季节、风雨等气候和天气条件影响；⑥不必进行施工降水，对水文环境影响小。因此，在地质差、地下水位高的地段，特别是修建长隧道（隧道长度 $L>750$ m）时，与明挖法相比，盾构法在经济性、施工进度以及技术上都有着较大的优势。

盾构法的不足之处如下：①盾构法多用于软土地层，如隧道覆土太浅，开挖面难以稳定，所以要确保一定厚度的覆土，一般埋深应大于 $1.0D$（D 为盾构的直径）；②盾构施工时，在地面一定影响范围内，将引起地表隆起和沉陷，需要采取严格的技术措施来控制沉陷；③当隧道曲线半径过小（$R<200D$）时，掘进施工较为困难；④盾构法施工所用的拼装式衬砌，对达到整体结构防水性的技术要求较高；⑤盾构机价格较高，工程初期投资较高。

近年来，随着盾构机械设备和盾构法施工工艺的不断发展，盾构法适应各种困难条件的能力大为提高。各种断面形式和具有特殊功能的盾构机械（急转弯盾构、扩大盾构法、地下对接盾构等）相继出现，应用范围不断扩大。可以说，只要地质条件与埋深条件符合要求，就可以用盾构法修建包括地铁车站在内的主要地铁结构。

6.3.2　盾构法隧道施工

1. 盾构施工的准备工作

（1）修建盾构始发井和到达井。

盾构法施工的隧道，在盾构掘进前必须先修建始发井，盾构机各个组成部分

先在始发井内拼装，拼装好后的盾构机由此开始掘进，故在始发井内尚应设置临时支撑结构，为盾构机的推进提供必要的反力。在盾构出洞前，必须先修建到达井，以便在其中拆卸盾构、附属设备和后续车架，以及出渣和运料等。当盾构需要调头时，需要设置调头的地下空间。

盾构始发井和到达井的平面形状多数为矩形，平面净空尺寸要根据盾构直径、长度、需要同时拼装的盾构数目及运营时的功能而定。始发井的长度和宽度在能满足盾构推进时初始阶段的出渣，运入衬砌材料、其他设备和进行连续作业与盾构拼装检查所需的空间要求的情况下，越小越好，一般可取长度 $A=L+(0.5\sim1.0)L$，宽度 $B=D+(1.5\sim2\ \text{m})$。这里 L 为盾壳总长，D 为盾构外径。盾构始发井内设置拼装盾构的盾构拼装台，一般为钢结构和钢筋混凝土结构。台上设有导轨，承受盾构自重和盾构移动时的其他荷载。

在盾构始发井和到达井的端墙上应预留出盾构通过的开口，又称为封门。这些封门最初起挡土和防止渗漏的作用。一旦盾构安装调试结束，盾构刀盘抵住端墙，要求封门能够尽快拆除或打开，使得盾构机可以掘进。根据始发井和到达井周围的地质条件，可采用不同的封门制作方案。一般情况下，封门有现浇钢筋混凝土封门、钢板桩封门和预埋 H 型钢封门。

盾构中间井和到达井的结构尺寸和要求与盾构始发井基本相同，但应考虑盾构推进过程中出现的蛇行而引起盾构起始轴心线与隧道中心线的偏移，一般是将始发井开口尺寸加上蛇行偏差量作为中间井和到达井进出口开口尺寸。

竖井的施工方法取决于竖井的规模、地层的地质水文条件、环境条件等，常用的施工方法有明挖法、沉井法、地下连续墙法等。但施工中要注意以下问题：一是必须对盾构的进出口区段地层采取注浆加固措施，以稳定地层；二是当地下水较大时，应采取降水措施，防止井内涌水、冒浆及底部隆起；三是随着竖井沉入深度的增加，对井底开挖工作要特别小心，以防地下水上涌，造成淹井事故。

(2) 盾构拼装。

盾构拼装必须遵照盾构安装说明书进行，一般在始发井底部的拼装台上进行，小型盾构也可在地面拼好后整体吊入井内。

盾构在拼装前，先在拼装室底部铺设 50 cm 厚的混凝土垫层，其表面与盾构外表面相适应，在垫层内埋设钢轨，轨顶伸出垫层约 5 cm，可作为盾构推进时的导向轨，并能防止盾构旋转。若拼装室将来要作他用，则垫层将被凿除，费工费时，此时应改用由型钢拼装的盾构支撑平台，其上需要有导向和防止旋转的装置。

由于起重设备和运输条件的限制，通常将盾构机拆成切口环、支承环、盾尾三节运到工地，然后用起重机将其逐一放入井下的垫层或支承平台上。切口环与支承环用螺栓连接成整体，并在螺栓连接面外圈加薄层电焊，以保持其密封性；盾尾与支承环之间则采用对接焊连接。

在拼装好的盾构后面，尚需设置由型钢拼成的、刚度很大的反力支架和传力管片。根据推出盾构需要开动的千斤顶数目和总推力进行反力支架的设计和传力管片的排列。一般来说，这种传力管片都不封闭成环，故两侧都要将其支撑住。

拼装完毕的盾构，应做外观检查、主要尺寸检查、液压设备检查、无负荷运转试验检查、电气绝缘性能检查、焊接检查，并满足相应要求方可投入使用。

(3) 洞口地层加固。

当盾构工作井周围地层为自稳能力差、透水性强的松散砂土或饱和含水黏土时，如不对其进行加固处理，则在凿除封门后，必将会有大量土体和地下水向工作井内塌陷，导致洞周地表大面积下沉，危及地下管线和附近建筑物。目前，常用的加固方法有注浆、旋喷、深层搅拌、井点降水、冻结法等，可根据土体种类（黏性土、砂性土、沙砾土、腐殖土）、渗透系数和标准贯入值、加固深度和范围、加固的主要目的（防水或提高强度）、工程规模和工期、环境要求等条件进行选择。加固后的土体应有一定的自立性、防水性和强度，一般单轴无侧限抗压强度以 0.3～1.0 MPa 为宜，单轴无侧限抗压强度太高，则刀盘切土困难，易引发机器故障。

(4) 地面辅助措施的准备。

为了确保盾构正常施工，应根据盾构的类型和具体施工方法，配备必要的地面辅助设施，涉及的方面及工作内容主要包括：①进行控制测量；②平整场地，并通路、通电和通水；③设置管片堆场、拌浆间、充电间、空压机房、水泵房等设施；④形成地面运输系统，配备出土配套设施；⑤配置其他生产设备，一般包括油库、危险品仓库、设备料具间、机械维修间等；⑥提供通信设备；⑦确定和优化隧道断面布置；⑧确定车架转换工艺；⑨布置井底车场。

2. 盾构掘进及出洞

(1) 维持开挖面稳定。

土压平衡式盾构通过开挖面管理（刀盘和密封舱内的渣土压力）、外加剂注入管理、切削土量管理和盾构机管理，使开挖面土压稳定在设定值。挖掘管理已经实行自动化控制，用智能化系统频繁调整开挖速度以控制密封舱压力。

(2) 盾构掘进中姿态的控制。

早期的盾构掘进姿态操纵与控制纠偏主要通过正确调整盾构机千斤顶工作组合、盾构推进纵坡控制、调整开挖面的阻力、控制盾构机自转等方面的综合措施来实现。现代盾构掘进中的姿态控制就是通过一套测量系统随时掌握正在掘进中的盾构的位置和姿态，并通过计算机将盾构的位置和姿态与隧道设计轴线相比较，找出偏差数值和原因，下达调整盾构姿态应启动的千斤顶的模式，从最佳角度、位置移动盾构，使其蛇行前进的曲线与隧道轴线尽可能接近。利用智能化测量系统，可随时掌握正在掘进中的盾构机的位置和姿态(俯仰、旋转、偏移、超挖、蛇行等)。

(3) 盾构施工中的注浆。

通过浆液、注浆压力、注浆开始时间与注浆量的优化选择，达到及时填满衬砌与周围地层之间的环向间隙、防止地层移动、增加行车的稳定性和结构的抗震性之目的。

(4) 盾构机出洞。

盾构出洞的顺序如图 6.1 所示。

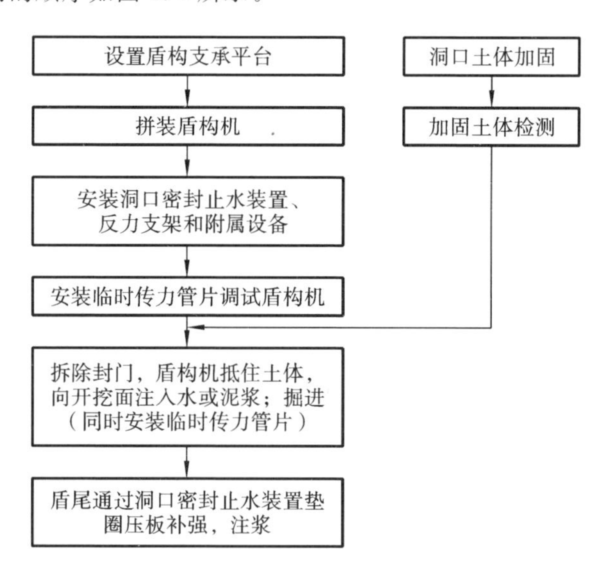

图 6.1　盾构出洞顺序

3. 盾构管片衬砌拼装和防水

盾构法修建的隧道衬砌有预制装配式衬砌(又称管片衬砌)、预制装配式衬

砌和模筑钢筋混凝土整体式衬砌相结合的双层衬砌以及挤压混凝土整体式衬砌。挤压混凝土整体式衬砌已不太常用。

(1) 预制装配式衬砌。

①管片材质。

预制装配式衬砌是指用工厂预制的构件(称为管片),在盾尾拼装而成的衬砌。管片种类按材料可分为钢筋混凝土、钢、铸铁以及由几种材料组合而成的复合管片。钢筋混凝土管片的耐久性和耐压性比较好,管片刚度大,由其组成的衬砌防水性能有保证,应用广泛。其缺点是重量大,抗拉强度较低,在脱模、运输、拼装过程中,容易将其角部碰坏。钢管片的强度大,具有良好的焊接性,便于加工和维修,重量轻,也便于施工;但其刚度小、易变形,而且钢管片的抗锈性差,在不做二次衬砌时必须有抗腐、抗锈措施。铸铁管片强度高,防水和防锈蚀性能好,易加工,刚度亦较大,早期曾得到广泛应用。钢和铸铁管片价格较贵,现在除了在需要开口的衬砌环或预计将承受特殊荷载的地段采用,一般都应采用钢筋混凝土管片。

②管片分类。

管片按螺栓手孔成型大小,可分为箱形管片和平板形管片两类。箱形管片是指因手孔较大而呈肋板形结构的管片。手孔较大不仅方便了接头螺栓的穿入和拧紧,而且也节省了材料,使单块管片重量减轻,便于运输和拼装。但因截面削弱较多,箱形管片在盾构千斤顶推力作用下容易开裂,故只有金属管片、直径和厚度较大的钢筋混凝土管片才采用箱形结构。纵向加劲肋是传递千斤顶推力的关键部位,一般沿衬砌环向等距离布置,加劲肋的数量应大于盾构千斤顶的台数,其形状应根据管片拼装和是否需要浇筑二次衬砌而定。

平板形管片是指因螺栓手孔较小或无手孔而呈曲板形结构的管片。管片截面削弱较少或无削弱,故对千斤顶推力具有较大的抵抗力,对通风的阻力也较小。无手孔的管片也称为砌块。现代的钢筋混凝土管片多采用平板形结构。

箱形管片的纵向接缝(径向接缝)和横向接缝(环向接缝)一般都是平面状的。为了减少管片在盾构千斤顶推力和横向荷载作用下的损伤,钢筋混凝土管片间的接触面通常比相应的接缝轮廓小些。

平板形管片的接缝除了可采用平面状,为提高装配式衬砌纵向刚度和拼装精度,也可采用榫槽式接缝。当管片间的凸出和凹进部分相互吻合衔接时,仅靠榫槽即可将管片相互卡住。当衬砌中内力较大时,管片的径向接缝还可以做成圆柱状的,使接缝处不产生或少产生弯矩。

③连接方式。

衬砌环内管片之间以及各衬砌环之间的连接方式可分为柔性连接和刚性连接。前者允许相邻管片间产生微小的转动和压缩，使衬砌环能按内力分布状态产生相应的变形，以改善衬砌的受力状态；后者则通过增加连接螺栓的排数，尽量在构造上使接缝处的刚度与管片本身相同。实践证明，刚性连接不仅拼装麻烦、造价高，而且会在衬砌环中产生较大的次应力，带来不良后果，因此，目前较为通用的是柔性连接。柔性连接常用的有以下几种形式。

a. 单排螺栓连接。这种连接方式按螺栓形状可分为直螺栓连接、弯螺栓连接和斜螺栓连接三种。直螺栓连接是常见的连接方式，单排直螺栓一般设在管片厚度的1/3处，且螺栓直径亦不应过小。

b. 销钉连接。销钉连接可用于纵向接缝，亦可用于横向接缝。所用的销钉可在管片预制时埋入，亦可在拼装时安装。用销钉连接的管片形状简单、截面无削弱，建成的隧道内壁光滑平整。销钉连接与螺栓连接相比既省力、省时，价格又低廉，连接效果也相当好。销钉是埋在衬砌内的，不能回收，故通常用塑料制成。

c. 无连接件。在稳定的不透水地层中，圆形衬砌的径向接缝也可不用任何连接件连接。因管片沿隧道径向成楔形体，外缘宽内缘窄，在外部压力作用下，管片将相互挤紧，从而形成一个稳定的结构。

(2) 双层衬砌。

为防止隧道渗水和衬砌腐蚀，修正隧道施工误差，减少噪声和振动以及作为内部装饰，可以在装配式衬砌内部再做一层整体式混凝土或钢筋混凝土内衬。根据需要还可以在装配式衬砌与内层之间铺设防水隔离层。双层衬砌主要用在含有腐蚀性地下水的地层中。近年来随着混凝土耐腐蚀性和管片防水性能的提高，已不必采用双层衬砌。

(3) 盾构隧道横截面内轮廓和结构尺寸拟定。

①横截面内轮廓尺寸。

采用盾构法修建隧道时，无论是在直线上还是曲线上，均使用同一台盾构施工，中途无法更换，其横截面的内轮廓尺寸全线是相同的，故除了要根据建筑限界、施工误差、道床类型、预留变形等条件确定，还要按线路的最小曲线半径进行验算。

②管片厚度。

衬砌管片厚度取决于地层条件、覆盖层厚度、隧道外径的大小、管片材料、隧

道用途、施工工艺等条件。为了充分发挥围岩自身的承载能力，现代的隧道工程中都采用柔性衬砌，其厚度相对较薄，一般取衬砌环外径的 5%～6%。

③管片宽度。

管片宽度的选择对施工、造价的影响较大。当宽度较小时，虽然搬运、组装、在曲线上施工方便，但接缝增多，加大了隧道防水的难度，增加了管片制作成本，而且不利于控制隧道纵向不均匀沉降；管片宽度太大则施工不便，也会使盾尾长度增加而影响盾构的灵活性。因此，过去单线区间隧道管片的宽度控制在 700～1000 mm，但随着铰接盾构的出现，管片宽度有进一步提高的趋势，控制在 1000～1500 mm。

④衬砌环的分块和拼装。

衬砌环的组成一般有两种方式：一种是由若干标准管片(A)、两块相邻管片(B)和一块封顶管片(K)组成；另一种是由若干块标准管片、一块相邻管片和一块封顶管片构成。相邻管片一端带坡面，封顶管片则两端或一端带坡面。从方便施工、提高衬砌环防水效果角度来看，第一种方式较好。

封顶块的拼装形式有径向楔入和纵向插入两种。采用径向楔入时，封顶块的两个径向边必须呈内八字形或者至少是平行的，但受载后有向下滑动的趋势，受力不利；采用纵向插入时，封顶块不易向内滑动，受力较好，但在拼装封顶块时，需加长盾构千斤顶行程。封顶块的位置一般设在拱顶处，但也有设在 45°、135°甚至 180°(圆环底部)处的，视需要而定。

衬砌环的拼装形式有错缝和通缝两种。通缝拼装是每环管片的纵向缝对齐，错缝拼装是每环管片的纵向缝错开 1/3～1/2 的宽度。错缝拼装可使接缝分布均匀，减少接缝及整个衬砌环的变形，整体刚度大，是较为普遍采用的拼装形式，但当管片制作精度不够高时，管片在盾构推进过程中容易被顶裂，甚至顶碎。在某些场合，例如需要拆除管片修建旁通道处或有某些特殊需要时，衬砌环通常采用通缝拼装形式，以便于结构处理。管片拼装方法按其程序可分为“先纵后环”和“先环后纵”两种。先纵后环法，其程序是管片按先底部、后两侧、再封顶的次序拼装，逐次安装成环，每装一块管片，对应千斤顶收缩一次。先环后纵法，其程序是管片依次安装成环后，盾构、千斤顶一齐伸出，将衬砌环推向已完成的隧道衬砌，进行纵向连接。

由上述可知，从制作成本、防水、拼装速度等方面考虑，衬砌环分块数越少越好，但从运输和拼装方便而言，分块数多些更好。在设计时应结合隧道所处的围岩条件、荷载情况、构造特点、计算模型(如按多铰柔性圆环考虑，分块数应多些；按弹性匀质圆环考虑，分块数宜少)、运输能力、制作拼装方便等因素综合考虑决定。

⑤注浆孔的配置。

为了均匀地向衬砌背后进行回填注浆，管片上还应设置一个以上的注浆孔，注浆孔直径一般由所用的注浆材料决定，通常其内径为50～100 mm。如注浆孔兼作起吊孔使用，则应根据作业安全性和是否便于施工确定其位置及孔径大小。在钢筋混凝土管片中一般都不另行设置起吊孔，而是注浆孔或螺栓孔兼作起吊孔使用。

(4) 衬砌防水。

盾构隧道衬砌防水主要解决管片本身的防水、管片接缝防水问题。

管片本身防水施工，首先，采用防水混凝土做到结构自防水，满足管片混凝土的抗渗要求；其次，提高管片预制制作精度；最后，还可以在管片外设防水涂层。

目前管片接缝防水措施主要有以下几种。

①接缝密封垫防水。一般使用硫化橡胶弹性密封垫和复合型弹性密封垫。

②嵌缝防水堵漏。这是接缝密封垫防水的补充措施，即在管片环缝、纵缝中沿管片内侧设置嵌缝槽，用止水材料在槽内填嵌密实。一种新方法是可以先在嵌缝槽内涂上树脂胶浆，然后嵌填适当尺寸的异型橡胶条，既可以防水，也可以吸收隧道竣工运营之后产生的振动。另一种方法是在接缝处注浆堵漏。

③螺栓孔防水。这种措施主要用于对密封垫失效和管片拼装精度差的部位的螺栓孔进行专门的防水处理，目前普遍采用橡胶或聚氯乙烯及合成树脂等环形密封垫圈，靠拧紧螺栓时的挤压作用使其充填到螺栓孔间，起到止水作用。在隧道曲线段等容易渗漏水地段，可采用铝制杯形罩或塑料螺栓套管，将嵌缝材料束紧到螺母部位，并依靠专门夹具拧紧，待材料硬化后，拆除夹具，止水效果很好。

④二次衬砌防水。以拼装管片作为单层衬砌，其接缝防水措施仍不能完全满足止水要求时，可在管片内侧再浇筑一层混凝土或钢筋混凝土衬砌，构成双层衬砌，使隧道符合防水要求。

4. 盾构法施工地面沉降机理和防治

采用盾构法施工时，一般地表均会变形，地面变形的程度与隧道的埋深、直径、地层特性、盾构施工方法、地面建筑物基础形式等有关。

(1) 地面沉降机理。

①地表变形的规律。

盾构法施工时，沿隧道纵向轴线所产生的地表变形，一般在盾构前方约与盾

构埋深相等的距离内地表开始产生隆起，在盾构通过以后地表逐渐下沉，其下沉量随着时间的推移由增加而最终趋于稳定。

不同的盾构施工方法，其变形规律及影响范围大致相同，但变形量的差异很大。一般全封闭挤压盾构推进时，地表隆起幅度最大，土压平衡式盾构或泥水平衡式盾构施工时，地表隆起现象相对较小。一般隆起越多，盾构过后沉降越大。施工时掌握得好，地表沉降量可控制在 50 mm 左右，最大不超过 100 mm。

盾构法施工中的地表变形问题应予以足够重视，特别是在城市街道或建筑群下施工时，更应采取各种技术措施，严防地表下沉或隆起危及地表建筑物的正常使用。

②导致地面沉降的因素。

在盾构法施工中，导致地面沉降的主要因素有以下几种。a. 盾构掘进时，开挖面土体的松动和崩塌，破坏了地层平衡状态，造成土体变形而引起地表变形。b. 盾构法施工中应采用降水疏干措施时，因地下水浮力消失，土体自重压力增加，地层固结沉降加速，引起地表下沉。c. 盾构尾部建筑空隙充填不实导致地表下沉。施工纠偏及弯道掘进的局部超挖，均会造成盾构与衬砌间建筑空隙的不规则扩大，而这些扩大量有时难以估计，或无法及时充填，给地表下沉带来影响。另外，施工速度快慢，衬砌结构的受力变形等都会导致表面的微量下沉。

总之，盾构法施工导致地表变形是一个综合性的技术问题，世界各国仍在进行研究。在城市地下工程中应用时，一定要采取多种辅助措施，选择好施工方法，否则，不能进入城市繁华街道及密集建筑群下施工。

(2) 地表变形及隧道沉降的控制。

盾构法施工中做不到完全防止地表变形，但能够设法减小地表变形，并使地表下沉得到控制，可以采取如下措施。

①采用灵活合理的正面支撑结构或适当压力的压缩空气来疏干开挖面土层，以此保持开挖面土体的稳定。

②采用技术上较先进的盾构，如土压平衡式盾构、泥水平衡式盾构、复合式盾构等，基本不改变地下水位，严格控制开挖面的挖土量，防止超挖。

③及时、有效、足量地充填衬砌背后的建筑间隙，必要时还可通过在管片上的注浆孔进行二次加固注浆。浆液材料要严格控制其稠度、含水率和浆液中的黏粒含量，要根据盾构注入和拌浆设备的具体条件，优选浆液的材料和配合比。同时要控制注浆压力，防止影响管片衬砌环的正常使用。

④提高隧道施工速度，减少盾构在地下的停搁时间，尤其要避免长时间的

停搁。

⑤严格控制盾构施工中的偏差量。为了减少纠偏推进对土层的扰动，应限制盾构推进时每环的纠偏量。

为了防止隧道下沉而使竣工后的隧道高程偏离设计轴线，影响隧道的正常使用，通常按经验估计一个可能的沉降值，施工时适当提高隧道的施工轴线，以使产生沉降后的轴线接近设计轴线。

6.4 掘进机法施工

6.4.1 掘进机法概述

隧道掘进机法是用隧道掘进机切削破岩、开凿岩石隧道的施工方法。隧道掘进机是一种机械化的隧道掘进设备，它问世于 20 世纪 30 年代，是一种针对性很强的施工机械。不同的地质条件需要不同的掘进方式，产生了不同类型的隧道掘进机，有些适用于软弱不稳定地层，称为(机械化)盾构。有些掘进机适用于坚硬岩石地层，我国习惯所说的隧道掘进机就是指这类岩石掘进机。在长大隧道中，地层性质往往都不是单一的，经常会遇到复杂多变的地质条件，因此需要有既能适应软岩又能适应硬岩的掘进机，通过将岩石掘进机与盾构相结合就成了实用性较强的混合式掘进机，称为护盾式掘进机。这类掘进机于 20 年代 70 年代已经研制出来，并得到成功应用。

隧道掘进机广泛采用电子、信息、遥测、遥控等高新技术对全部作业进行制导和监控，使掘进过程始终处于最佳状态，可一次性完成隧道全断面掘进、初期支护、石渣运输、仰拱块铺设、注浆、风水电管路和运输线路的延伸等，就像一列移动的火车，实现了隧道的工厂化施工，因此有“移动式掘进工厂”之称。从总体上来看，掘进机技术体现了计算机、新材料、自动化、信息化、系统科学、管理科学等高新技术的综合和密集使用，是当今世界上最先进的隧道施工机械。

掘进机施工具有施工安全、掘进速度快、机械化程度高、显著改善施工环境、劳动条件好、节省劳动力、对围岩扰动小、对环境影响小、经济等优点。而其最大的优点是快速，施工速度可达到常规钻爆法的 3～10 倍。因此随着掘进机技术的迅速发展和机械性能的日益完善，隧道掘进机施工得到了很快发展。特别是近几十年来，隧道掘进机施工法已逐渐成为一种成熟并具有竞争力的隧道施工

技术，被许多隧道作为主要施工方案进行比选。虽然山岭隧道施工中仍普遍采用钻爆法，而且掘进机也很难取代钻爆法，但用掘进机施工的隧道数量在不断上升。实践证明，当隧道长度与直径比大于600时，采用掘进机施工比较经济。可以根据不同工程对象选择不同的掘进机直径，一般来说公路隧道直径为8～12 m时，掘进机可以一次掘进成型。对于高速铁路隧道和公路大断面隧道，还可以采用小直径的掘进机进行导洞施工然后进行钻爆法扩挖成型。

掘进机法也有其局限性，主要缺点有：主机重量大，运输不方便，安装工作量大，需要现场有良好的运输、装卸条件以及40～400 t的大型起重设备；购买掘进机的一次性费用高，还要购买配件、技术协助、运费等。因此，首先，短隧道使用掘进机是不经济的，要求隧道有一定的长度，一般使用掘进机的隧道经济长度为3～15 km；其次，掘进机必须一机一洞，即一个隧道施工完后下一个工程的横断面必须与前者相同，否则即使设备完好也难物尽其用。与钻爆法相比，掘进法对地质条件的适应性比较差，围岩的单轴抗压强度在50～200 MPa较为适宜，当遇到不良地质时，如遇到岩爆、暗河、断层等情况，很难处理，会造成长时间停工，甚至不得不取消掘进施工方法。因此，在地质条件较复杂的情况下，采用掘进机法要格外慎重。

6.4.2　掘进机法隧道施工

1. 掘进机的掘进施工

(1) 破岩机理。

掘进机切削破碎岩石的机理是：它在掘进时盘形刀沿岩石开挖面滚动，同时通过大刀盘均匀地在每个盘形刀上对岩面施加压力，形成滚动挤压切削而实现破岩。大刀盘每转动一圈，将贯入一定深度，在盘形刀刀刃与岩石接触处，岩石被挤压成粉末，从这个区域开始，裂缝向相邻切割槽扩展，进而形成片状石渣。

不同岩石需要不同的盘形刀，只有压入岩石的压力达到一定值时，才能达到较理想的贯入深度。在坚硬和裂隙很少的岩石中，贯入深度一般为2.5～3.5 mm/r，在中等坚硬和裂隙较多的岩石中，贯入深度一般为5～9 mm/r。如果刀间距太大，一把盘形刀产生的压力达不到与相邻盘形刀的影响范围相接，必定开挖不出片状石渣，从而使开挖效率降低。反之如果刀间距太小，则会使石渣块太小，从而浪费了设备的功率。

单个盘形刀的使用寿命，与轴承使用寿命、刀圈材质和加工质量以及它在大刀盘上的位置有关。刀圈的形状已趋于常断面型，它的优点是刀圈尖端宽度在磨损后仍保持不变，因此既使承受的荷载有变化，也将具有良好的贯入速度，从而提高了切割速度并降低刀具的消耗。

利用掘进机施工不仅要注意岩石的抗压强度，还应注意岩石的磨蚀性以及岩体的裂隙程度，当岩体节理裂隙面间距越大时，切割也就越困难。

(2) 掘进作业循环过程。

全断面掘进机的掘进循环由掘进作业和换步作业交替组成。在掘进作业时，掘进机刀盘进行的是沿隧道轴线做直线运动和绕轴线做单方向回转运动的复合螺旋运动，被破碎的岩石由刀盘的铲斗落入胶带机向机后输出。以双撑靴开敞式掘进机为例，其掘进循环过程如图 6.2 所示。

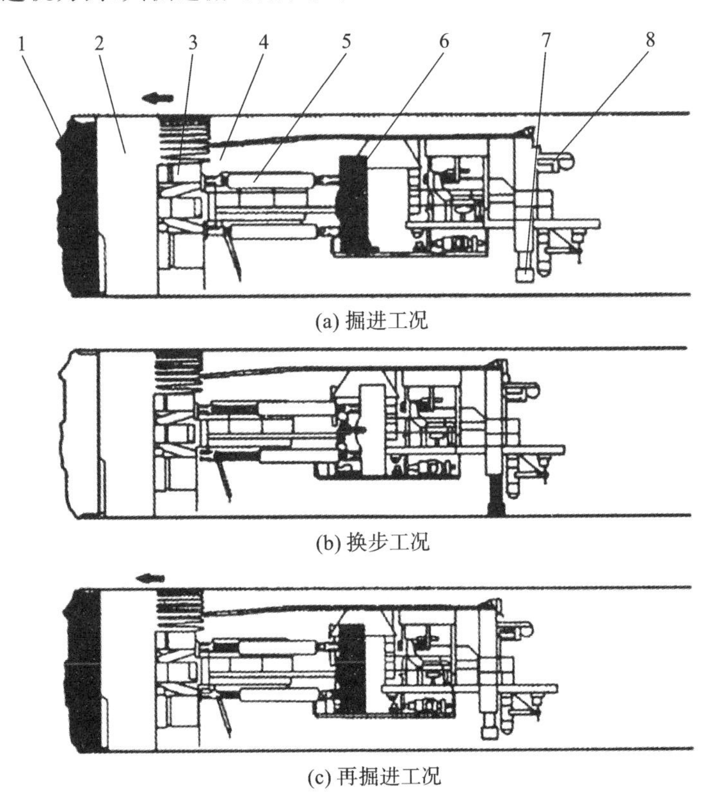

图 6.2　开敞式掘进机掘进循环示意图

1—刀盘；2—护盾；3—传动系统；4—主梁；5—推进缸；6—水平支撑；7—后支撑；8—胶带机

图 6.2(a)：掘进工况。掘进循环开始时，水平撑靴移动到主机架的前端，并撑紧在洞壁上。前下支撑与底部的岩面轻微接触，收回后下支撑，此时切削刀盘

可以转动，推进千斤顶将转动的切削刀盘向前推进一个行程。

图 6.2(b)：换步工况。在向前推进到达推进千斤顶行程终点处时，切削刀盘停止转动，结束开挖，伸出后下支撑，撑紧洞壁，收缩水平支撑使靴板离开洞壁，收缩推进缸，将水平支撑向前移一行程。

图 6.2(c)：再掘进工况。当水平撑靴移到前端限位后，又重新撑紧在洞壁上。收回后下支撑，此时前下支撑与底部岩面又转换成浮动接触状态，然后开始下一个掘进循环。

(3) 掘进机的掘进操作控制。

掘进机的掘进操作是通过其主控制室来进行的。主控室的操作过程为：掘进机启动准备→掘进机掘进前的启动→掘进机掘进→掘进机换步→掘进机调向→掘进机停机。主要分为以下 5 步。

①掘进机启动准备。

启动前要考虑电、风、水是否已安全正确地输送到机器上，首先核实洞外中压电源是否输送到机器的变压器上，变压器的一侧断路器是否已经接通。电源接通后还要确认洞外的净水是否已经接通并送入洞内，同时确认洞外新鲜风机是否启动并把新鲜风送入机器尾部。电、水、风已具备后，则准备工作完毕。

②掘进机启动。

在确认控制电压接通后，启动净水泵(正常水压应在 0.7 MPa 左右)，启动风机(可通过成组启动按钮成组启动，亦可单独启动)，启动液压动力站(与风机的启动方式相同)，空气压缩机要到其配电柜处的操作面板启动。

③掘进机掘进。

开始掘进前，确认以下工作：风机启动，泵站启动，电机启动，输送带启动，水系统正常，刀盘油润滑、脂润滑正常(以上工作在启动时完成)；外机架已经前移并撑紧，后支承已经收起并前移，护盾夹紧缸已经夹紧，后配套系统已经拖拉完毕(以上工作在换步时完成)。条件具备后，开始掘进。

④掘进机换步和调向。

掘进机通常配置激光导向系统，掘进过程中可以随时监测掘进机的方向和位置。通过激光束射在掘进机激光靶面位置点上，经过电脑模块精确计算，提供掘进机在掘进过程中的准确位置。司机根据导向系统显示屏幕提供的当前位置数字显示、预置位置和导向角来调整掘进机掘进方向。

⑤掘进机停机。

掘进一个循环后，PLC(programmable logic controller，可编程逻辑控制器)

系统根据传感器的信号自动停止推进。控制刀盘后退 3～5 cm,使刀圈离开岩面,并根据余渣量的大小令刀盘旋转若干时间。然后停止刀盘喷水,停止刀盘旋转,停止电机,待输送带上的渣基本出完之后,停止输送机。以上控制的相应按钮与启动时的按钮对应。与此同时,可以进行后配套的拖拉工作。

2. 掘进机配套的衬砌支护形式

用掘进机施工的隧道,其支护结构一般由初期支护(或临时支护)和二次衬砌组成。初期支护是开挖过程中保证围岩稳定和掘进机顺利掘进不可缺少的。采用掘进机施工,由于开挖工作面整个被掘进机切削刀盘遮蔽,很难对围岩进行直接观察和判断,而且使得初期支护的位置相对于开挖面要滞后掘进机机身一段距离。因此,不同类型的掘进机,要求采用不同的支护形式。一般在充分进行地质勘探后,隧道设计时,就应确定基本支护形式。例如引水隧道,为保证输水的可靠性,要求支护对围岩有密封性,所以大都采用护盾式掘进机进行管片衬砌的结构形式。不管哪种类型衬砌,为安放轨道运渣,都必须设置预制仰拱块,它也是最终衬砌的一部分。

(1) 管片式衬砌。

使用护盾式掘进机时,一般采用圆形管片衬砌。衬砌分为 5～7 块管片,在洞内拼装而成。其优点是适合软岩,当围岩允许承载力低,撑靴不能支撑岩面时,可利用尾部推力千斤顶,顶推已安装的管片获得推进反力;当撑靴可以支撑岩面时,双护盾掘进机可以使掘进和换步同时进行,提高了循环速度;利用管片安装机安装管片速度快、支护效果好、安全性强,但是造价高。为了防水,块与块之间必须安装止水带,并应在管片外壁和岩壁间隙中压入豆石和注浆。为了生产预制管片,需要有管片工厂,如工地施工场地允许,最好设在现场,以方便运输。

(2) 复合式衬砌。

使用开敞式掘进机,可以先施作初期支护,然后浇灌二次模筑混凝土永久性衬砌,即复合式衬砌,底部为预制仰拱块。由于掘进机的掘进速度很快,不可能使二次模筑混凝土衬砌作业与开挖作业保持一样的进度。当衬砌作业落后较多时,就依靠初期支护来稳定围岩,地质条件好的隧道甚至可以等贯通后再施作二次衬砌。初期支护以锚杆、挂网和喷混凝土支护为主,地质条件较差时,还可设置钢拱架。喷射混凝土作业时要注意不给掘进机设备造成混凝土污染。掘进机上可设置前后两排共 4 台锚杆钻机,以满足对围岩进行锚杆支护作业的需要。

拱部的锚杆作业是非常必要的,锚杆作业应能与掘进开挖同时进行。

二次混凝土衬砌,根据地质条件也有用喷射混凝土作为永久衬砌的。多数隧道往往采取二次模筑混凝土衬砌,使用穿行式模板台车进行永久衬砌的浇筑。根据设计的断面形状,制造模板台车,这与钻爆法施工一致。值得注意的是,掘进机完成掘进任务后,不可能从原路退出,只有在原地进行扩大洞室施工,在扩大洞室内拆卸掘进机部分机件(如大刀盘的解体),才有可能退出。如果用一台掘进机从进口一直掘进到出口时,则不会有在洞内拆卸的问题。

3. 不良地质地段掘进机施工

一般而言,掘进机特别是开敞式掘进机施工,最好用于地质条件较好的隧道。如果地质条件太差,需要过多的辅助作业来保证掘进机施工,就不能发挥掘进机速度快、效率高的优势。同时,辅助作业的施作也受掘进机的充塞影响而变得困难,造成费用过高,工期延长,因而没有必要使用掘进机施工了。但任何一个隧道,不可能不出现一些局部地质较差的地段,因此掘进机必须具备通过不良地质的能力。为了满足不良地质的要求,掘进机可以安装一些辅助设备进行特殊功能作业。

加装的地质超前钻机安装在主机顶部、大刀盘后部的平台上,它在主机停机时进行掌子面前 30 m 的超前钻孔,以对围岩进行预先加固,使掘进机具备自我加固前方不良地质地段的能力和自我通过能力。

紧靠刀盘的后部安装钢拱安装器,利用工字钢拱环形成支护结构。这种方法的优点是材料便宜,加工容易,安装速度快,支护及时。钢拱环的间距要与掘进机的行程距离一致或成倍数关系,在预制仰拱块上要留有安放拱环的沟槽。

掘进机上前后设有锚杆钻机,以满足对围岩进行锚杆支护作业的需要。拱顶部分的锚杆是非常必要的,在掘进的同时,锚杆作业应能同时进行。

在掘进机施工中也会发生一些较大的意外事故。如开挖面大规模塌方造成机件被埋,洞壁围岩变形卡住机体,突发的大量涌水淹没机体和工作面挤出迫使机体后移等。造成这些事故的主要原因是事先地质勘察不明,施工地质预报不及时。由此而造成的停工,其处理时间和费用都很大,要引起特别注意,并避免发生此类事件。处理方法主要是将掘进机后退,利用人工到掌子面用不同的方法进行加固处理,以便让掘进机步进通过。因此做好地质勘察和施工地质超前预报工作至关重要。

第7章　高速公路沿线设施施工

高速公路沿线设施包括护栏，隔离栅，防眩设施，交通标志、标线，照明设施，绿化、收费站等。它们可以为道路使用者提供各种警告、禁令、指示、指路信息和视线诱导；排除干扰；提供路侧保护，减轻潜在事故的严重程度；防止眩光对驾驶员视觉性能的伤害。因此，各国对这些基础设施的开发研究非常重视。

7.1　护栏施工

高速公路护栏是保证车辆安全行驶的必要设施，其施工质量直接影响高速公路的美观性和安全性。波形钢护栏结构简单，便于运输，对山脉、斜坡等区域有很强的适应性。高速公路行车速度快，撞击力大，导致高速公路的事故伤亡率明显高于普通道路，而高速公路波形钢护栏可降低高速公路发生交通事故的可能性，最大限度保证驾驶人员和随车人员的出行安全。下面结合工程实例，对高速公路波形钢护栏的方案选择进行分析，并对施工放线、打桩施工、支撑架和防阻块的安装、护栏板的安装、防腐处理等波形钢护栏施工技术要点进行阐述。

1. 工程概况

某高速公路改扩建工程全长34.2 km，设计行车速度为120 km/h，路基宽度为28.00 m，路面为双向四车道沥青混凝土路面。高速公路沿线的地形地势比较复杂，平均坡度为1.85%，最大坡度为3.25%。高速公路护栏采用波形钢护栏，如图7.1所示。该护栏是由波形钢护栏板互相拼接、立柱支撑的连续结构，以此保障司机和随行人员的生命安全。

2. 高速公路波形钢护栏的方案选择

高速公路护栏长期位于室外，工作性能稳定，护栏表面处理技术成熟，具有耐高温、耐腐蚀的特点，户外使用期限为10～25年。由于护栏设置地点、应用方式不同，选择的护栏方案也不同。

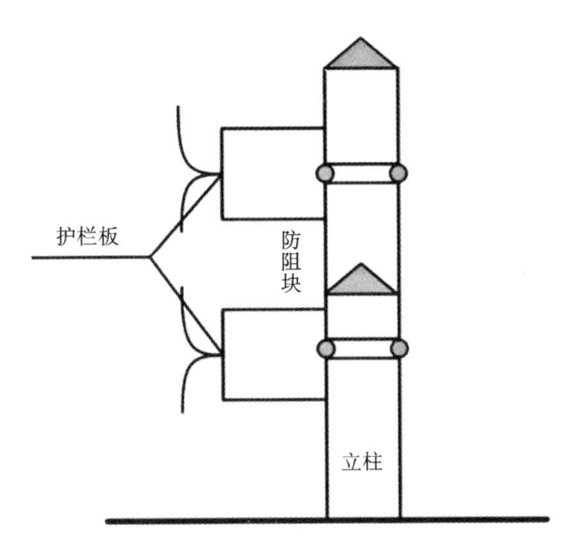

图 7.1　波形钢护栏示意图

(1) 按照表面处理方式选择。

按照表面处理方式不同，高速公路护栏分为热镀锌波形护栏和镀锌喷塑波形护栏两种。该高速公路处于海拔较高地区，热镀锌波形护栏更适合。热镀锌波形护栏的制作流程一般是先将波形护栏进行热镀锌后，再进行喷塑处理，防腐效果要比镀锌喷塑波形护栏高，在大气中镀锌层消耗较慢，为钢腐蚀率的 1/18～1/17。整个钢面因采用镀锌而受到保护，并且边角区的锌层较厚，有较好的韧性、延展性与美观性，但热镀锌波形护栏的制造成本较高。

(2) 按照设置地点选择。

高速公路护栏分为路侧护栏和中央分隔带护栏两种。路侧护栏是高速公路路边的护栏，主要作用是防止失控车辆冲出高速公路。中央分隔带护栏是指设置在高速公路分隔带之间的护栏，其作用是防止失控车辆穿越分隔带冲入对向车道，避免车辆的逆向行驶，降低事故发生率。

(3) 按照防护等级选择。

《公路交通安全设施设计规范》(JTG D81—2017)规定：高速公路护栏按照防护等级不同可分为 A 级护栏和 S 级护栏。其中 S 级护栏属于加强型护栏，多用于路侧非常危险的路段，A 级护栏常用于专用公路。按照道路等级的不同，适用的护栏等级也不相同，如表 7.1 所示。该工程路线全长 34.2 km，设计行车速度为 120 km/h，因此高速公路主路上的护栏等级应选择 SS 级。

表 7.1 护栏的防护等级

<table>
<tr><td rowspan="2">公路等级</td><td rowspan="2">设计速度
/(km/h)</td><td colspan="3">护栏防护等级</td></tr>
<tr><td>低</td><td>中</td><td>高</td></tr>
<tr><td rowspan="2">高速公路、
一级公路</td><td>120</td><td rowspan="2">三(A、Am)级</td><td rowspan="2">四(SB、SBm)级</td><td>六(SS、SSm)级</td></tr>
<tr><td>100、80</td><td>五(SA、SAm)级</td></tr>
</table>

注:①A、Am、SB、SBm、SA、SAm、SS、SSm 分别为护栏防护等级的代码。②各级护栏防护能量从低到高排序:A、Am:160 kJ;SB、SBm:280 kJ;SA、SAm:400 kJ;SS、SSm:520 kJ。

3. 施工要点

(1)施工放线。

施工放线是对高速公路护栏支柱定位放样的事先检查,保证工程建设严格按照设计要求进行,并在建设过程中确保高速公路护栏安装不会对其他相邻主体造成侵害。该高速公路波形钢护栏施工放线主要涉及立柱间距、立柱纵向位置、立柱高度的确定。

①立柱间距的确定。

立柱间距的确定能够保障高速公路护栏安装的美观性,直接影响护板线条平顺。立柱分为普通立柱和加强立柱两种。普通立柱间距应为 4 m,在工程地势平坦的顺坡路段多采用普通立柱间距。加强立柱间距多为 2 m。由于该工程施工远离主城区,地势环境相对复杂,护栏实际安装过程极易出现异形间距的现象。在异形间距安装的护栏板称为异形板,异形板的造价成本较高,稳定性较差,无法满足高速公路护栏功能性的要求,因此该工程要通过缩短立柱间距,来降低异形间距出现的可能性。该高速公路波形钢护栏立柱间距确定为 2 m,通过打造加强型立柱,保证护栏板之间连接流畅,在维持建筑成本的同时确保使用价值。

②立柱纵向位置的确定。

立柱纵向位置的确定要以路缘石的位置为参考。在工程规划图中,会用记号笔画出路缘石的位置,并用量尺确定路缘石和立柱间距,记录数据,调整量尺的水平度,找准量尺距离的中心点,在中心点打入立柱,保证立柱纵向位置水平,防止异形间距的出现。

③立柱高度的确定。

立柱高度直接决定护栏板之间的连接是否成水平直线。根据相关规定,该高速公路波形钢护栏的高度应为 55～77 cm,并且要保证立柱扎入土体的深度

为12～20 cm。

(2) 打桩施工。

按照工程施工设计图确定立杆的具体位置后，桩基施工才可进行。打桩要注意绕开地下电力、电缆等公共基础设施。首先，要选择打桩机。打桩机的选择直接影响高速公路护栏的安装效率，安装护栏时，要根据地质情况来选择对应的打桩机种类。该工程路线全长34.2 km，当遇到碎土石路基层较多、承载力较大的区域时要选择YDD350式打桩机，以免设备受地质影响运行缓慢；当遇到砂性土、黏土较多的路基层时，选择多功能液压打拔桩机，在保障运行速率的同时不易把桩口打毛，确保立柱安装的准确性。其次，在打桩机施工中，施工现场要加强监理旁站和现场监督，确保打桩机定位准确，保证施工质量，并在立柱安装中确定立柱的垂直角度和扎入深度，防止打桩机二次返工，影响公路护栏的安装效率，增加施工成本。

(3) 支撑架和防阻块的安装。

将立杆安装后进行支撑架和防阻块的安装，利用连接螺栓将托架固定在立柱和波形梁之间，确定二者之间的连接孔位后再拧紧连接螺栓。在该工程护栏安装中，不同产品型号之间的孔位不在同一平面上，例如三波护栏板和两波护栏板的防阻块、支撑架的产品型号都不相同。因此，在支撑架和防阻块安装中应选择合适的型号，保证工程的施工效率。

(4) 护栏板的安装。

①护栏板质量检测。

a. 原材料性能。要求该工程护栏板产品必须附有原基底钢材的质量检验单和出厂合格证书。每片波形梁板均在其两端标明生产厂家、时间等。

b. 外观质量。护栏板的冷弯黑色构件表面无裂纹、气泡、折叠、夹杂和端面分层，允许有不大于厚度10%的轻微凹坑、凸起、压痕、擦伤。表面缺陷允许用修磨方法清理，其整形深度不大于厚度的100%，剪切断面及安装孔不允许有卷边或严重毛刺。

c. 表面处理标准。护栏板、立柱、端头：平均锌层重量为270 g/m^2、涂塑层厚度大于0.076 mm；紧固件、防阻块、托架：平均锌层重量为120 g/m^2、涂塑层厚度大于0.076 mm。

②护栏板安装施工。

支撑架和防阻块安装完以后进行护栏板的安装。护栏板的中心高度对护栏的防护效果有很大的影响，在高度不够的情况下，大、中型汽车有可能在发生碰

撞后翻过围栏。该工程护栏板的安装要严格按照施工图纸的顺序进行，确保护栏板的焊接和施工顺利进行。安装过程中，应保证护栏板为平顺的线形，防止局部出现凹凸不平的现象，确认钢护栏的线形基本达标后，便可将螺栓拧紧。

(5) 防腐处理方案。

高速公路波形钢护栏的防腐处理主要有热镀锌法与喷塑法。

①热镀锌法。

热镀锌法也称为热浸锌和热浸镀锌，是一种有效的金属防腐方式，主要用于各行业的金属结构设施。热镀锌法是将除锈后的钢件浸入 500 ℃左右融化的锌液中，使钢构件表面附着锌层，从而起到防腐的作用。热镀锌工艺流程为：成品酸洗→水洗→加助镀液→烘干→挂镀→冷却→药化→清洗→打磨→热镀锌完工。

②喷塑法。

喷塑法防腐一般选用静电喷塑法。在静电作用下，将粉末均匀附着在高速公路护栏上，在此过程中不涉及任何添加剂，更加符合绿色环保的生产理念，对人身体无害、无废弃物，并在高温环境下对粉末进行固化，使其与喷塑金属物件无缝贴合，防腐能力要高于热镀锌法。在喷塑法施工处理前，首先，要整体清洁护栏，确保护栏上没有任何杂质污点，保证粉末的附着效果。其次，利用静电设备将粉末均匀地附着在护栏上。最后，通过高温固化流水线，完成喷塑工艺。

高速公路波形钢护栏是长期在室外使用的安全设施，在施工维护阶段要保证护栏的防腐性能，降低护栏出现干裂、生锈问题的概率，保证公路的安全性，提高公路的整体美观性。基于该高速公路沿线的地域特点和环境因素，喷塑法的防腐处理要优于热镀锌法。因此，该高速公路波形钢护栏选择喷塑法进行防腐处理，解决了传统护栏板易生锈、断裂的问题，还具有耐高温、低温的优势，保证了高速公路车辆行驶的安全。

4. 与其他专业施工配合问题

(1) 与路基工程的配合。

路基边坡的泄水槽对路侧钢护栏立柱的施工影响较大，如果高速公路沿线的泄水槽边缘线与钢护栏立柱的距离保持在 2 m，则给护栏立柱的施工带来方便。泄水槽间距的随意性，使护栏立柱间距造成误差，出现异形板，既造成费用增加、影响钢护栏的施工进度，又很不美观。因此，做好泄水槽的规则布置，是保证路侧护栏施工质量的一项重要工作。

（2）与路面工程的配合。

钢护栏的施工与路面施工关系极为密切。首先，钢护栏施工的主要参照物为路缘石，路缘石的施工质量直接影响钢护栏的施工质量，而高速公路波形钢护栏施工时又会对已铺设的路缘石造成影响。因此护栏施工时要加强对路缘石的保护，防止对路缘石造成破坏及污染；其次，对于一些坡度较大的路段，需要分段设置排水沟，排水沟的位置往往与护栏立柱位置相距较小，稍有偏差就可能使两者相互冲突，因此该段施工时，要配合路面工程做好放样和标识。

（3）与通信管道施工的配合。

高速公路主线通信管道一般都埋置在中央分隔带内，通信管道施工在高速公路波形钢护栏施工之前。因此，在钢护栏施工之前，需要了解通信管道的精确位置，请通信管道专业人员将中分带管道位置画线标清，使护栏施工时准确避开通信管道位置。

综上所述，高速公路护栏是一种半刚性护栏，主要由波形钢护栏板互相拼接并由立柱支撑的连续结构。在高速公路波形钢护栏安装中，首先，要结合立柱间距、纵向位置、立柱高度，确定施工放线；其次，要严格按照施工流程图进行护栏板安装，确保工程质量与施工进展；最后，要根据高速公路沿线地质情况选择适用的打桩机，并做好护栏的防腐处理。该高速公路波形钢护栏竣工质量验收合格，值得在类似项目中应用。

7.2　隔离栅施工

隔离栅作为高速公路的重要交通安全设施，有着隔离公路用地、防止非法侵占公路用地、隔离影响交通安全的人或畜、保证公路的正常安全稳定运行等作用。在高速公路建设过程中，必须注重高速公路隔离栅工程的质量，对隔离栅的整体设计、施工工艺以及施工效果等进行严格规范，保证实际施工质量，确保隔离栅能够有效发挥自身在道路系统中的积极作用，从而保障高速公路的行车安全性，提高实际使用价值与社会收益。

1. 隔离栅的施工技术与工艺

（1）隔离栅的设置目的。

在高速公路征地界线内侧 30～50 cm 处设置隔离栅的主要目的如下。

①阻止人员和其他动物进入高速公路，形成高速公路与外界的相对隔离

状态。

②隔离栅顶部距地面达 1.8 m，所以很醒目地表明高速公路的占地范围，可在一定程度上起到保护路产的作用。

(2) 隔离栅的组成及形式的选择。

①隔离栅主要由立柱、网片、刺铁丝、串联钢丝、斜撑、紧固件及混凝土基础等构件组成。

②隔离栅立柱和斜撑按材料及表面防腐处理不同分为：钢筋混凝土立柱、轧制热镀锌槽钢立柱、轧制镀锌浸塑（喷塑）槽钢立柱、镀锌浸塑（喷塑）钢管立柱、轧制热镀锌槽钢斜撑、轧制镀锌浸塑（喷塑）槽钢斜撑、镀锌浸塑（喷塑）钢管斜撑等。

③其他构件按材料和表面防腐处理可分为：镀锌刺铁丝、镀锌浸塑刺铁丝、镀锌串联钢丝、镀锌浸塑串联钢丝、镀锌铁丝编织网片、镀锌浸塑钢丝焊接网片、镀锌紧固件及强度等级大于等于 C20 的混凝土基础等。

④隔离栅形式的选择。高速公路经过城镇、乡村时应尽量选用镀锌浸塑钢丝焊接网隔离栅或镀锌铁丝编织网隔离栅，防止儿童和小动物钻过隔离栅，进入高速公路，造成较大的事故。

在互通立交和收费站、服务区等路段，为增强美观效果，应设置镀锌浸塑钢丝焊接网隔离栅。

除上述各处以外的其他路段，为降低工程造价，均应设置镀锌刺铁丝隔离栅或镀锌浸塑刺铁丝隔离栅。

(3) 隔离栅构件的表面防腐措施。

隔离栅所用的构件应全部采用热浸镀锌进行表面防腐处理，镀锌量为 250～350 g/m^2，如果设计图纸有要求，还需在镀锌层外再包裹一道浸塑（或喷塑）层，以增强防腐效果和美观效果，浸塑（或喷塑）层厚度一般为 0.5～0.6 mm。

(4) 隔离栅构件、材料的进场与验收。

①隔离栅构件必须具有中华人民共和国交通运输部交通工程监理检测中心或交通运输部科学研究院交通工程检测中心等权威机构颁发的交通工程产品批量生产合格证（须在有效期内）。

②隔离栅构件、材料在进场前，须从生产厂家抽取一定数量的构件样品送交业主或监理工程师进行外观的检查审核，并送到业主和监理工程师指定的质量检测机构进行试验检测。经试验检测合格后的构件样品质量检测报告书送交业主和监理工程师审核后，即可批量进场。进场后的各构件须按一定比例抽检，构

件各断面尺寸和涂层厚度并符合要求后，方能进行施工安装。

(5) 隔离栅的施工安装。

①根据设计图纸的要求，结合现场的地形、地物等实际情况，并以高速公路的征地界线为基本依据，确定立柱埋设的中心线。

②在确定的立柱中心线上，进行适当的现场清理，将立柱中心线上及内外侧各 30～50 cm 范围内较大的石块、树木等清除，如遇到较低的土崖，还须开挖出一道宽 60～100 cm 的斜坡，以利于将来的挂网拉丝施工。

③以上的工作完成以后，可在立柱中心线上进行施工放样，较准确地定出立柱埋设位置，用白灰标出基坑开挖轮廓线。

④开挖基坑的一般原则如下：在地形平缓处，基坑的开挖深度基本以混凝土基础的高度为准；而在地形起伏较大处，特别是变坡点附近，则应视具体情况而定；地势较高处，基坑应挖得深一点，适当降低混凝土基础顶面标高；地势较低处，基坑应开挖的较浅一点，适当抬高混凝土基础的顶面标高，尽量保证立柱埋设完成后其顶面的线形平齐圆顺。基坑开挖的平面尺寸应做到以下两条：采用预制混凝土基础时，每边应比标准尺寸大 15～20 cm，以利于立柱埋设时的回填捣实；采用现浇混凝土基础时，每边比标准尺寸大 1～2 cm 即可，以便于在确保设计尺寸的同时，尽量减少混凝土材料的浪费。

⑤立柱的埋设应分段进行，先埋设段落两端的立柱，然后自两端立柱挂线埋设中间立柱。本段落内的立柱平面线形应做到直线段平直顺畅，曲线段顺滑圆润。本段落内的立柱顶面连线应基本平齐圆顺，不得有忽高忽低的现象。现浇基础混凝土时，应分层捣实，并设置临时支撑固定立柱，直到混凝土凝固为止。隔离栅沿线每 100 m 应埋设一组双向斜撑；每 500 cm 或在转弯处和隔离栅自然封闭段终止处，埋设一组三向斜撑。

⑥当隔离栅跨越宽度小于 6 m 的河流时，可直接用刺铁丝连接。但河流宽度大于 6 m 时，隔离栅应作终止封闭连接设置，并在端头立柱加设一组三向斜撑。

⑦当隔离栅遇到较高的陡崖或在桥梁或通道口终止无法连续设置时，除在终止处立柱上加设一组三向斜撑外，还应做好终止处空隙的封闭设置，防止人员和其他动物进入高速公路。

⑧预制混凝土基础立柱埋设完成一自然封闭段落或现浇混凝土基础立柱埋设完成一自然封闭段落且养生 7 d 后，对立柱埋设的平纵线形进行自检验收合格后，即可进行拉丝挂网施工。

⑨按设计图纸及有关标准、规范的规定，从自然封闭段起始或终止处开始挂装焊接网片或编织网片，先将防盗螺栓拧上但不可拧紧，待全段落全部挂网完成且调整好平纵线形后，最后拧紧防盗螺栓。刺铁丝隔离栅应从自然封闭段的起始或终止处开始挂丝，先挂好斜向串联钢丝，然后开始挂装水平刺铁丝，每挂好一根水平刺铁丝后，利用拉紧器使其绷紧，然后敲紧立柱挂钩。全部水平刺铁丝挂好绷紧并敲紧挂钩且绑扎好水平丝与斜向丝交点后，该自然封闭段的隔离栅施工安装即完成。

7.3 防眩设施施工

眩光是造成夜间行车交通安全事故的主要原因之一。我国交通运输部公路所进行的防眩实验表明：当对向车辆横向距离达到 14 m 时，相会两车的灯光不会造成司机眩目。车辆在高速公路快速行驶过程中，横向距离无法满足防眩安全距离要求，通常采用植物防眩、防眩板等形式解决眩光问题。

1. 防眩设施

(1) 植物防眩。

植物防眩的效果十分明显，使用植物绿化外观美观，能起到很好的视线诱导作用。国外如日本、欧洲采用间歇式种植树木的方式。国内植物防眩基本采用连续密集种植灌木的方式，其具有如下特点。

①我国南北气候环境差异较大，中央分隔带具有高温、高寒、干旱、风速大、土层薄的特点，这导致绿化工作十分艰难，在施工过程中需要重新培土、施加底肥、浇水等，种植土、肥料和水等需要长距离运输，施工成本增加。在植物种植前期，新种植的树苗需要精心呵护，多洒水，尤其在我国华北、西北及新疆等地区，干燥缺水的现象比较严重，如果管理不到位，树苗的成活率将大大降低，增加了绿化的施工成本。

②树苗在精心管理下迅速成长，为保证行车安全还必须有效控制树苗的生长高度和冠幅。为保证平曲线路段的行车视距及防止防眩植物受到失控车辆撞击倒向对向车道，影响车辆行驶，甚至发生二次事故，树木的高度一般控制在 1.4 m以内，树木的冠幅主要控制在分隔带范围内以不影响车辆为前提。因此，每年需要对防眩树木进行修剪，额外增加施工费用。

③中央隔离带的绿化管理和养护工作在高速的车流中进行，过往的车辆和

作业的机械设备可能发生碰撞，这不仅增加了管理成本，同时给安全行车带来隐患，增加了交通安全事故的发生率。

④南方雨水丰沛，雨水沿着防眩植物发达的根系慢慢渗透进入土路基，含水较大的土路基在雨水长时间的作用下将被破坏，形成路基病害。

⑤防眩植物在最初的几年内因环境或者管理工作不到位，生长状态不佳，防眩效果较差，这会直接导致交通事故发生的概率增加。

从以上情况看植物防眩受到环境的影响较大，车辆发生碰撞规避安全事故的能力较差、后期维护的费用较高。

（2）防眩板。

①防眩板的分类。

a. 材质上分类：塑料防眩板、玻璃钢防眩板、钢制防眩板。

b. 外观上分类：直板、反S形板、树叶形板、仿浮雕防眩板、芭蕉叶形板、人字形板等。

c. 功能上分类：增强、高强防眩板，自洁防眩板，景观防眩板。

②防眩板设置原则。

a. 连续性。

在应该设置的路段，防眩板必须按照设计要求连续不间断布设，避免因漏设而导致交通安全事故发生。在满足中央分离带大于9 m、相向行车道高差大于2 m、安装符合要求的连续照明系统等要求时，均可不安设防眩板。

b. 选择合理。

防眩板应根据当地的环境进行选择，例如中国东北地区冬季多积雪，应选用等间距连续板状结构且不易积雪的防眩板；西北地区多风沙，应选用外形带曲面的防眩板。一般环境下，高速公路采用反S形防眩板，其安装数量少于平截面和椭圆截面的防眩板，既可以节省投资和满足防眩要求，同时在外观上又凸显简洁大方的特点。

③防眩板的特点。

a. 安装简单。

在高速公路中，防眩板的安装主要有两种方式：独立式和组合式。其中以组合式为主。防眩板一般设置在钢护栏或混凝土护栏上，其安装工艺简单，控制好防眩板的竖直度，防眩板的遮光角在一般路段为8°，平（竖）曲线段的遮光角为8°～15°，防眩板高度必须符合设计要求，高度一致，在同一平面上，严禁出现高低不平的现象，调整完毕后拧紧防眩板螺栓。

b. 安全可靠。

无论是什么原材料、成型工艺或者结构形式，防眩板都应该有一个共性，即解决对向车灯眩光问题。吹不断、撞不断、不变色应该是所有合格防眩板的基本三要素。防眩板一般安装在混凝土护栏上方，当车辆失控撞向防眩设施时，混凝土护栏承受了全部的冲击力，防眩板也可能会受到损伤，但不会因为车辆失控而影响车辆通行或者二次交通安全事故。

c. 维护便捷。

因防眩板抗老化、抗腐蚀、抗震动、耐温性很好，只有经过长时间侵蚀或者其他外界原因造成破坏才进行维护。维护方式很简单，将破损的防眩板更换即可。防眩板使用周期长，维护周期很短，维护方法简单。

尽管目前植物防眩在高速公路中使用较多，但受环境的影响、施工难度较大及后期的养护工作等各种因素限制，将逐渐被防眩板替代。

2. 防眩板施工

1）施工作业准备

（1）主要机械选型及配备。

施工作业现场涉及的施工机械、测量仪器、检测仪器等设施满足施工要求。如运输车、千分尺等。

（2）材料准备及检测。

①根据工程进度计划编制详细材料采购计划，按照材料的不同品种、规格及不同的使用数量，提前准备。

②建立材料管理体系选配有工作经验和管理经验的人员负责材料物质的交接、验收、登记工作；加强材料的管理，分类堆放、排列整齐，材料场内严禁积水；根据施工进度计划，编制材料供应计划，确保材料供应及时，不影响施工的顺利进行；严控自购材料质量关，试验检测人员应加强对材料的检测，杜绝不合格材料进场。

③减少材料周转环节，缩短材料供货周期。加强工程调度工作，做到材料供应全局调配，对材料使用消耗情况做到及时掌握、及时供应。根据施工进度计划及材料供应计划，合理规划储存场地，做到足量库存。建立健全材料供应制度，做好材料收发记录及质量把关工作，为确保工程质量建立一套行之有效的材料供应体制。

④材料进场后，项目部试验人员会同总监办试验工程师对进场材料按规范抽检频率规定进行取样，按规定进行自检、抽检，自行检测和外委检测资质条件应满足要求，检测合格后由监理工程师批准方可使用。

(3) 内业准备。

①组织全体技术人员学习合同条款和技术规范,了解其主要内容和要求。

②对设计图纸进行审阅、研究和核对,了解领会设计意图和设计要求。

③根据施工项目现场实际特点,对技术人员和施工队伍进行防眩板安装、检测等方面的技术培训及技术交底工作。

④由安全负责人对技术人员、施工人员及机械操作手进行施工区围封、机械操作等方面的安全技术培训及安全技术交底。

⑤防眩板的几何尺寸测量。

⑥防眩板的线形调整。

⑦防眩板的质量控制。

(4) 外业准备。

①根据施工进度计划,进行材料储备。

②按计划组织机械进场,提前对施工机械进行全面检修及保养。

③安全围封方案等。

2) 施工作业流程

(1) 施工准备。

①防眩板在施工前,根据施工图对设置防眩板的位置进行核对,明确采用何种方式连接安装,以便安排制作施工。一般以桥梁、立交、中央分隔带开口及防眩板需要变化的路段为控制点,在控制点之间测距定位、放样。

②施工前对材料进行检测,经监理工程师认可后方可使用,并注意在运输、堆放、搬运过程中可能带来的损坏。

(2) 构件及防眩板安装。

①防眩板在施工过程中,不得损坏中央分隔带及护栏等设施。

②设置在混凝土护栏上的防眩板的支撑板托架直接用膨胀螺栓固定在桥梁混凝土护栏侧,在混凝土护栏上安装防眩板时,注意其混凝土强度应达到设计强度的70%,且防眩板应安装在混凝土护栏的顶部。

③设置在波形梁护栏上的防眩板用弧形钢板和槽钢横梁紧抱波形梁设置,施工时应注意保护防眩板的金属涂层,若有损伤应及时修补。

④按图纸要求处理好路段与桥梁上的防眩板的位置和高度,外形上不得有高低不平和扭曲现象,支架施工严格按照图纸给出的尺寸进行位置调整,焊接平整,预留螺栓孔,在防眩板固定螺栓支架开孔位置,根据实际情况做出适当调整,所有螺栓均应上紧,不允许松脱。

⑤由于防眩板基座安装于桥梁混凝土护栏上，其线形基本参照混凝土护栏，按图纸要求处理好路段与桥梁上防眩板的位置和高度，外形上不得出现高低不平和扭曲现象。

⑥防眩板设置遮光角、防眩板高度、板宽及板的间距应符合图纸设计要求，注意尽量避免漏光现象。施工过程中保护好构件的金属涂层，不得损伤涂层。

3）质量过程控制

（1）原材料控制。

①材料到场后应进行接收检验，原材料应按照规格型号分类放置，并要垫高以防受潮锈蚀，雨季要做好覆盖。

②防眩板材质和几何尺寸应符合图纸设计要求，不得有气泡、裂纹、疤痕、断面分层等表面缺陷。

③防眩板几何尺寸用钢卷尺进行测量，金属厚度采用千分尺进行测量，技术指标应满足规范及设计要求。

④防眩板材料的力学性能技术指标项目部委托有检测资质的检测机构进行防眩板力学性能检测，并要求出具检测报告，检测合格后方可投入使用。

（2）防眩板安装控制。

①防眩板安装在混凝土护栏或波形梁护栏上时，不得削弱混凝土护栏或波形梁护栏的原有功能。

②施工过程中不得损坏波形梁护栏的防腐层。

③防眩板安装后的整体线形要与公路线形协调一致，不得有明显的扭曲或凸凹不平。

4）质量通病预防措施

（1）防眩板褪色。

①现象。

防眩板褪色是指防眩板安装一段时间后，颜色出现变化。

②原因分析。

产品质量不合格。

③预防措施。

对进场的原材料进行检查，不合格的原材料坚决不使用。

（2）防眩板线形不平顺。

①现象。

防眩板线形不平顺是指防眩板线形不顺直，高低起伏。

②原因分析。

a. 施工准备不认真，放样不准确；施工时未严格按要求施工。

b. 支架不稳定，造成防眩板扭曲、倾倒而引起的变形，发生突变。

③预防措施。

a. 安装支架时，应认真放样，确保线形平顺。

b. 安装防眩板时，应带线进行安装。

c. 在安装防眩板前，应严格检查支架的强度，若不合格应立即更换。

5）安全风险排查及应急预案

（1）安全风险排查。

①驾驶员持证上岗，机械设备不能带病作业，进行运输安全、夜间灯光照明的排查。

②司机酒后不能开车，杜绝无证驾驶、违章开车、不遵守交通信号的行为，进行临时管制标牌、交叉口指挥的排查。

③防眩板安装阶段加强机械安全施工的排查及监督。

（2）应急预案。

防眩板安装过程中机械伤害事故应急救援措施如下。

①发生机械伤害，要及时停止机械运转，并根据伤害程度采取相应的救治措施。

②及时逐级上报到公司安全质量部，伤势严重的应及时拨打 120 救援。

③出血性外伤应及时采取止血措施，避免伤员因失血过多造成生命危险。

④骨折性外伤，在挪动伤员时要冷静小心，采取正确的方法救护避免加重伤势。

⑤脊椎骨折伤员要静卧，严禁采用抱、拉、抬腿等方法处理，以防脊椎受伤，导致伤员瘫痪。

⑥要注意保护事故现场，以便调查组调查。

⑦配合上级主管部门和调查组处理，并做好伤员及家属的善后工作。

7.4　标志、标线施工

道路交通标志标线起着警示、预防道路安全的重要作用，特别是在高速公路上，受到车流量、车速、视野等的影响，交通安全事故时常发生，此时交通标志、标线能够对道路行车起到引导作用，减轻高速公路交通安全事故的严重程度。

7.4.1 标志施工

在高速公路主线适当位置，互通立交区、服务区等路段需设置道路交通标志。标志主要分为百米牌、里程标志、车道指示标志、指路标志、警告标志、行车安全提醒标志、旅游标志、桥名标志、隧道标志等。

1. 施工准备与作业条件

(1) 人员准备。

标志工程一般分为三个阶段进行。第一阶段为标志基础的施工；第二阶段是工厂内的标志钢结构和标志版面的加工制造；第三阶段为现场安装。

①每个阶段均需要配备有类似工程施工(加工)经验的作业队伍，劳动力满足进度要求。电焊工、起重机等特种作业人员持证上岗。

②质量、安全保证体系已确立，各阶段配备的安全员、技术负责人和工序质检员已到位。

(2) 设备准备。

关于标志工程施工的每个作业面主要设备的基本要求见表7.2。

表7.2 每个作业面主要设备的基本要求

工序	机械名称	规格、型号	单位	数量
基础施工	搅拌站	强制式	台	1
	发电机	30 kW	台	
	电焊机	25 kW	台	
	振捣器	插入式	台	
	混凝土运输罐车		辆	
标志加工	刻字机		台	
	贴膜机		台	
	剪板机		台	
	车床		台	
	折弯机		台	
	钻床		台	

续表

工　　序	机械名称	规格、型号	单　　位	数　　量
标志安装	起重机	16 t	辆	
	升降机		辆	
	运输车		辆	2

上述设备需配备齐全，性能符合要求。

(3) 材料准备。

所需各种规格的钢板、钢筋、钢管、型钢、铝合金板、滑道、反光膜及螺栓等材料均已采购。其中反光膜应全线统一品牌，防止色泽不一致。

(4) 作业条件。

①分项开工报告、施工方案及施工进度计划获得监理审批。

②在正式施工前经理部技术负责人要对施工队进行详细的技术交底和相关培训。

③钢筋制作场地、混凝土拌和场地、用水用电都已落实。

④施工中做好交通管制，特别是安装大型标志过程中，使用吊车安装时，应封闭道路，防止发生交通事故。

⑤施工前对施工人员进行文明施工教育。

⑥配合比已获得监理审批。

2. 施工工艺

(1) 施工工艺流程。

在施工前，施工单位应编制工艺流程图，如图 7.2 所示，作为各工序施工操作、保证施工进度的依据。

(2) 标志基础施工。

①基础放样。

a. 依照设计图纸要求，准确找到标志安放桩号位置，用钢卷尺、线绳等工具将所需开挖的基坑按尺寸大小进行现场定位放样。

b. 标志定位时应保证各类交通标志的横向位置，任何部分不得侵入公路建筑界限内，其中柱式标志板的内边缘、悬臂式和门架式标志的立柱内边缘距土路肩外缘不得小于 25 cm。

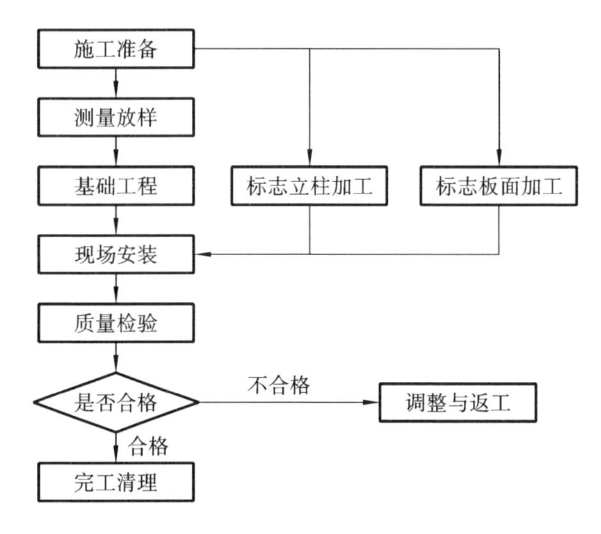

图 7.2　施工工艺流程图

②基础开挖。

a. 基坑采用机械与人工相结合的方式严格按照设计尺寸进行开挖，无法使用机械时用人工开挖。按图纸设计开挖基坑，开挖后的基坑做到松土清除干净，四周及底面夯实。

b. 所开挖的各种杂土清运到弃土场或监理指定的地点堆放。开挖过程中根据开挖深度及土质情况注意观察坑壁的稳定性，及时采取有效措施加强坑壁支挡，以保证施工安全。对开挖好的基础先经监理工程师检测确认，再进行混凝土浇筑。

③基础浇筑。

a. 交通标志基础是确保交通标志稳定性的关键部位，也是一个综合性工程，包括地脚螺栓施工、法兰盘安装、基础钢筋施工、支立模板及混凝土浇筑等。

b. 在浇筑混凝土前，做好与本工程基础尺寸相应的钢模板，厚度不得小于 5 mm，要求焊接牢固、平整。

c. 在支模前，复核基坑尺寸，深度符合设计要求后进行支模作业，成型后的模板要求平整、表面光滑、加工牢固，在法兰定位前，认真核对图纸，确定法兰规格、地脚螺栓的规格及长度、数量，基础钢筋的规格、数量、尺寸及放置方向是否符合设计要求。基础钢筋绑扎牢固，法兰盘固定水平、牢固，脱模剂涂刷均匀，在浇筑前对地脚螺栓的外露螺纹部分进行保护。

d. 混凝土应靠开挖面浇筑，并予以振捣，振捣持续时间应以拌和物停止下

沉、不再冒气泡并泛出水浆为准，不宜过振，混凝土厚度达到30 cm振捣一次，同时检查底部法兰、模板是否移位，紧固件是否松动。

e. 浇筑好的混凝土基础表面收浆后进行养护处理，混凝土脱模后采用土工布覆盖，洒水养生。

f. 基础回填材料必须采用经监理工程师批复同意的能够充分压实的材料，回填一般要在拆模期完成后进行，应分层回填。

(3) 立柱安装。

①基础混凝土浇筑七天后，在基础水泥混凝土强度达到设计要求80%以上，并获得监理工程师的批准后，方可进行标志立柱安装。

②对安装工人进行技术交底，做好安全生产教育。

③要求施工技术人员充分熟悉不同标志立柱构件的尺寸，对各桩号的安装构件进行核对，确定无误后，方可开始安装。安装过程中，针对不同构件的尺寸可采用人工安装和机械吊装两种方式。

④施工技术人员吊装时应选择平衡、牢固的着力点缓缓起吊，防止其他事故的发生。

⑤安装过程中，应注意控制立柱横梁构件的垂直度(垂线控制)和平行度(水平尺控制)，外观上应做到横平竖直。待构件位置全部调整完毕后，应紧固全部的螺栓。

(4) 板面安装。

①指派专业技术人员对到场的标志板按板面内容及尺寸大小分类后，运送至各施工桩号位置。

②组织施工用专业车辆。

③准备安装前，悬臂标志的支撑结构在运抵工地前对各部焊点及结构整体进行检查、试装，自检合格后通知监理工程师，对安装准备工作全面检查，同意后方可安装。

④安装前由施工技术人员对各桩号标志板面内容进行核对，并检查标志板面的外观质量(反光膜拼接质量情况)，确认无误后，对板面进行一次全面清洁，同时准备开始安装。

⑤安装过程中，针对不同构件的尺寸选择不同的安装方式。小型标志的立柱和板面采用人工一次性安装。大型标志立柱通过法兰盘与基础连接，在清理底法兰盘和地脚螺栓螺纹后用吊车统一安装。吊车安装时，吊臂下严禁站人，捆绑要牢靠，不能破坏标志板的边角，板面不能有划痕或其他损坏。如有损伤，立

即进行现场喷镀并采取修整措施。安装时，要注意调整立柱垂直度，板面与道路轴线的夹角不大于5°(在基础浇筑时已充分考虑，安装时仅微调)，板面的净空高度和侧向净空符合设计要求。

⑥标志安装完毕后，应清扫所有标志板。在清扫过程中，不应损坏标志板面或产生其他缺陷。

⑦标志安装完毕后，检查所有标志以确保在白天和夜间条件下标志的外观、视认性、颜色、镜面眩光等符合图纸要求。

3. 质量过程控制

(1) 标志板面制作。

①根据设计图纸对标志板面的要求进行切割，各截面要求平整光滑。

②将铝合金板面进行加固，滑动槽钢铆接成型。制作后的板面要求平整，铆钉无凸起或凹陷等缺陷。

③板面成型后进行检验，待检验合格后，进行脱脂、清洗、干燥等处理。

④在标志板面制作的同时进行反光膜切割(包括字、符)。保证粘贴前有24 h预置。交通标志的形状、图案和颜色应严格按照《道路交通标志和标线》(GB 5768—2022)及图纸的规定执行。所有标志上的汉字、汉语拼音字母、英文字母、阿拉伯数字应符合《道路交通标志和标线》(GB 5768—2022)的规定，不得采用其他字体。

⑤交通标志板面上的图案、字符和平面布设，应在施工前3个月做出样品，提交监理工程师审批。标志采用全反光、部分反光及反光膜的级别，应符合设计图纸要求。

⑥干燥室温度保持在20 ℃的环境下，室内应保持整洁，用贴膜机进行反光膜底膜及字、符的粘贴，粘贴后的标志板面应平整，无皱折、气泡、破损等现象。

⑦为保证美观，标志板上的所有字符、图案均应是整张反光膜，严禁拼凑。

⑧对制作完成的标志板进行严格的检验，检验合格后，粘贴合格证，用包装纸或发泡包装膜分隔包装，确保搬运过程中不磨损标志板面。标志板应贮存在干净干燥的室内。

(2) 标志立柱制作。

①采购的钢材，各项技术条件符合《道路交通标志和标线》(GB 5768—2022)等规定。

②按图纸设计尺寸，用仿型切割机进行钢材下料，除净割渣。各形位尺寸标

准、切割面光滑平整。

③各连接法兰进行车刷和钻孔加工，车钳倒角，光洁度符合车钳加工要求。

④将钢管、法兰、加强筋等用模具进行搭接、组焊成型，焊缝宽度、厚度符合设计要求。

⑤对焊接成型的立柱，将焊渣、流疤等清除干净，经检验合格后进行镀锌处理。

⑥镀锌前进行硫化处理，清除表面的有害物质。

⑦将硫化处理干净的立柱干燥后，浸入镀锌池，进行热浸镀锌。镀锌量大于或等于 500 g/m^2。

⑧对镀锌完毕的立柱进行逐一检验，保证立柱表面无剥落、气泡、疤痕等缺陷。若发现以上缺陷，应重新作镀锌处理。

7.4.2　标线施工

高速公路的标志、标线指的是通过文字、符号、图案等形式，为通行车辆驾驶员提供前行道路引导，以指引通行车辆的行车安全，并管控相应道路通行情况的设施。高速公路标线的建设施工，对其道路的通车运行安全，起着重要的指引作用，是确保高速公路交通安全的关键措施之一。下面结合某高速公路交通安全设施工程，对高速公路交通安全标线施工方法进行详细说明。

1. 工程概况

某公路×段工程第一合同段交通安全设施工程，起讫桩号 K0＋000～K31＋500、K50＋455.5～K101＋700。本合同段共设置 5 个互通、2 个枢纽互通、3 个服务区。主要工程量：热熔型反光标线 94160 m^2，振荡标线 2785 m^2，双组分刮涂标线 16064 m^2，凸起路标 17695 个。

2. 标线设置原则

(1) 主线一般路段以纵向标线为主。主要设置车行道分界线及车行道边缘线，车行道分界线采用双组分反光白色虚线，线宽 0.15 m，实线段长 6 m，虚线段长 9 m，车行道边缘线采用热熔型反光白色单实线，线宽为 0.2 m。特殊情况备注说明。

(2) 互通立交同向多车道匝道的车行道分界线，采用双组分反光白色虚线，线宽 0.15 m。高接高枢纽立交匝道的车行道分界线，实线段长 6 m，虚线段长

9 m。其他立交匝道的车行道分界线，实线段长 2 m，虚线段长 4 m。互通立交匝道车行道边缘线采用热熔型反光白色单实线，线宽为 0.2 m。

(3) 互通立交、服务区、停车区出入口设置导流标线、导向箭头、凸起路标等。导流标线按交通流方向决定其倾斜方向，采用热熔型反光白色线，按图纸规定的线型画线。主线出口设置减速标线，采用白色热熔型凸起标线。

(4) 收费岛地面标线，采用热熔型反光标线。收费岛身标线采用黄色、黑色相间预成型反光标线带，线宽 0.15 m，与路面成 45°角。

3. 标线施工面临的问题

标线施工在以下方面存在问题：道路线形设计与施工的一致性；底漆刷涂的适当性及保养的充分性；熔融涂料的恰当性及安全性；标线施工；标线固化；标线检验与修整；振动标线；刮涂型双组分标线施工的标准化；地面凸起路标施工工艺的规范性；标线尺寸、位置的准确性等。

4. 标线施工技术措施

(1) 道路线形设计与施工的一致性。

①标线施工资源配置要满足现场施工的需要，应配备技术、测量、安全、质量等专业人员，施工设备须配置经纬仪、水准仪、涂层测厚仪、全站仪测量试验质检设备、放线设备、热熔划线机、运输车辆、热熔标线车等。

项目部技术人员要熟悉设计图纸，对现场进行勘查，完善设计方案，根据道路线形设计方案进行施工，保证道路线形设计与施工的一致性。施工技术人员做好技术交底，根据施工图纸测量，将现场测量放样的相应点位标记出来，并认真做好路基、路面及构筑物点位的复核施工放样，点位复测准确，对相应点位用打线绳打线，直线段确保顺直，道路曲线段顺畅圆滑，直线段与曲线段之间的连接协调美观。

②技术人员在施工过程中，若因道路实际情况与设计方案有出入，应及时与现场监理沟通，根据道路实际情况调整设计方案，再进行测量放样定位。

③测量时，根据道路实际布局，先测出一般路段道路中心点，每 10～20 m 间隔确定道路中心线。道路曲线路段，沿线曲率半径每 5～15 cm 设定中心点。根据道路中心线位置，标出道路标线一半的宽度，画出标线宽度的轮廓线，便于施工人员进行喷涂作业。曲线路段曲率半径小，须符合道路线形设计与施工的协调一致性。

④根据道路中心线测出车道的分界线、边缘线，按测量结果标出标线的宽度。根据施工设计图，对人行横道线、导流标线、文字记号等放样标线进行测量放线，结合道路的实际情况，使进出中心线位置总体协调一致。若道路条件特殊，根据道路实际情况重新设计，满足道路通行的安全性。

(2) 底漆刷涂的适当性及保养的充分性。

①道路底漆的刷涂用量要合理适当，充分保证其与路面的黏结力。刷涂量过厚或者不足均会使路面与涂膜之间的黏结力降低。路面应保持干净整洁，根据路面的实际情况和底漆的特性，对路面进行刷涂，刷涂的宽度比标线放样的宽度略宽，刷涂量控制为 65～230 g/m^2。施工人员用刷子刷涂底漆时，要认真仔细，耐心有序，刷涂均匀，防止漏刷。路面凹陷的地方适当涂厚一些。

②道路底漆刷涂后的保养要充分、得当。保养过程中应根据空气的温度和湿度、路面的温度和湿度、底漆的特性、刷涂量的厚薄及路面吸水性等适时调整保养的时间和方式。当底漆干燥后，方可进行标线涂布施工。

(3) 熔融涂料的恰当性及安全性。

①施工人员将熔解釜安装在车上或施工场地，附近不得堆放易燃物品。安装场地要便于施工，熔融涂料移运距离不能过长。将材料加热搅拌至 200～220 ℃，直到熔融，使涂料达到要求，符合条件。要严格控制材料的温度，防止涂料变色和热劣化。涂料对黏结、修整具有较大的影响，要特别注意涂料的熔解程度，可根据涂料量和黏结度的不同要求适时调节火候和搅拌转速。涂敷用量较小时，可将火力调小。

②涂料在熔解过程中，要充分搅拌，涂料混合均匀。熔融涂料的黏度要达到标准，满足规定要求。每锅材料尽可能只加热一次，减少加热次数。当天作业结束前，应与施工人员计算熔融材料的需求数量，已溶解涂料尽量当天使用完，避免剩余涂料过多。补充新材料时，需关注新加入材料的熔融程度。涂料中含有大量空气时，避免长时间高温加热，防止涂料突然沸腾引发事故。

(4) 标线施工(涂敷)。

①涂敷前，作业人员应确保机械设备运行正常，对施工设备要进行例行检查。材料应满足路面耐久性的特点，融熔型涂料加温到 180～200 ℃，温度由材料的树脂类型和配方决定，当涂料充分熔化后，满足使用要求时，在油毛毡或白铁皮上进行实地试画，检查色泽、厚度、宽度、玻璃珠撒布量等指标，达到设计要求。若未满足设计标准，需要对参数进行调整，直至符合设计要求为准。

②当底漆干燥后，开始进行标线施工。将涂料铺于路面，紧接着撒布玻璃

珠，玻璃珠分布均匀，用含量为 0.3～0.34 kg/m^2，并在常温下固化。撒布玻璃珠时应充分把握最佳时机，玻璃珠的直径有一半埋入涂膜中反光效果最佳。涂料温度高，玻璃珠撒布快，玻璃珠会深入涂层中。涂料温度低，玻璃珠撒布慢，涂层已接近固化，玻璃珠不能很好地在涂层上固结，容易脱落，反光效果差。

(5) 标线固化。

标线固化一般为自然冷却。冬季施工时，采取预热措施，避免涂料黏度迅速变大，影响涂料与路面的黏结度。

(6) 标线检验与修整。

画线完成后，根据标线完成情况及路面结构变化，检查标线的色泽、厚度、宽度、玻璃珠的撒布量、标线的线形、标线接缝等，对不合格的标线进行修整或返工，去除溢出和脱落的涂膜，并在后续施工中进行调整。

(7) 振动标线。

振动标线是一种具有国际先进水平的高新技术产品，在我国高速公路上运用较为广泛。振动型热熔标线涂料是在热熔道路标线涂料基础上加以改进的，优化原有标线涂料的流体特性，在熔融状态下，材料保持优良的触变功能。缩短干燥固结时间，提高耐磨性、抗压性及软化点等，采用特殊专用施工工具，在公路中心实线、人行道等标线表面画出点形、条形、方块等各种凸起的图样标线。汽车压线后具有振动功能。振动标线可起到警醒的作用，提高车辆行驶的安全性。

(8) 刮涂型双组分标线施工的标准化。

①准备画线前，应清扫路面上的灰尘、油污、泥沙及水分等，保持标线路面整洁干燥，旧线应清除干净，确保标线平整，反光效果达到预期。

②进行标线放样，放样时应按图纸及道路实际情况，直线段用经纬仪进行取点放样，道路转弯处用放线绳进行取点放样，确定标线位置和标线宽度、长度，在路面上画出标线位置，放样后应随时进行检测，以保证标线施工的正确进行。

③标线施工时，将双组分涂料 A、B 基料先后加入划线机料斗混合搅拌，使其充分反应，材料熔融应控制在规定时间范围内，涂料从料斗流进刮斗，经过迁移刮在地面上，后面撒上玻璃珠。为确保线形质量要求，划线机机位必须准确，并保持匀速行驶。

④施工前应进行试画，检验试画结果是否达到规范要求。若检测结果不合格，应对划线机的行驶速度、线宽、标线厚度、玻璃珠散布量进行重新调试，再试画。调试合格后，开始正式施工。刮涂施工应在白天进行，雨天、尘埃大时应暂停施工。

⑤标线施工应满足设计图纸和施工规范，重点关注标线宽度、虚线长度、间隔特殊标线的图案、标记，如箭头文字等的尺寸。

⑥刮涂标线时，施工现场应使用醒目的安全标志、警告闪光灯等交通安全措施，设置警告标志。配备交通管理员负责现场指挥，在标线充分干燥前，施工区域内应禁止通行，防止车辆及行人对标线造成损坏。

⑦喷涂完成的标线应顺直，曲线处应圆顺平滑，标线边缘应齐整，因施工不当等导致的标线尺寸不正确、位置错误等缺陷，应对其进行清除，并重新喷涂。完工的所有标线湿膜厚度符合设计图纸标准，标线醒目、平直、光滑、协调、美观。

(9) 地面凸起路标施工工艺的规范性。

①测量定位。根据设计图纸和施工方案的要求，对凸起路标进行定位，确定安装的位置，安装的距离以设计为准，各位置应满足纵向在一条直线上，横向左右对齐。

②清理路面。设置凸起路标时，按设计图纸指定的位置设置，路面面层须保持干燥整洁、无杂屑，并用钢刷刷去地面浮灰。

③钻孔。施工人员用直径 $\phi16$ 的电锤在凸起路标定位点进行钻孔，钻孔的深度比路标的钉脚高度大 1 cm。钻孔后，将钻出的浮灰清理干净。

④涂刷黏结剂。黏结环氧树脂与固化剂的配合比为 1∶1，加入 10%～30% 的水泥作填充剂。每一次拌胶大约为 3 kg，胶体应搅拌均匀，保证色泽一致。用胶量恰当，既要粘牢路标底面，周边出现挤浆，但又不能溢出太多，溢出太多易弄脏反射器。

⑤放压凸起路标。放压时，作业人员不能用手直接拿镜面，只能拿两侧，以免污染反射器。粘好后左右转动 2 次，以便胶能更均匀地粘贴地面和凸起路标。反射器前部如有胶溢出，应小心刮去，安装后要清理路面杂物。

⑥封闭现场。施工现场应封闭管理 4 h，严禁车辆碰压路标，直到路标充分干燥凝固。

7.5　照明设施施工

高速公路照明系统的设置，能有效保障夜间高速行车安全，减少交通事故，提高行车效率，保证车辆在高速公路上安全、快速、舒适地行驶，营造更加和谐美好的城市照明效果，改善城市人居环境，充分发挥城市照明在促进经济和社会发展方面的作用。

7.5.1 高杆灯施工

高杆灯由杆体、灯盘灯具、灯头、电气控制、电机卷扬机及基础部分组成，该项目高杆灯安装工程量大，位置分散，施工安装困难，是项目的重难点工序。高杆灯安装主要分地面基础部分和上部高杆灯安装两部分，主要施工流程如下：施工准备→测量放样→基坑开挖报验→钢筋预埋件安装→立模加固→混凝土浇筑养生→拆模基础回填→高杆灯组装、吊装→电缆敷设接线→通电调试。地面基础部分施工主要涉及土建专业，下面主要介绍上部高杆灯安装部分。

1. 施工工序

施工工序：施工准备→现场清理→杆体套接→穿钢丝绳和电缆→头部安装→灯杆整体吊装→灯盘安装→灯具安装→通电调试。

2. 施工方法

(1) 施工准备。

首先，进行现场调查。受施工现场的土建剩余工作面和后续绿化交叉等施工影响，进场前先对安装现场进行调查，确定合适的安放位置，便于组装和吊装工作，制订专项施工方案并报审。其次，在高杆灯安装前清点每一个部件，做好标记，做好功能核对，避免在安装后部件不能正常工作。

(2) 现场清理。

在安装之前首先要清理基础部分杂物，拆除地脚螺栓防护膜，复核螺栓间距尺寸，包括对角尺寸，检查螺栓螺纹，有必要时可进行试拧，同时做到作业范围内清洁无杂物，无闲杂人员。

(3) 杆体套接。

灯杆套接前按方案配置好起吊设备的起吊重量及起重高度。安装时检查构件是否破损、弯曲，镀锌层有无破坏，表面是否有油渍等污染，如有污染，应及时矫正、修复、清洁，以免影响整体功能和外观。杆体套接时对好编号、方向，做好标记，由底部从大到小每节逐步套接，可以用葫芦吊拉紧套接，也可利用吊车吊带起吊施加足够的拉力，把杆子套紧，检查套接标志，确保套接到位，必要时可用大锤在杆子一端敲击。

(4) 穿钢丝绳和电缆。

在灯杆内穿入导线管，把钢丝绳、控制电缆、电源电缆等逐根导入杆内，确保

钢丝绳、控制电缆、电源电缆等不打结、缠绕，以免造成缆线破皮，钢丝绳变形断裂影响灯盘的升降，或造成电缆短路。

(5) 头部安装。

用吊车吊起灯头，套入杆体。依次拧紧紧定螺栓，调整螺栓的拧入深度，保证部件连接的可靠性，使头部套筒与杆体的周边间隙基本保持一致。锁紧升降钢丝绳，注意要将钢丝绳电缆放进滑轮凹槽，挂钩松紧适中，保持灵活翻转。最后在灯头上安装防雨盖、避雷针，接上跨接线。避雷针的安装必须连接可靠，保持垂直度，以免影响整体美观。

(6) 整体吊装。

依据35 m、20 m灯杆各自的情况报审专项施工方案，选择吊车及吊具、索具。吊装前仔细检查前面工序，确保安装无误后方可吊装。吊装是施工中危险系数大、技术要求高的一项作业，对施工人员的技术素养要求特别高。起吊之前必须仔细检查吊带、钢丝绳、U形卡等吊装设施，确认无误后方可起吊。起吊时无关作业人员应撤离至安全区域，专人在安全区域拉牵引绳索，保证绳索长度。吊起的固定位置应便于灯杆按预定的方位就位，同时注意吊装带的缠绕方式便于吊带脱落。

(7) 灯盘安装。

在灯杆垂直吊起、垂直调试无异常一段时间后，方可对孔锁紧地脚螺栓上的螺母。立好灯杆后，拼装灯盘，锁好钢丝绳。

(8) 灯具安装。

灯具的安装要遵守电器安装规范，保证接线的正确性和接地的可靠性。在灯盘的预定位置安装灯具，接线要注意灯具三相平衡。灯具要可靠接地，以免遭受雷击损坏灯具电子元器件。

(9) 通电调试。

电缆敷设完成且遥测绝缘电阻合格后，方可通电调试；先仔细检查，接通电源，做亮灯试验，再进行高杆灯升降调试，如果发现问题一定要先断电，然后查明原因再进行修复，调试完成后试运行一段时间。

3. 施工注意事项

严格按照施工方案、安装说明书要求，在厂家专业安装人员指导下安装高杆灯，施工的全过程应按顺序作业，灯杆组装牢固，每节组装完毕要进行检查，不得有松动的地方；灯杆做到外观顺直、流线平滑垂直；不得破坏灯杆的防锈层；高杆灯、投光灯的朝向安装角度应符合图纸设计；电缆线接头应牢固可靠，做好防水绝缘；吊装时一定要设置警示标志，严格按作业流程操作。

7.5.2 高速公路隧道照明系统施工

高速公路隧道照明施工，具有环境局限性大，点多线长，工作量大，施工周期长，多家单位交叉作业，并涉及临运行车等情况，施工干扰大，施工组织困难等特点，因而必须重视高速公路隧道照明系统的施工。下面结合某高速公路工程阐述高速公路隧道照明系统的施工要点。

1. 工程概况

某高速公路工程的整个线路主要采用双向四车道，全线总长度为156.568 km，该高速公路的路基宽度为21.5 m，设计时速为80 km/h，机电系统主要包括监控、通信、收费系统，全线隧道监控、供配电、照明、通风系统和隧道消费系统。隧道内全部采用led无级调光照明。

2. 施工要点

(1) 箱柜安装。

①高低压配电柜的安装。

高低压配电柜的安装必须在室内装饰工程和室内地坪完成以后进行。安装必须牢固，连接紧密，并与地面垂直，其误差不大于柜高的1.5%，盘面间接缝小于2 mm。配电柜、仪表盘、控制柜必须有良好的接地。在进行配电柜安装时，需要根据设计图纸将配电柜平稳安放，在放置之后，需要首先将两端的位置进行找正，接着在配电柜高度的2/3处绷线找正，与此同时采用5 cm的铁片对两端的位置进行准确调整，最后用螺栓对其进行固定。在配电柜安装过程中，主要采用螺栓对其进行连接。本工程采取的螺栓类型为镀锌螺栓，每一个配电柜必须与接地干线进行单独的连接。

②动力、照明配电箱的安装。

在安装配电箱盘面上的开关以及各种类型的刀闸时，必须保证它们处于断路的状态，严禁在安装过程中带电。应该将配电箱上的相关仪表以及电具等配件进行调平，保证其整洁性。

(2) 电气管线以及电缆安装的施工。

①管内穿线。

本工程所选用导线均为聚氯乙烯绝缘耐火型导线和聚氯乙烯绝缘导线，照

明及插座回路采用单相三线制。

a. 材料要求。

导线的规格、型号必须符合设计要求,管路护口必须与管路配套,导线的连接采用相应型号的加强型绝缘钢壳螺旋接线钮连接,所用材料必须符合设计要求,并有相应的产品合格证。照明灯具的导线,其电压等级不应低于交流 500 V,其线芯最小截面积应符合表 7.3 的规定。

表 7.3　导线线芯最小截面积(单位:mm^2)

<table>
<tr><td colspan="2">安装场所的用途</td><td colspan="3">线芯最小截面积</td></tr>
<tr><td rowspan="4">照明用灯头线</td><td>民用建筑室内</td><td>铜芯软线</td><td>铜线</td><td>铝线</td></tr>
<tr><td>工业建筑室内</td><td>0.4</td><td>0.5</td><td>2.5</td></tr>
<tr><td rowspan="2">室外</td><td>0.5</td><td>0.8</td><td>2.5</td></tr>
<tr><td>1.0</td><td>1.0</td><td>2.5</td></tr>
<tr><td rowspan="2">移动式用电设备</td><td>生活用</td><td>0.4</td><td>—</td><td>—</td></tr>
<tr><td>生活用</td><td>1.0</td><td>—</td><td>—</td></tr>
</table>

b. 导线敷设及质量标准。

照明支路采用单相二、三线制。为使整个电力系统三相负载平衡及便于以后维修,穿线时必须使用不同颜色的导线,即遵守“黄、绿、红、淡蓝(或黑)、黄绿”色分别代表 A、B、C、N、PE 相的原则。为使管路畅通,将布条的两端牢固地绑扎在引线上,两人来回地拉动引线,将管内的灰尘、水泥等杂物清除干净后方可进行管内穿线。断线时应考虑导线的预留量:灯头盒、接线盒、开关盒的预留量为 15 cm;配电箱内的预留量为箱体周长的 1/2;出户线预留 1.5 m,公用导线在分支处可不剪断而直接穿过。

穿线前要检查护口是否齐全,如果在检查中发现护口存在遗漏或破损等现象,那么必须对其进行补齐。导线在变形缝处时,补偿装置应活动自如,导线应留一定的余量。

导线的连接要符合三个要求:不能增加电阻值;不能降低原机械强度;不能降低原绝缘强度。为满足上述要求,导线连接时,先削掉绝缘层,将一根导线缠绕在另一根上,缠绕圈数必须达到 5 圈以上,否则,缠绕圈数不够会导致连接点的电阻增加,产生发热,容易造成事故隐患,引起火灾。

剥离导线时,不能伤及线芯。6 mm^2 以下的线,多股线连接完后必须搪锡,以减小接头的电阻。

10 mm^2 以上的导线与设备、开关连接时必须使用接线端子（即线鼻子），铜接线端子在压接完后必须搪锡。导线连接、焊锡、包扎完成之后，需要根据图纸要求以及相关设计规范对其进行检查，主要包括自检以及互检工作，不符合规定的立即纠正，确认无误后进行绝缘电阻测试。照明线路的绝缘电阻值应不小于 0.5 MΩ。

②电缆敷设。

同一沟内或同一桥架内敷设电缆应遵循先下层后上层、先里面后外面的次序，有序进行，以免电缆扭转和错孔。电缆外表绝缘层应完好，无机械损伤和扭曲现象，绝缘电阻符合规范要求。电缆敷设时应及时编挂标号牌，电缆排列应做到横成行、竖成列，引出方向和余量一致，相互间距一致，力求电缆排列整齐美观，便于维护。电缆敷设时必须留有一定的余量，余量长度按规范规定，并做好盘条标记。电缆的最小弯曲半径必须大于或等于 $10D$（D 为电缆外径），控制电缆尽量避免有中间接头；电缆头的制作必须整齐牢固，并进行搪锡处理，符合有关规范规定。

(3) 防雷与接地。

本工程接地系统装置，利用隧道桩基础承台地梁内的下层钢筋相互焊接组成一个整体，为自然接地体。隧道内的金属支架构件通墙焊接，与每座工井的接地装置连接，采用 40 mm×6 mm 镀锌的扁钢，其接地电阻要求不大于 10 Ω。施工过程中注意办理隐蔽工程验收手续。接地干线采用镀锌扁钢或利用电缆保护镀锌钢管，接地体采用镀锌角钢。扁钢的搭接长度和焊接方法应符合规范要求，角钢的长度和打入深度应符合设计和规范要求。

(4) 灯具的安装。

①测量定位。

在灯具正式安装之前，需要根据相关设计要求以及规范对灯具的安装位置进行测量定位工作。在进行测量定位的过程中需要有工程监理师在现场进行监督和检查确认。

②灯具的支架加工。

部分灯具要加工安装支架，如悬挂式灯具，按灯具重量在保证承重强度及固定可靠性的情况下，按设计要求加工固定支架，做防腐处理后先将支架安装固定。

③灯具安装。

在施工过程中，需要与之前作业的施工单位进行积极的沟通和配合，尽可能

在减少对前期施工影响的情况下进行灯具安装工作。在进行灯具安装之前，需要使用万用表对灯具进行导电、绝缘以及通电试验工作，试验合格之后才能够进行灯具的正式安装工作。在灯具安装施工中，首先要对立柱进行安装，重量相对较轻的立柱可以采用人工搬运的方式直接与预埋的法兰盘进行对接组装；重量相对较大的立柱则需要使用吊车对其进行搬运，并且利用人工安装。在安装立柱的过程中，要对立柱的安装质量进行严格的控制，并且保证立柱安装垂直。如果有需要可以采取利用薄垫片的方式对立柱的垂直度以及水平度进行控制。接着就可以根据相关规范以及设计要求准确安装灯具，并且对其进行紧固。

灯具安装后，电气接线、维修盒与接地极之间通过镀锌螺栓良好连接，并良好接地。每根灯柱均做接地处理，并对每根灯柱设置单独的短路保护。照明设备安装组负责灯柱、灯支架、灯具、照明配电箱安装，与此同时要进行试验看其是否通电正常。在灯具安装完成之后，还需要根据相关规范以及设计要求进行相关可靠性的试验工作，主要检测部门为技术部门以及设备安装部门，需要对安装的外观质量以及内在质量进行检测和试验。

7.6　绿化施工

包含草坪、树木等在内的绿化设施作为高速公路工程建设的组成部分，其不仅能够优化高速公路的行车环境，缓解司机在高速公路上长时间行车的视觉疲劳，也可以有效维护并加固高速公路的路基路面，增强其稳定性，避免因长时间雨水冲刷而引发垮塌问题。高速公路绿化是一个受到多方面因素影响的复杂项目，包含绿化设计、绿化施工以及绿化管理等。施工企业应统一认识，深入分析，明确并切实落实绿化施工及管理的相关要点。

1. 高速公路绿化施工的概念、作用及实施原则

(1) 绿化施工的概念与作用。

高速公路绿化施工是指施工企业根据施工地域的具体地质条件、水文条件、气候状态等，在高速公路路基路面以及道路两侧种植针对性的绿色植物。高速公路的绿化建设具有两个方面的重要作用：一是高速公路的绿化带能够有效改善公路附近的自然环境，使高速公路整体环境变得优美整洁，防止水土流失，同时也可在一定程度上降低通行车辆对附近居民的噪声污染；二是绿化建设作为高速公路整体工程建设的有机构成，其能够达到良好的路基路面防护作用，并具

有高速公路分流、指导行车等功能。

(2) 绿化施工的实施原则。

绿化施工应严格依照以下三方面原则进行。

①提前性原则。

提前性原则主要是指高速公路的绿化施工必须在工程规划时就提前进行方案策划,以保证绿化带的设计与高速公路的走向、整体结构相符合,同时,也可根据地质勘探结果及早做出植物苗秧的选择,并确保施工企业有足够的时间进行市场考察并准备绿化秧苗,最终避免因时间不足而延误工期。

②针对性原则。

针对性原则主要是指高速公路绿化施工应针对不同路段、不同功能区等采用不同的施工方法。通常情况下,高速公路的绿化带主要包含中间分隔区、填充土方平台区、散碎土落平台区以及道路交叉回转区等。中间分隔区作为高速公路的内在组成部分,其绿化施工至关重要,应顺应公路的整体结构,设计出简单的、呈周期变化的、具有一定节奏性的绿化设施,以发挥其道路引导的作用。而填充土方平台区的绿化工程则应保持固定样式,以降低绿化设施对行车的干扰。

③安全性原则。

安全性原则即高速公路的绿化施工必须综合分析驾驶员的心理,尽量降低外在因素对驾驶员的行车干扰,采取单一重复的方式,禁止绿化设施阻挡驾驶员视线,保证行车安全。同时,还应注重绿化设施对车辆通行的指引性。

2. 高速公路绿化施工的要点

(1) 绿化施工与道路建设。

高速公路的绿化施工与道路建设紧密相连,绿化施工必须以道路工程结构、具体路段的建设状态及其地质条件为基础,根据前期形成的绿化设计方案,科学而恰当地设置苗木、草坪等绿化设施。一般情况下,高速公路两侧的主体树木必须与公路有一定的距离,不可过近,否则可能会对行车造成干扰,影响驾驶员的视线,也不利于车辆的临时停靠。通常,这一间隔距离应大于 2 m。灌木类植物体积较小,但也不可过于靠近主干道路,间隔距离多控制在 1 m 以上。

就我国的高速公路而言,两侧主要是填方护坡、挖方护坡或平地,为了保证公路的绿化效果,一些施工企业在填方护坡或平地上直接进行直线栽种,同时,在挖方护坡上根据地势高低不同实施间断性种植,这在一定程度上增强了绿化设施的视觉效果,但却不利于后期的绿化管理,甚至可能引发护坡水土流失与路

基坍塌。所以，高速公路绿化施工切忌照搬照抄过去经验或过于重视面子工程，而应紧密结合具体的道路建设情况，针对性地做出改变和调整。

（2）绿化施工与立交桥。

立交桥作为高速公路的重要枢纽，是高速公路绿化工程的重点环节。立交桥的绿化效果不仅在较大程度上决定了整个绿化工程的质量，更影响着立交桥车辆通行指引体系的健全与有效性。因此，施工企业必须重视高速公路立交桥的绿化施工。

与垂直的高速公路路段相比，立交桥具有繁多的空白地块需要建设绿化带，尤其是同时汇总和引流好几条高速公路的大型立交桥。一般情况下，我国大型立交桥的绿化总面积较大，在正式绿化施工之前，施工企业应进行多次实地调查与试验，进而提高绿化设计方案的合理性和可操作性，同时对现场的分散地块进行有效平整和彻底清理，这是因为自然状态下的地块很可能达不到绿化设计要求与绿化施工标准。此后，施工企业再根据道路建设情况有针对性地布局、放线。另外，必须明确要种植的绿植种类、数量、位置、种植顺序等，根据绿植苗的大小和生长特征挖坑开沟，施底肥，并尽量在晴朗的天气不间断地完成施工。

（3）绿化施工与绿化设计。

高速公路绿化设计与绿化施工必须遵循适地适种的前提，即在特定的土地上种植适合的绿植。具体来说，高速公路的绿化施工与设计都必须注重以下五个方面的内容。

①欲种植的绿植必须是一年四季常青的，能够在短时间内迅速生长。

②高速公路旁的绿植必须易于存活，具有旺盛的生命力，不畏惧狂风与尘土、尾气等污染物。

③迅速长大的绿植能够常年保持同一状态，不需要经常修剪与养护。

④具有较强的视觉效果，给车辆通行以指引，但不能干扰到驾驶员的视线，不能有特殊的气味。

⑤对于立交桥而言，为增强道路的美观性，其绿化设施还应具有较强的层次感。

若不能实现上述五项要求，可能导致绿化施工过程中的大量增补，大幅度提高施工成本，同时给绿化管理带来一定的麻烦。

3. 高速公路的绿化管理

（1）绿化管理与绿化施工同时进行。

高速公路绿化建设具有距离远、工作量大、耗时长等特征，因此，企业在进行绿化施工的同时也应有针对性地进行绿化管理，使管理与种植同步进行，以保证绿化工程质量。具体措施如下。

①高速公路两侧或绿化带上的主要树苗种类应经过慎重的筛选，在年前的冬季时节挖出种植坑，在次年的春季种植树苗。树苗种植时应采取施加足额底肥、回填土、逐层压实以及浇水等施工步骤，以提高绿化植物的成活率，降低管理人员上路维护的频率。

②欲种植的树苗必须遵循即取、即包、即运与即栽的原则。

③根据季节与温度进行绿化带的浇水。

④灌木类绿植应同时种植在道路两侧，并尽可能地错开主体树木种植时间，具体先后时间则可由灌木植物种类决定。

(2) 绿化管理方法。

在做绿化管理之前，管理者必须全面且深入地掌握高速公路不同路段的建设状态、地质条件、水文条件以及绿色植被生长情况等，针对不同的条件，采取恰当的、科学的管理方法。就高速公路的填方护坡而言，多风的特点易让土壤中的水土流失，因此，绿化管理的重点内容是对抗干旱和冻害。而对于挖方护坡来说，背风的特点使水土涵养较好，绿色植被生长状态良好，此时，绿化管理的重点是防治虫害。此外，高速公路的绿化管理应采用精细化方式，提高绿植的成活率与保存率，以降低成本。

高速公路的绿化施工必须把握好开工季节与进度安排，通过连续施工的方式保障施工质量，尽可能遵循及早性、可行性与安全性等原则。企业必须积极探索绿化管理与绿化施工协同进行，不断改善与优化绿化施工与管理方法，保证高速公路绿色植被的有效性和存活率。

(3) 立交桥绿化管理。

立交桥是多条高速公路的汇总，具有较强的功能性，也比较复杂，因此，立交桥绿化的管理应有其侧重点。一方面，高速公路绿化管理单位应定期清理绿化带中的杂草，通常情况下，清理杂草时不能使用化学除草剂，以避免对主体绿化植物造成消极影响。另一方面，立交桥中的绿化地并不一致，多表现出不同的状态和特征，因此，责任单位在管理过程中应深入研究每一块绿化地的相关指标，有针对性地使用管理方法。

另外，高速公路立交桥有较大危险性，管理人员应减少进入次数。

7.7 收费站施工

收费站是高速公路基础设施体系中的关键组成部分。收费站是用来对通行车辆收取通行费用的设施。收费道路或收费立体交叉必须设置收费站。收费站的设置位置一般有两种：一种是直接设在主线上，也称为路障式，多用于主线收费路段的起、终点处；另一种是设在立体交叉所道或连接线上，一般用于主线收费路段之间的工通式立体交叉，以控制被交道路上的车辆进、出主线的收费。

7.7.1 收费站天棚施工

高速公路收费站天棚多为螺栓球节点网架结构形式，受网架尺寸、施工场地、高空环境等因素限制，较常用的施工方法有高空散装法、整体吊装法和网架分条分块法。下面以某收费站天棚施工为具体案例，采用网架分条分块法施工，介绍其工艺流程。

1. 基本工况

(1) 天棚结构形式。

本收费站收费天棚长 125 m，宽 21 m，一层建筑高 12.35 m，投影面积 2530.36 m^2，结构形式为正放四角锥螺栓球节点碳钢网架，采用下弦柱点支承，共有 12 根钢构支承柱，网架整体支承在柱顶部，采用檩托找坡。

荷载作用在节点上，杆件不承受横向荷载，上弦恒荷载 0.40 kN/m^2，活荷载(不上人)0.50 kN/m^2，下弦恒荷载 0.20 kN/m^2，檩条活荷载 0.50 kN/m^2。

(2) 螺栓球受力原理。

①受力原理。

螺栓球节点受力形式与网架的安装工艺密切相关，其根据杆件受力不同(受拉或受压)，传力路线和零件作用也不同：当杆件受拉时，传力路线为拉力→杆件→锥头→螺栓→钢球，此种情况下，套筒不受力；当杆件受压时，传力路线为压力→杆件→锥头→套筒→钢球，此种情况下，螺栓不受力。

②螺栓球节特点。

a. 适应性强，不产生附加的节点偏心。

b. 避免大量的现场焊接工作量。

c. 运输和安装方便。

d. 零部件多,加工精度要求高。

e. 工序复杂,制造费用较高。

2. 安装准备

(1) 安装工艺流程。

天棚网架安装前确保支座安装位置正确,然后根据起重运输难程度选择整体吊装或高空散装的方案,安装完成后检查测量并验收,天棚网架安装工艺流程如图 7.3 所示。

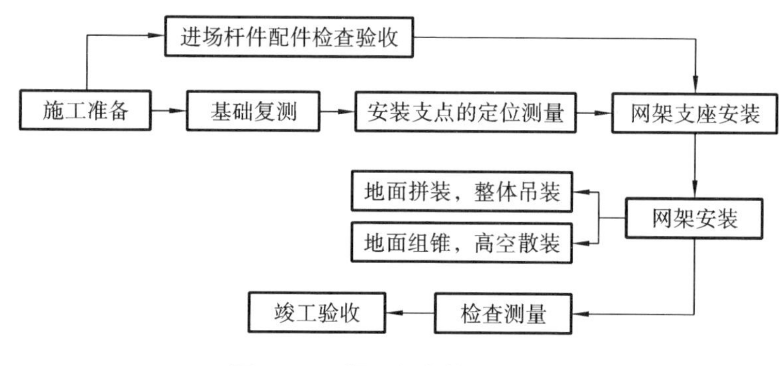

图 7.3 天棚网架安装工艺流程

(2) 天棚网架安装前工作。

①原材料的检查验收。

天棚网架安装前对高强螺栓、螺栓球、杆件等进行质量成品验收,超出允许偏差的构件禁止使用,主要构件检查内容及注意事项如下。

a. 高强螺栓:成品不允许任何部位、任何深度或任何长度的淬火裂纹,检查型号有无漏装和错装,出厂合格证、扭矩系数或紧固轴力(预拉力)的检验报告是否齐全,并按规定作紧固轴力或扭矩系数复验。

b. 螺栓球:表面应光滑,用放大镜观察不得有裂纹、麻点及过烧现象。

c. 杆件:长度、管径、厚度有无偏差。

d. 焊接材料:检查品种、规格、性能,质量合格证明文件、检验报告及中文标志等是否齐全,有疑问的应进行抽样复验。

②基础施工。

本收费站收费天棚采用钻孔浇筑桩,混凝土强度等级 C30,桩径 700 mm,有效桩长 12.55 m,成桩工艺采用旋挖干作业成孔浇筑,施工前采用堆载法试桩。

基础为三桩承台基础，基础定位的精确度是后期天棚网架准确、顺利安装的决定性因素，在承台施工中必须进行多级复核，采取有效措施保证地脚螺栓和预埋板的埋设位置定位准确。

③支座的安装。

12 个承台基础上安装钢柱，天棚网架支座与钢柱顶预埋钢板焊接连通，预埋钢板与柱子内也焊接连通，安装时再次复核轴线标高。

3. 天棚网架安装

天棚网架安装的方式有整体吊装法、高空散装法和网架分条分块法。

①整体吊装法。

按照设计图纸，在地面将天棚网架一次性拼装成型，采用起重设备吊装就位，整体固定在支座上。一般适用于网架尺寸较小，且施工场地不受限制的工况。

②高空散装法。

搭设操作平台，选择合理的拼装顺序（从一端向另一端；从中间向两端，从中部向四周），在平台上直接拼接天棚网架构件（或小拼单元）。此法网架整体受力自然，一般适用于起重运输较困难的地区，或小拼单元用起重机吊至设计位置的工况，但施工进度较慢。

③网架分条分块法。

在地面把天棚网架拼成条状或块状扩大单元体，再用起重设备吊装到设计位置，空中分段拼接为整体。根据网架的结构形式、起重机性能、现场条件，多方论证优化方案，确定切实可行的安装方法。

本收费站天棚网架采用分条分块法施工，沿长跨方向分为 3 段，即 40 m＋45 m＋40 m 三跨，在高空进行总拼施工，但需对主桁架进行拼装施工验算。

（1）单元划分原则。

根据天棚网架支座数量及位置分布情况，沿天棚网架长跨或横向分割若干矩形区段和单元，确保分割后的单元具有足够的刚度，并保证自身的受力属性和几何尺寸不变，本工程网架杆件设计最大拉力为 397.17 kN，最小压力为－354.14 kN。

（2）地面拼接。

拼装顺序：下弦节点→下弦杆→复杆及上弦节点→上弦杆→校正→全部拧紧螺栓。按照设计图纸，对网架上下弦杆、腹杆、螺栓球进行编号，一般从一端开始，以一个网格为一排，逐排步进，校正前的各个工序螺栓均不拧紧，如经试拼确有把握，也可以一次拧紧，套筒与球之间不允许出现裂缝，所有接缝和多余的栓孔应用油腻子密塞。地面拼接时，在节点下设置支撑，以确保天棚网架杆件不发生变形。

(3) 空中总拼。

①运输。

采用 2 台 25 t 吊车将拼装好的单元垂直吊起，吊点选择尽量使网架吊装时受力平衡，落放在 2 辆长 17.5 m 的平板车，同步缓慢行驶至安装区域，运输中确保桁架不产生过大变形和失稳。

②吊装就位。

本工程 3 段拼接单元长度接近，重量相差不大，均采用 2 机(25 t)抬吊作业进行吊装，将 2 台起重机布置在网架的两侧，将网架垂直吊升通过柱顶后，旋转一定角度，即可完成网架空中移位要求。

天棚网架拼接时一般先焊下弦，使下弦收缩而略向上拱，然后焊接复杆及上弦。如果先焊上弦，则易造成不易消除的人为挠度。支座各点应自然受力，不得强拉硬顶。本天棚网架设计最大挠度为－94.4 mm，天棚网架就位后，分别测量节点坐标一遍检查网架安装偏差和挠度，检查合格后焊接支座螺栓球，并进行预加热处理。

4. 检查验收

天棚网架总拼完成后，应全面检查所有杆件、节点球等位置是否安装正确，整体有无变形，测量网架整体尺寸、支座标高和中心偏移、挠度等指标，并做好监测和成品保护工作。

收费站天棚多为螺栓球网架结构，属于多次超静定空间结构体系。收费站常用的三种基本施工方法中，网架分条分块法进度快，所需作业面小，适用于施工场地狭小和大型吊装运输困难的工程，特别是工期紧张的收费站改扩建项目，建议用此方法。

7.7.2 收费站机电系统施工

在高速公路收费站的建设工作中，机电系统是不可或缺的部分，其对于收费站乃至高速公路的稳定使用具有重要影响。

1. 高速公路收费站机电设备的安装

（1）亭内摄像机的安装。

摄像机是采集图像信息的关键装置，其开孔尽量为圆形，此方式可以保证摄像机调整的灵活性，使其角度转动具有平稳性。摄像机安装完成且经过调试后，紧固各类配套螺丝，使摄像机维持稳定；全面清理附着在防尘罩上的灰尘、油污等杂物，待其达到洁净状态后安装到位。

（2）车道摄像机的安装。

立柱是重要的支撑装置，在设置时紧固该处的地脚螺丝，同时采取除锈、防腐措施，发挥防护作用；立柱出线孔到摄像机的外露线易在日晒、雨淋等外部环境的持续作用下受损，对此加套管保护。待摄像机调试完成后将各螺丝紧固，使摄像机维持特定的姿态不变。立柱上配套通信信号灯支架，将其固定在立柱上。

（3）广场摄像机的安装。

立柱需具有稳定性，设置转接箱固定螺丝并紧固，随后用玻璃胶予以密封处理。在摄像机立柱内设置接线板，BNC头在得到固定处理后用自粘胶缠绕。考虑到广场摄像机运行环境的复杂性，将其安装后利用玻璃胶处理接缝，以免经由该处渗水而影响摄像机的正常使用。

（4）称重台的安装。

以吊装的方式将称重台平稳置于预先修筑成型的基础坑内，利用斜度仪检测称重台面，以便准确判断其倾斜度，并控制在2%以内，否则做出调整，且在调整时兼顾称重台和收费车道的水平高度要求，不可造成不良影响。待称重台精准就位后安装接地铜线和护罩。

（5）轮轴判别器的安装。

判别器基坑成型后清理该处的杂物，再将合适规格的判别器置于基础板上，进而放置在安装底板处，引线编号、铺设盖板，利用螺栓紧固。考虑到轮轴线数量较多的特点，将其通过穿线管穿至采集器机箱内再逐一编号，接入接线盒中进一步由内线路板转接，以形成轮轴总成，经此处理后将该部分接入轮轴卡。安装后通电调试，踩压轮轴判别器，做出此操作后要求相应指示灯及时亮起，否则表明接线或其他方面存在问题，应正确分析并处理。

（6）光栅分车器的安装。

按流程有序安装光栅分车器的各部分，首先将壳体前端有机玻璃安装到位；其次安装光栅，即通过M16×70螺栓的配套使用将该光栅装置稳定置于分车器壳体的指定位置，适当调整高度以满足要求；最后在基础垫板处安装光栅分车器和适配信号线。通电并调试，检查 led 红灯亮起情况，在无人遮挡时红灯完全熄灭，用手遮挡发射红外管时亮起，否则不满足要求。

(7) ETC 门架的安装。

根据要求配备 ETC(electronic toll collection，不停车电子收费系统)门架，用吊装的方法将其精准安装到位。按先边柱、后中间柱的顺序依次吊装相应装置至指定位置；将横梁吊装至指定位置，精准就位后螺栓连接以维持稳定；检测并调整水平度，若无误，则上紧螺栓。

2. UPS(uninterruptible power system，不间断电源)的安装方法

(1) 基础检查。

用槽钢制作 UPS 基础，采取防腐措施，底部与预埋底板焊接。型钢安装环节利用水平尺找平，及时发现偏差并调整。

(2) 开箱检查。

开箱检查的内容较多，UPS 包装的完整性、附属配件的数量及质量等均是重点核实的内容。

(3) UPS 装置的安装。

在型钢基础上放置 UPS 装置，利用水平尺或其他工具检测，根据实际情况调平，若局部存在不平整的情况，则在 UPS 装置与型钢间垫入垫铁，通常单片厚度为 0.5 mm，具体可根据两者的间隙情况控制数量；用镀锌螺栓连接 UPS 与基础型钢，起到稳定的作用。

(4) 通电调试。

详细检查供电系统，准确判断 UPS 的运行状态。通电试运行，在该条件下分析 UPS 的功能执行情况，将实际结果与设计要求对照，若发现不满足要求的部分，则适当调整。此外，闭合外供电电路，通过此方式详细检查外供电的实际运行状态。

(5) 正式安装。

经检查且确保各项基础条件均无误后将 UPS 安装至指定位置，保证倾斜度小于或等于 1%，期间加强检查与记录，从源头上处理质量问题。

3. 电缆线路的安装方法

(1) 电缆端头预留长度的控制。

不同功能场所的电缆端头预留长度不尽相同，其中收费亭每端按 2～4 m 控

制，隧道监控室、变电所等进站处每端按 2～5 m 控制，外场设备每侧按 10～25 m 控制，人、手孔每端按 1.5～2 m 控制。

(2) 电缆支架、托架的安装。

精准控制安装位置，加强连接固定，且尤为关键的是转弯处。该部分的电缆需平滑过渡、不可受损；根据支架、托架的结构特点，加盖尺寸合适的盖板，以起到防护的作用。

(3) 电缆保护管的安装。

管口处应具有光滑、耐久的特点，弯曲处不可出现弯扁，尤为关键的是弯曲半径的控制，要求该值不小于电缆的最小允许弯曲半径。若电缆存在保护层受损、表面划伤等问题，均不可投入使用。

4. 收费车道设备的安装方法

车道控制机遵循集约化的结构设计原则，因此，宜采用集成箱式结构，根据收费车道的数量以及工程需求配套以太网交换机。待混凝土基础成型后设置栏杆机，为保证其稳定在基础结构上，利用预埋螺栓连接。在车道上方设置雨棚，再安装信号灯，起到防护作用。在布设车道通行信号灯时，位置控制至关重要，车道通行信号灯设定在收费亭后方较为合适，雾灯可以安排在收费岛的岛头处。考虑到缆线类别多、数量多的特点，在设置时要求线束具有平直性、不可交叉，以免出现混乱，且做好标记，以便日常维修工作的顺利开展。

(1) 车辆检测器的安装。

①切割开槽机为关键作业设备，但其精密度较高，对施工人员的技术水平提出较高要求，因此挑选具有资质的人员，由其精细化操作。首先掌握图纸的具体要求，其次准确确定环形线圈的布设位置，最后沿着预先设置好的标记线切割，避免超量切割或切割量不足。

②线圈敷设时进行梳理，将其有序地在槽内摆放整齐，禁止交叉、扭绞。为使槽缝得到有效的填充处理，可以向该处灌入填充物。施工期间容易产生杂物且堆积在路面上，因此应将其清理干净，以免影响车辆的正常通行。

(2) 车辆线圈的施工。

在待安装线圈的车道处设置围挡，形成单独的作业区，以免受到外部环境的干扰。在确定出入口线圈的位置后用粉笔画线，沿着标记线切割，形成宽度为 6～10 mm、深度在 60 mm 以上的槽，在拐角区域开设 45°的斜槽，切槽后清理槽内的杂物，保证槽内维持洁净、干燥的状态。

线圈的出线角有较多的线头，为避免杂乱，可将其绞合在一起。此外，制备环氧树脂、干细沙、白水泥混合体并将此类材料灌入槽内，允许该部分材料的浇筑高度略超过路面标高，以抵御车辆通行过程中的碾压作用，浇筑施工后封闭车道 24 h，在无干扰的环境中使浇筑料有效成型。

5. 收费设备的调试

(1) 按照先单机、后系统的顺序依次调试。首先，单独调试各设备，若各自均无误，则视为整体进一步调试，从而准确判断系统的运行情况，无论单独的设备还是整机系统均要稳定运行。其次，完整记录调试期间的各项数据，供后续施工使用，发挥数据的参考作用。最后，调试后，若无异常，则表明相应设备可正常使用，由设备管理员在该处粘贴“完好”标识，否则粘贴“停止使用”标识。

(2) 收费站机电系统的内部组成颇为复杂，其在运行时易受到温度、雨水等外部环境的影响，且存在大量交叉施工内容，若某项工作未落实到位，容易对机电系统的整体施工效果造成不良影响。对此，业主与友邻单位要保持密切沟通，合理调度施工人员，在员工的通力协作下，用科学的方法将机电系统安装工作落实到位，同时加强各道工序施工质量检验工作，满足要求后方可进入下一道工序，全面保证机电系统的施工效果。

第8章 高速公路施工技术创新实践——以岳圩口岸联线公路(合那高速至岳圩口岸)工程为例

8.1 工程概况

1. 工程规模

岳圩口岸联线公路(合那高速至岳圩口岸),位于广西壮族自治区百色市靖西市。项目路线总长8.9 km,改路长度0.512 km。主线设置桥梁975 m/3座(大桥930 m/2座,主线上跨分离式立交45 m/1座),涵洞17道,通道7道,隧道1629 m/4座(其中中隧道666.5 m/1座,短隧道962.5 m/3座),桥隧比29.26%;汉邦1号隧道长265 m,最大埋深164 m,净空13.0 m×5.0 m,出口与汉邦2号大桥相接。设置互通式立体交叉1处,平面交叉2处,主线收费站1处(约K8+550)。

2. 施工内容

包括岳圩口岸联线公路(合那高速至岳圩口岸)施工图设计K0+000～K8+900范围内路基工程、路面工程、桥梁涵洞工程、隧道工程、路线交叉工程、交通安全设施、绿化及环境保护工程、管理养护、房建、通信电缆(含光缆)、电力线路、管道迁改工程、其他沿线相关工程(含桩号范围内连接线、线外工程的全部工程内容),以及全线机电工程(通信、收费、监控综合系统,以及隧道通风、供配电、照明、消防等机电工程)的施工。

主要工程量:混凝土30.4万m^3,钢筋1.7万t,钢箱梁746 t,水泥稳定碎石10.0万m^3,沥青混合料2.5万m^3,开挖土方339.9万m^3,回填土方247.1万m^3,无缝钢管20.5万m,锚杆1266 t,工字钢3006 t。

3. 自然条件

(1) 气象条件。

①气温。

平均气温 11～25 ℃,年最高气温 30 ℃,高温主要出现在 5—9 月,低温主要出现在 12 月到次年 2 月。

②风。

夏季常有台风暴雨袭扰,每年一般 3～4 次,最大风力 12 级,最大风速达 17 m/s,常年风向多为东南风,台风季节为 7—10 月。

③降雨。

每年 4—9 月为雨季,雨量充沛,年均降雨量 1600 mm,雨热同季,湿度较大,阴雨天多。降水高峰月出现在 6、7 月,月雨量平均 306.2 mm,日最大降水量 93.6 mm。

④雾。

雾天能见度不高,且大雾天气持续影响。

⑤雷暴。

年平均雷暴日数在 62 d 以上,属于雷暴多发区;雷暴空间分布趋势为自西北部向东南部递减。雷暴日的年际变化呈减少趋势,平均每 10 年雷暴日数减少 6 d 左右。雷暴日月分布具有单峰型特点,4—9 月占全年雷暴日数的 88.9%。80%保证率下雷暴初日出现在 3 月上旬至 3 月下旬,80%保证率下雷暴终日出现在 11 月中旬至 12 月中旬。

(2) 水文条件。

沿线无大的地表水系发育,地表水主要为雨源型山溪性河流。水量受季节控制,水量变化大。水位受降水量控制,暴涨暴落。顺落水洞或岩溶洼地流入地下,几日无雨,则仅在溪沟低洼地带分布少量溪沟水,久旱则无。沿线分布水渠,为当地灌溉用,雨季水量较大,旱季则无。大里程段发育一地下河出口(YK8+430 右 1392 m),水量较大。

(3) 地形地貌与地质条件。

项目区整体地势北高南低,地貌单元可分为两大类型:喀斯特溶蚀洼地和岩溶峰丛、峰林地貌。标段内以溶蚀丘陵为主。由于受地壳构造的影响,山体展布多呈北东—南西走向。地表风化溶蚀较强烈,地形相对起伏较小。

溶蚀洼地是指岩溶作用形成的小型封闭洼地,面积由几平方千米至十几平

方千米。地势较平坦开阔,标高一般为600～750 m,相对高差25～100 m,多为旱地及水田。洼地四周常是陡峭的石灰石峰林,通过山原峰林见马鞍形垭口彼此相接,底部堆积残-坡积物,地面高低不平,并向洼地中最低的溶斗倾斜。

岩溶山原—石灰岩高原,峰丛山地,群山林立,峰峦叠嶂,地貌类型复杂多样,整个地势由西北向东南倾斜,略呈阶梯形态,由于石灰岩长期溶蚀,岩溶作用一般很深。峰丛、峰林发育优美,孤峰挺拔林立,奇峰异洞广布,多呈块状或条带状山体。一般地势陡峻,地形坡度一般35°～50°,局部达55°～70°,其海拔高度500～1000 m,相对高差200～400 m,最高峰的标高为922.3 m。

地质构造上位于华南准地台右江褶断区南部越北隆起北缘褶断束内,由于前期受加里东运动影响,寒武系地层构成其褶皱基底,后期经历印支、燕山运动,盖层构造由泥盆系至石炭系组成,两套地层呈角度不整合接触。

(4) 地震及区域稳定性。

该区域地震烈度为6度,地震动反应谱特征周期为0.35 s,地震动峰值加速度为0.05 g。

区内地质构造轮廓为德保"山"字形构造体系前弧西翼,褶皱和断裂发育,印支期褶皱为主要构造形态,褶皱方向主要有北西和北东两组,分别组成两个S形弧形褶皱带。

区内断层的分布方向主要有北东和北西两组,少量为东西和南北向,大都与印支期的弧形褶皱构造相伴生,关系密切,所见断层多为与褶皱平行的走向断层,而北西向断层则大多横截或斜切褶皱。断层性质主要有正断层、逆断层、横断层三种,其中以正断层为主。印支期为主的断层,主要分为弧形断层和北西组断层。

(5) 自然条件分析。

本项目沿线溶洞发育,部分溶洞呈串珠状溶洞,溶洞发育规模较大,洞深最大为37.2 m,桩基施工时容易发生塌陷、埋钻的危险。另外,本项目桥梁桩位大部分地勘资料不全,需先进行超前地质勘测,对桥梁桩基施工影响较大。对于孤立的小溶洞采用水泥+片石+黏土封闭法施工;对于溶洞较大串珠状溶洞,采用全护筒护壁的方法施工;若遇到特大溶洞,及时会知业主、监理、设计,召开专题会议,讨论确定处理方案。钻孔前复查场地承载力及平整度的要求,在钻孔过程中严控钻杆的垂直度,同时做好钻孔、回填、浇筑水下混凝土等方面的记录。

隧道地表出露基岩可见溶槽、溶沟、落水洞等,岩溶形态较明显,钻孔见溶率约50%,钻孔揭露洞高1.6～2.1 m;隧道洞身围岩主要为中风化灰岩,溶孔、溶蚀裂隙中存在岩溶水，对隧道围岩及其稳定有一定影响，施工前必须做好超前地质预报，逐段核实围岩级别，加强隧道监控：合理确定监控量测项目及控制指标，做到勤量测，及时发现问题及时汇报。

岳圩口岸联线公路(合那高速至岳圩口岸)工程项目区地形地貌险峻复杂，施工过程中，该工程采用了五大创新施工技术，下面将对此进行详细的介绍。

8.2 基于浅埋隧道塌方处治技术

1. 地形地貌与地质条件

隧道区属峰丛丘陵地貌，地形起伏大，地形陡峭，山脊(顶)略缓，呈蒙古包状，山坡植被较发育，进出口陡坎地段可见基岩出露。进口处地面高程为 610～615 m，出口处地面高程为 605～610 m，隧道区最大海拔标高为 775 m。山峰最高点至设计路面高程最大高差为 149.05 m。进口段自然坡度为 30°～35°，出口段自然坡度为 40°～55°。进出口段局部见陡峭山崖，可见基岩出露，地势总体沿洞身中间高两侧低。

根据区域地质及物探、外业地质调绘等成果，隧址区及其附近新构造运动不强烈，未见影响场地稳定的活动性断裂。隧址区进口岩层产状 355°∠40°，出口段产状 335°∠41°。

2. 现场塌方情况

塌方部位发生在汉邦 1 号隧道左洞 ZK4＋283.5 处。该段围岩级别设计为Ⅴ级，衬砌类型为 JZ5-1。围岩为红黏土及中风化灰岩，其中红黏土呈硬塑状，土质较松散，厚度为 0.5～2.0 m，稳定性较差。

塌体位于上台阶掌子面拱顶位置，目测塌体上部环向宽度约 4 m，纵向长度约 1 m。经隧道上方山体勘察发现，该塌体由隧道拱顶上方的土体塌陷形成，塌坑为漏斗形，上部宽度目测为 7 m，塌陷深度约 5 m。地表高程为＋639.000 m，拱顶设计高程为＋620.000 m，埋深约 19.000 m。

3. 应急处理措施

(1) 组织现场施工人员立即撤离到安全地带，统计现场情况立即向上级反馈。

(2) 对塌方处掌子面喷射混凝土,进行临时封闭,控制坍塌影响范围。

(3) 在汉邦 1 号隧道进口左洞处拉设警戒线,封闭洞口,严禁人员进入洞内。

(4) 及时对塌方处拱顶进行监控量测,及时掌握围岩变化情况。

4. 塌方原因分析

根据对汉邦 1 号隧道现场塌方段调查和分析,造成本次汉邦 1 号隧道塌方的原因主要有以下几点。

(1) 从汉邦 1 号隧道地质纵断面图来看,塌方段地表位于峰丛坡脚处,而且隧道在此处埋深较浅,大约为 15 m。

(2) 岩层受水平地应力作用挤压严重,致使岩石破碎,岩体内部节理裂隙发育,钻探揭露到溶洞,洞径 1.2～3.4 m。

(3) 掌子面围岩主要为黏土夹中风化灰岩,岩体破碎,溶蚀裂隙发育,塌体土质较松散,围岩稳定性差,无自稳能力。

汉邦 1 号隧道塌方发生时正当雨天,地表水流丰富并沿着岩石节理裂隙、破碎岩缝中渗透,因此汉邦 1 号隧道岩石间的软弱夹层及其他松散岩体不断软化,岩石间的摩擦力不能支撑上部岩体重量,从而导致汉邦 1 号隧道拱顶围岩发生塌方。

5. 塌方处治措施

为了防止塌方的进一步扩大,保证施工安全、质量与进度,根据汉邦 1 号隧道塌方现场实际情况,现采取以下处治措施。

(1) 加强地表及洞内监控量测,从塌方后至围岩初步稳定,ZK4＋280 处拱顶下沉累计变形量为 6.7 mm,周边位移累计变形量为 5.0 mm;ZK4＋275 处拱顶下沉累计变形量为 5.2 mm,周边位移累计变形量为 4.9 mm,地表沉降累计变形量为 19.3 mm。

(2) 拆除被动防护网,塌坑采用防雨彩条布封闭。

(3) 塌方体后方 ZK4＋273.5～ZK4＋283.5 段落加固:拱部 150°范围设置径向 50 mm 注浆小导管,长度为 5 m,间距为 1.0 m×1.0 m,采用梅花形布置,水泥浆液水灰比为 0.5∶1,注浆压力控制在 0.5～1.0 MPa。

(4) 塌方体处治措施如下。

①用沙袋对塌方体坡脚及掌子面回填反压,喷射 20 cm 厚 C25 早强混凝土

封闭塌方体，塌方体坡脚设置一排 50 mm 排水平孔，长度 10 m，间距 1 m。

②采用水平向 50 mm 注浆小导管对塌方体注浆加固，长度 5 m，间距 1.0 m ×1.0 m，梅花形布置，采用水泥浆液，水灰比为 0.5∶1，注浆压力为 0.5～1.0 MPa。

(5) 为避免洞顶塌陷进一步扩大，在掌子面反压加固后对洞顶塌陷处进行回填处理，回填顶面设置 50 cm 胶泥防渗层，回填料采用 5%水泥稳定土，回填高度高出地面 20 cm 左右。

(6) 开挖支护措施如下。

①ZK4+283.5～ZK4+293.5 段落应采用环形开挖留核心土法开挖（施工初支应按设计要求随挖随支，并严格控制超前小导管施工质量），严禁采用上下台阶（或三台阶）或变相台阶法施工，严格做好锁脚锚管。

②ZK4+281～ZK4+293.5 段落超前支护采用 F2-2 型双排小导管注浆，小管道纵向间距 2 m，采用水泥浆液，水灰比为 0.5∶1，注浆压力为 0.5～1.0 MPa。

③ZK4+283.5～ZK4+293.5 段初期支护由原设计 JZ5-1 型改为 JZDK-1 型。

④ZK4+273.5～ZK4+293.5 段二次衬砌由原设计 JZ5-1 型改为 JZDK-1 型，二次衬砌施工前应对初期支护净空进行测量，以判断初期支护是否侵入二次衬砌。

⑤ZK4+273.5～ZK4+293.5 段加密环向排水管。

⑥上述塌方段落开挖均应在塌方区后方加固处理完毕后方可进行。

⑦对于塌方段落的掘进，应严格遵守“短进尺、强支护、早成环”的原则（每挖一榀钢架间距，应立即设置一榀钢架，并喷射混凝土至设计厚度使之形成强度），并加强对初期支护监控量测。

(7) 塌方段处理后实施超前地质钻探，长度 30 m，查明并反馈前方地质情况。

(8) 施工过程中加强监控量测及现场安全预警，如发现异常情况，应及时上报，一旦出现掌子面向外滑移、拱顶坍塌等情况，立即停止施工，并启动应急预案。

6. 处治实施效果

通过现场实际操作，发现该方法在施工过程中对坍塌体扰动小，没有造成二

次坍塌,初期支护施工完成后进行监控量测,监控量测结果发现初期支护变形小,围岩稳定。在确保隧道安全施工的前提下,加快了现场的施工进度。经过实践证明,该处治措施是正确可行的,治理效果好。

7. 施工经验

(1) 隧道塌方是隧道施工中的较为常见的地质灾害。隧道一旦发生塌方后,施工单位应全面调查隧道塌方的现场情况,分析隧道塌方的原因,查明岩土性状、岩体结构等,为制订合理、有效的治理方案提供可靠依据。

(2) 塌方处治前,要准确掌握隧道现场的工程地质条件、水文地质条件,经过讨论分析,选择合理的塌方处治措施。

(3) 在隧道开挖掘进过程中,做到"少扰动、早喷锚、快封闭、勤测量",科学分析数据、及时反馈情况。

(4) 在浅埋软弱围岩地段开挖时,应严格遵循"短进尺,紧支护,先封堵,后排水"的原则。

(5) 隧道塌方处治应将隧道坍塌冒顶处地表及塌坑处理、洞内处治结合起来,采取合理有效的处治措施进行综合处理。在处治的过程中应重视雨水的处理,加强冒顶处地表防水、排水措施,使拱顶上方围岩保持干燥,提高围岩的稳定性、安全性。

对于公路上的隧道,浅埋段一般处于隧道的进口端和出口端。洞口段的围岩一般风化较严重,岩体较破碎,所以在隧道施工过程中,必须严格按照专项施工方案要求实施,不能一味地追求进度,开挖过程中尽量减少对围岩的扰动,严格按照规范和设计要求,加强超前支护及注浆,提高围岩等级,减少隧道塌方事故的发生。汉邦 1 号隧道塌方段按照上述处治措施施工,最终安全快速地度过了塌方段,但是不同隧道塌方有不同的特点,应当灵活运用,根据每个隧道具体的情况对比,选择适当可行的处治措施。

8.3　C6 多功能钻机在喀斯特地貌隧道超前地质预报中的应用

卡萨格兰地 C6 多功能钻机(以下简称"C6 多功能钻机")凭借着数据自动采集装置、钻进效率高、环保等优势,既可提高对隧道围岩前方地质判断的准确性,对喀斯特地貌隧道施工提前把脉,为制订隧道施工方案、现场施工提供有效依据，降低了施工风险，又可以保障施工进度和施工人员身体健康和安全。

1. 工程地质与水文概况

工程中，汉邦1号隧道地质条件最为复杂：洞内岩溶发育，洞口处覆盖层为红黏土夹碎石，稳定性差。

(1) 不良地质及特殊岩土。

①不良地质：主要不良地质为岩溶。地表出露基岩可见溶槽、溶沟等，岩溶形态较明显，钻孔见溶率约50%，钻孔揭露洞高1.6～2.1 m。另外，距离隧道进口约80 m处山体高程+677 m发育大溶洞，溶洞长26 m，洞内宽1.8 m，洞口宽12.0 m，洞口高30 m，洞内高6 m，洞口大致为长柱状，溶洞底距离隧道洞顶57 m。

②特殊岩土：场区特殊性岩土主要为红黏土，隧道区下伏基岩为灰岩，其上覆土层具有红黏土特性，根据初勘试验成果，液限指标72.1%，含水比0.63，呈硬塑状，自由膨胀率52.35%，具中等膨胀性，上覆土层较浅。

(2) 水文条件。

隧道山坡坡体较陡，地表水总体较贫乏，但雨季水量较大，季节变幅大，对地表冲刷明显。洞身围岩主要为中风化灰岩，溶孔、溶蚀裂隙中存在岩溶水，主要受大气降水的补给，向山体附近的沟谷中排泄，对隧道围岩及施工有影响。

2. C6多功能钻机主要参数及特点

(1) C6多功能钻机主要参数。

C6多功能钻机特点：水平最大钻孔深度为150 m；钻孔直径65～90 mm；根据施工需要可分为取芯和不取芯两种类型；采用水压排屑的方式钻进；配备数据自动采集装置，可自动记录、收集推进扭矩、推进力、推进速度等数据；不取芯的情况下，在Ⅴ级、Ⅳ级、Ⅲ级围岩(石灰岩)中钻进速度分别可达21 m/h、17 m/h、15 m/h。仅需一个台班即可完成3个50 m的钻孔任务。

C6多功能钻机主要参数如表8.1所示。

(2) C6多功能钻机特点。

将C6多功能钻机与常规的潜孔钻机进行对比，其主要参数如表8.2所示。

表 8.1　C6 多功能钻机主要参数

<table>
<tr><th>序号</th><th colspan="3">名　　称</th><th>单　位</th><th>参　数　值</th></tr>
<tr><td rowspan="3">1</td><td rowspan="3">发动机</td><td colspan="2">发动机型号</td><td>/</td><td>美国康明斯 QSB 4.5-3 A</td></tr>
<tr><td colspan="2">发动机额定功率/转速</td><td>kW</td><td>119/(2200 r/min)</td></tr>
<tr><td colspan="2">发动机最大扭矩</td><td>N·m</td><td>470 N·m(1500 r/min)</td></tr>
<tr><td rowspan="6">2</td><td rowspan="6">动力头</td><td rowspan="2">低速档</td><td>动力头最大扭矩</td><td>N·m</td><td>12170</td></tr>
<tr><td>动力头转速</td><td>r/min</td><td>64</td></tr>
<tr><td rowspan="2">高速档</td><td>动力头最大扭矩</td><td>N·m</td><td>1570</td></tr>
<tr><td>动力头转速</td><td>r/min</td><td>500</td></tr>
<tr><td colspan="2">冲击功</td><td>N·m</td><td>700</td></tr>
<tr><td colspan="2">冲击频率</td><td>min^{-1}</td><td>2300</td></tr>
<tr><td rowspan="5">3</td><td rowspan="5">进给装置</td><td colspan="2">进给形式</td><td>/</td><td>液压马达+提升链条式</td></tr>
<tr><td colspan="2">最大起拔力</td><td>kN</td><td>85</td></tr>
<tr><td colspan="2">最大进给力</td><td>kN</td><td>85</td></tr>
<tr><td colspan="2">最大起拔速度</td><td>m/min</td><td>47</td></tr>
<tr><td colspan="2">最大进给速度</td><td>m/min</td><td>47</td></tr>
<tr><td rowspan="2">4</td><td rowspan="2">底盘</td><td colspan="2">最大行走速度</td><td>km/h</td><td>2.2</td></tr>
<tr><td colspan="2">最大爬坡度</td><td>%</td><td>36</td></tr>
<tr><td>5</td><td colspan="3">运输状态钻机尺寸(长×宽×高)</td><td>mm</td><td>7200×2250×2820 mm</td></tr>
</table>

表 8.2　C6 多功能钻机与常规的潜孔钻机主要参数对比表

型　　号	C6 多功能钻机	潜 孔 钻 机
最大钻进深度/(m)	150	50
动力(扭矩)/(N·m)	12170	2000
钻进速度/(m/h)	18～21	1～3
冲击功/(N·m)	700	/
冲击频率/(min^{-1})	2300	/
数据自动采集装置	有	无
钻进方式	水压排屑，对环境污染小	多数为空压排屑，对环境污染严重

由表 8.2 可以看出，C6 多功能钻机的特点是动力足、钻进速度快，强大的动力搭配冲击能，可以使得钻进功效达到常规潜孔钻机的几倍至十几倍，能减少超

前水平钻探工作对隧道施工的影响。另外，除利用水压排屑的方式进行钻孔外，钻机机身内还配备了捕尘装置，在钻进过程中噪声小，且几乎没有扬尘，既环保又高效，使工人身体健康得到了保障。传统的潜孔钻机，多数是利用空压排渣的方式钻进，钻进过程中不仅噪声较大，而且漫天灰尘，除了对工人身体健康造成影响，还会影响对围岩前方地质的判断，降低准确度。

从机械性能的角度来看，无论是在功效还是环保性等方面，C6多功能钻机都具有常规的潜孔钻机无可比拟的巨大优势。

3. C6多功能钻机在超前地质预报中的应用

为应对隧道岩溶发育、岩溶水丰富等难题，施工人员在超前地质预报工作中，以物探与钻探相结合、长距离与短距离超前预报相结合、物探先行钻探全覆盖验证的原则，使用C6多功能钻机进行超前水平钻探。

(1) 应用原理。

利用C6多功能钻机进行冲击钻不取芯钻探，钻孔操作工人及项目专业工程师可通过冲击器的扭矩，冲击能，冲击回响，钻速及其岩粉、卡钻情况，钻杆震动情况，冲洗液的颜色及回水流量变化等粗略探明岩性、岩体完整程度、溶洞、暗河及地下水发育等围岩情况，然后再根据推进扭矩、推进力、推进速度等量化的数据，进行更精确的分析，从而提高对围岩前方地质判断的准确性。

(2) 施工技术要求。

①孔数：根据需要采取1～3孔，Ⅲ级围岩段布设1孔，Ⅳ、Ⅴ级围岩段布设3孔，断层破碎带、软弱围岩、岩溶中等发育、强烈发育等不良地质根据实际情况再增加孔位。

孔布设位置见图8.1。

②孔深：孔深视情况可为50～80 m，终孔位置一般要超出开挖轮廓线3～5 m，两次循环的超前水平钻探搭接长度不小于5 m。

③孔径：宜大于或等于$\phi65$。

④角度：除Ⅲ级围岩为水平钻进外，其余外插角均为12°。

(3) 数据记录。

钻孔操作工人及项目专业工程师通过观察冲击器的扭矩，冲击能，冲击回响，钻速及其岩粉、卡钻情况，钻杆震动情况，冲洗液的颜色及回水流量变化等粗

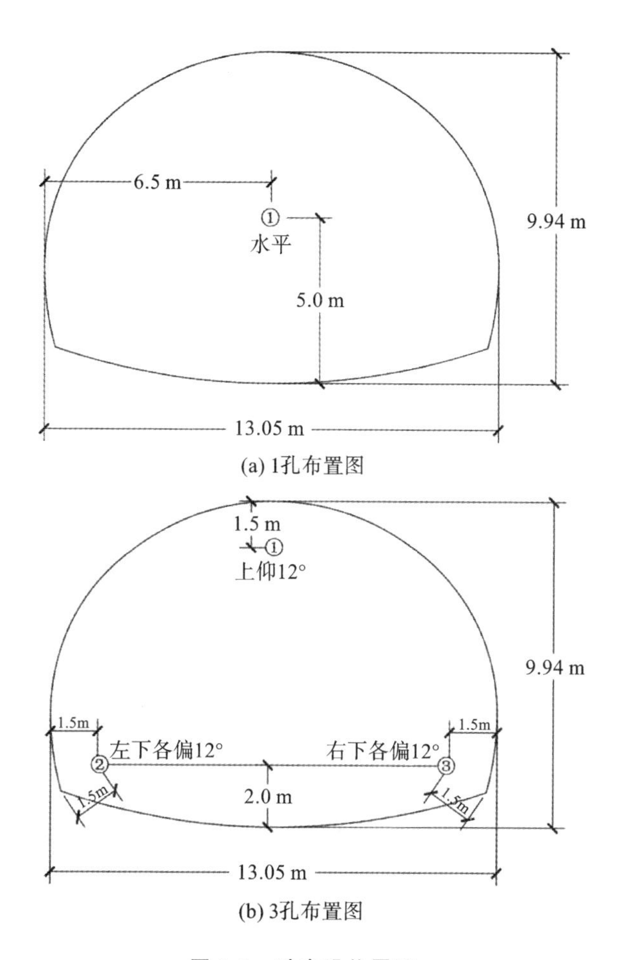

图 8.1　孔布设位置图

略探明岩性、岩体完整程度、溶洞、暗河及地下水发育等围岩情况,然后再根据数据自动采集装置中采集的推进扭矩、推进力、推进速度等关键数据进行量化分析。专业地质工程师根据采集的数据,形成书面报告,加盖检测单位印章后,报送至项目部。

(4) 应用。

2022 年 10 月 27 日,利用 C6 多功能钻机对汉邦 1 号隧道 ZK4＋256～ZK4＋306 进行超前水平钻探,共钻 3 个孔,均不取芯,钻探长度为 50 m。超前水平钻探部分数据如图 8.2 所示。

钻探报告显示:围岩主要为中风化灰岩,岩体较破碎～破碎,节理裂隙发育,接近溶洞区段溶蚀裂隙发育,溶隙最大开度约为 0.4 m。15～17 m(ZK4＋271

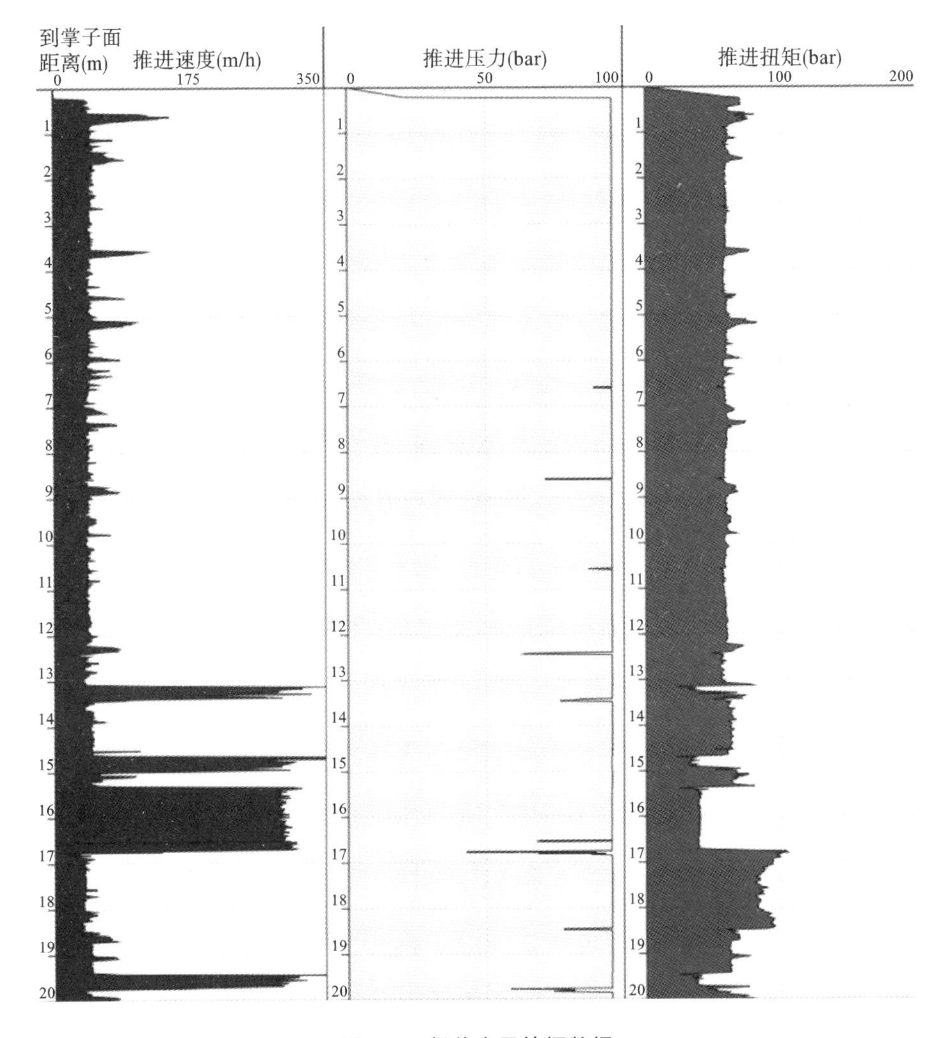

图 8.2　超前水平钻探数据

～ZK4＋273)处疑似泥质充填型溶腔。该段溶隙及结构面间泥质充填，整体自稳性较差，岩土体易发生局部掉块或坍塌情况。

而此前的地质雷达报告则显示：ZK4＋261～ZK4＋276 预报段落可能存在溶蚀裂隙密集发育破碎带或充填型溶洞，裂隙结构面间及溶洞内黏土充填，围岩稳定性差，无自稳能力。

后经现场掘进至桩号 Z4＋270.5 时发现，掌子面左侧及前方存在充填溶洞。将钻探报告、地质雷达报告及现场掌子面情况进行对比如表 8.3 所示。

表 8.3　钻探报告、地质雷达报告及现场掌子面情况对比

超前水平钻探预报	地质雷达预报	现场掌子面情况	结　　论
Z4＋271～Z4＋273 处疑似泥质充填溶腔	Z4＋261～Z4＋276 段落可能存在溶蚀裂隙密集发育破碎带或充填型溶洞	Z4＋270.5～Z4＋272 左侧存在充填溶洞	超前地质预报结果与现场基本吻合，超前水平钻探准确预测出溶洞位置

根据上述数据不难分析出，对于喀斯特地貌隧道而言，超前水平钻探对溶洞探测的准确度是比较高的。以往隧道施工中，由于超前水平钻探耗时较长、对围岩判断的主观性太强、专业性要求较高等，很多施工单位只会选择地质雷达法来进行超前地质预报，而不考虑采用超前水平钻探预报。C6 多功能钻机在隧道超前地质预报中拥有巨大优势：配备了数据自动采集装置，能对数据进行量化分析，从而提高预报的准确率；钻进高效，能减少超前水平钻探占用掌子面的时间；利用水压排渣的方式钻进，并配备了捕尘装置，在钻进过程中噪声小，且几乎没有扬尘，既环保，又保障了工人身体健康。

采用地质雷达法并利用 C6 多功能钻机进行超前水平钻探的超前地质预报方法优势巨大，可靠性高，可真正实现物探与钻探相结合、物探先行钻探全覆盖验证，为喀斯特地貌隧道施工提前把脉，为保障施工进度和施工人员身体健康和安全发挥了巨大作用。

8.4　高速公路岩溶隧道换拱施工技术应用

喀斯特地貌主要分布在云贵等地，在这些地方修建高速公路隧道往往要穿越大量的岩溶区。喀斯特地区高速公路隧道遇到岩溶时，容易发生拱顶掉块、塌方等问题，从而导致支护体系变形甚至破坏，隧道安全得不到保障。

汉邦 2 号隧道在施工中受到发育溶洞的影响，导致初期支护下沉、变形严重，钢拱架侵入二次衬砌厚度，最大侵限为 17.3 cm，难以保证隧道二次衬砌厚度满足设计要求。为消除质量和安全隐患，须对该段落进行换拱处理。

1. 汉邦 2 号隧道整体概况

汉邦 2 号隧道为分离式中隧道，全长 666.6 m，双向四车道，隧道限界为 13.0 m×5.0 m，最大埋深 183 m。围岩等级情况为：Ⅴ级围岩占 13％，Ⅳ级围

岩占50%，Ⅲ级围岩占37%。

(1) 地质条件。

隧道区属峰丛丘陵地貌，地形起伏大，地形陡峭。隧址区于ZK6+100处穿越马屯至岳圩逆断层(F2)，为正断层，总体走向为东南向，倾角50°，总长度约15 km，上盘地层为C_1d灰岩，下盘为D3灰岩。根据钻孔揭示，隧址区地表上覆第四系残积层；下伏基岩为泥盆系上统融县组灰岩。

(2) 不良地质。

主要不良地质为岩溶：隧道地表出露基岩可见溶槽、溶沟、落水洞等，岩溶形态较明显，钻孔见溶率约50%，钻孔揭露洞高1.6～2.1 m；隧道洞身围岩主要为中风化灰岩，溶孔、溶蚀裂隙中存在岩溶水，对隧道围岩及其稳定有一定影响。

场区特殊性岩土主要为红黏土：隧道区下伏基岩为灰岩，其上覆土层具有红黏土特性。

(3) 水文条件。

地表水总体较贫乏，但雨季水量较大，季节变幅大。洞身围岩主要为中风化灰岩，溶孔、溶蚀裂隙中存在岩溶水，主要受大气降水的补给，向山体附近的沟谷中排泄，对隧道围岩及施工有影响。

2. 现场施工情况

施工至K6+269处时出现溶洞，围岩急剧变差，掌子面为红色高塑性黏土，稍湿，自稳能力差。经沟通后，原设计由Ⅲ级围岩变更为Ⅴ级围岩，初期支护参数变更情况如表8.4所示。

表8.4 初期支护参数变更情况表

序号	参数		变更前	变更后
1	围岩等级		Ⅲ	Ⅴ
2	喷射混凝土	厚度/cm	15	30
3	系统锚杆	类型	3 m长ϕ22 水泥药卷锚杆	4 m长ϕ25 中空注浆锚杆
4		间距(环×纵)/m	1.2×1.2	1.0×0.5
5	钢拱架	规格	无	22b
6		纵向间距/m	/	0.5

继续施工至K6+280时,拱顶出现塌方,大量黏土堆积在掌子面位置。塌方后,对掌子面8 m范围采用反压措施,并增加临时支撑,在监测两天数据无异常的情况下,对拱部进行注浆回填,拱顶右侧拱架连接板两侧环向约4 m范围的拱架受浆液的重力作用出现下沉。经过连续12 d观测后,发现该段的拱部下沉及位移变形较大,测得局部最大欠挖17.3 cm(已扣除15 cm预留量)。经各方讨论,需对侵限处的钢拱架进行换拱,即需更换K6+278～K6+280区间(后续简称为换拱区间)内的4榀钢拱架。

3. 换拱处理方案

换拱处理方案总体思路如下。

①监测点布置→②施作临时仰拱→③施作临时环形钢拱架→④对岩体进行径向注浆→⑤进行超前支护→⑥在拟割除钢拱架端头处打设锁脚锚杆→⑦凿除侵限的喷射混凝土(1榀)→⑧割除侵限的钢拱架(1榀)→⑨安装新钢拱架(1榀)→⑩新、旧钢拱架连接(1榀)→⑪重复步骤⑦～⑩→⑫重新喷射混凝土→⑬监测→⑭稳定后拆除临时仰拱及临时环形钢拱架→⑮监测→⑯换拱完成。现介绍主要步骤如下。

(1) 监测点布置。

换拱前,在换拱区间内、换拱区间前后各2 m处共4个断面的范围内,各布置一组拱顶下沉观测点及净空收敛观测点。在换拱期间全程跟踪监测,作为动态控制手段,确保换拱施工安全。

(2) 施作临时仰拱。

在K6+274～K6+284段共10 m范围内施作临时仰拱,临时仰拱采用I22b钢拱架,钢拱架沿纵向每0.5 m布置一道,并与已施工上台阶钢拱架一一对应焊接。钢拱架之间用连接筋进行连接以成为一个整体,连接完成后施作30 cm厚喷射混凝土使该区间临时封闭成环。

(3) 施作临时环形钢拱架

为减轻因割除侵限的钢拱架后围岩应力局部增大带来的风险,在K6+276～K6+282段共6 m范围内施作临时环形钢拱架。环形钢拱架采用I22b工字钢,沿纵向方向每1 m布置一道,拱脚紧密支承在临时仰拱表面,钢拱架贴紧喷射混凝土。

(4) 对岩体进行径向注浆。

对 K6+274～K6+284 段进行径向注浆，径向注浆范围为以侵限部位为中心，两侧各 60°形成的范围。注浆采用 5 m 长 ϕ50×5 mm 钢花管注浆，环、纵向间距 1.0 m，呈梅花形布置；浆液采用 1∶1 水泥浆，注浆压力为 0.5～1.0 MPa。

(5) 进行超前支护。

对 K6+276～K6+282 段拱部 120°范围内采用超前小导管进行超前支护，小导管为 5 m 长 ϕ50×5 mm 钢花管注浆，排距为 1.0 m，环向间距为 0.3 m。小导管打设角度以 12°和 30°外插角交错打入围岩。小导管打设完成后进行注浆，浆液采用 1∶1 水泥浆，注浆压力为 0.5～1.0 MPa。

(6) 在拟割除钢拱架端头处打设锁脚锚杆。

在需要更换的 4 榀钢拱架的割除端头两侧分别打设 5 m 长 ϕ50×5 mm 锁脚锚杆，打设示意图如图 8.3 所示。锁脚锚杆与钢拱架之间用 U 形钢筋进行堆焊锁死，并注浆，注浆参数同上述要求。

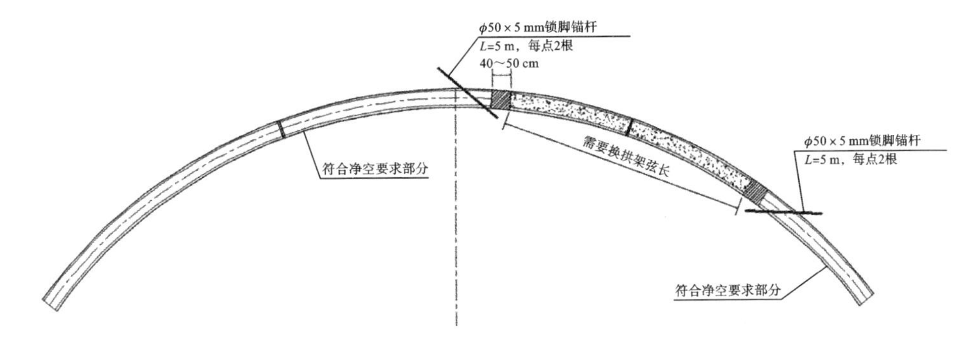

图 8.3　锁脚锚杆打设示意图

(7) 凿除侵限的喷射混凝土。

凿除顺序：由变形量最小的一榀开始。

凿除喷射混凝土以人工利用风镐开挖为主，严禁采用爆破作业。

(8) 割除侵限的钢拱架。

利用氧气乙炔对侵限的钢拱架进行割除，切割时注意切割面要尽量平整。

(9) 安装新钢拱架。

在割除的钢拱架及新钢拱架的端头处分别焊一块 1.5 cm 厚 22 cm×20 cm

连接钢板，用 $\phi22$ 的 10.9 S 级高强螺栓将旧钢拱架与新钢拱架进行连接，连接顺序为螺栓、平垫圈、连接钢板、平垫圈、螺母，螺母施工终拧扭矩不得小于 374 N·m。新、旧钢拱架连接完成后，再依次凿除下一榀钢拱架的喷射混凝土，重复上述步骤，完成 4 榀钢拱架的更换。

(10) 重新喷射混凝土。

4 榀钢拱架全部更换完成后，利用机械臂湿喷机对换拱区域重新挂钢筋网并喷射混凝土，喷射混凝土需饱满、表面平整。

(11) 拆除临时仰拱及临时环形钢拱架。

混凝土喷射完成后，对换拱区域进行监测，监测频率为 2 次/d，共监测 2 d。围岩稳定后，可依次拆除临时仰拱及临时环形钢拱架。

临时仰拱及临时环形钢拱架拆除完成后，再对围岩进行监测，频率为 2 次/d，共监测 2 d，围岩稳定后，即完成换拱的全部工作，可进行下一步施工。

4. 需注意事项

(1) 施作临时环形钢拱架时，钢拱架的拱脚要贴紧临时仰拱的喷射混凝土表面，确保受力稳定。

(2) 临时仰拱的钢拱架与原钢拱架的纵向间距要保持一致，以方便一一连接，另外，钢拱架之间要用 $\phi22$ 的连接筋进行连接，确保钢拱架之间形成一个整体。

(3) 注浆用的水泥浆水灰比为 0.5∶1～1∶1，注浆压力为初压 0.5～1.0 MPa，终压 2.0 MPa，水泥标号为 42.5。注浆时要确保注浆效果。这是换拱施工安全管控的最关键因素。

(4) 在割除拱架后、安装新钢拱架前的这一时刻，围岩由于失去了钢拱架支撑，围岩应力会处于最大值，这是换拱作业最危险的时候。因此，需要在拟割除钢拱架端头处打设锁脚锚杆，提前锁住钢拱架，避免发生危险。

(5) 换拱区间的预留量要比原设计预留量多 5 cm，防止此处沉降过大导致新钢拱架再次侵限。

(6) 换拱时，应从变形量最小的一榀开始，逐榀更换、连接，最后再更换变形量最大的一榀。

(7) 在换拱前、拆除临时仰拱及临时环形钢拱架前后均要做好监控量测，根据变形数据分析施工作业中是否会存在二次塌方的风险。

汉邦2号隧道换拱顺利完成的实践表明：遵循“强支护、弱凿除、早成环、勤量测”原则，通过“临时仰拱＋临时环形钢拱架”的支护形式对需要更换的钢拱架进行逐榀更换，最终可以安全地完成换拱作业。该换拱技术安全可靠，可有效避免因割除侵限钢拱架时围岩应力过大导致的安全风险，在岩溶区隧道不良地质下利用该技术换拱是切实可行的。换拱施工时要做好细节的把控，注重注浆的效果，根据监控量测数据安排好各项工序的开展，可更好地对换拱过程中的施工安全进行把控。

8.5 喀斯特地貌隧道工程超前大管棚支护施工工艺

岳圩口岸联线公路沿线地质条件复杂，喀斯特地貌、岩溶发育，且隧道洞口均处于浅埋地段，岩体多为中风化破碎灰岩上覆残积红黏土层，在施工中对隧道洞口段围岩采用超前大管棚支护的方式，将风化破碎的岩体通过注浆的方式固结成为一体，从而提高软弱围岩的岩性，有效保障了施工安全性，现结合汉邦2号隧道进口左洞浅埋段现场施工情况，阐述超前大管棚在喀斯特地貌隧道工程施工中的施工工艺及控制要点。

汉邦2号隧道进口处于浅埋段，右洞全长651 m(YK6＋061～YK6＋712)，左洞全长682 m(ZK6＋040～ZK6＋722)，隧道进口段自然坡度为35°～45°，局部可见基岩出露，围岩等级为Ⅴ级，施工风险高，故左洞进口采用超前大管棚支护形式，套拱长7 m(桩号ZK6＋045～ZK6＋052)，管棚长22 m(桩号ZK6＋045～ZK6＋067)。

1. 施工工艺

(1) 管棚设计参数。

孔口管采用ϕ127×4 mm热轧无缝钢管，每段长6 m，安装仰角0.5°～2°，施工误差径向不大于20 cm，环向间距40 cm，方向与路线中线平行，每根钢管尾部焊接ϕ12加劲箍，管棚钢管采用ϕ108×6 mm热轧无缝钢管，每段长6 m，孔口管在套拱内以环向间距40 cm进行布置，一共53根，管棚内置4根ϕ18钢筋制成的钢筋笼，为了增强钢管的强度和刚度，用M20水泥砂浆填充钢管，管棚注浆采用水灰比为0.5∶1～1∶1的水泥浆液，设计初压0.5～1.0 MPa，终压2.0 MPa，达到终压并稳定15 min以上或达到设计注浆量时停止注浆。

(2) 施工工艺流程。

管棚施工工艺流程如下：测量放样→环形槽开挖及边仰坡防护→套拱施工→填筑钻孔作业平台、钻机就位→钻孔、清孔→安装管棚钢管→安装钢筋笼→管棚注浆。

①测量放样。

施工前测量工程师根据设计图纸，放样出套拱边坡开挖线，并撒白灰或使用红油漆标记，在套拱施工前做好洞口排水系统，尤其是洞顶截水沟顺接至坡脚自然沟渠或排水系统，确保洞口水系畅通，保障施工安全。

②环形槽开挖及边仰坡防护。

采用分级开挖的方式开挖环形槽，每级开挖完成后及时对边仰坡进行防护施工，确保边坡稳定，环形槽开挖至基础底标高后，经检测基础底部地基承载力需不小于 0.35 MPa，然后进行套拱基础施工，套拱基础混凝土浇筑时需预埋 ϕ25 钢筋作为套拱连接钢筋，插入基础内长度不小于 50 cm。

③套拱施工。

套拱基础施工完成待混凝土强度达到设计要求后开始架立模板支撑拱架，拱架各单元两端采用连接钢板进行焊接连接，钢板之间采用 10.9 S 级大六角头高强螺栓进行连接。

模板采用 4 cm×20 cm×300 cm 木模板，采用钢丝由低到高依次固定在钢架上，拼装时接缝严密，避免出现错台。

套拱采用 70 cm 厚 C30 钢筋混凝土浇筑，内设双层主筋，直径为 25 mm，钢筋连接采用二氧化碳保护焊单面焊接，纵向分布筋采用 ϕ12 钢筋，采用绑扎连接方式进行加固。在安装钢筋时将孔口管用 ϕ12 钢筋焊接固定在套拱钢筋上，孔口管作为管棚的导向管，它安设的平面位置、仰角的准确度直接影响管棚的质量，管口采用土工布进行封堵，并抵紧端头模板，防止浇筑混凝土时产生位移或混凝土进入管道造成堵塞。

套拱混凝土浇筑采用泵送的方式，浇筑时两侧对称进行，且混凝土高差不宜大于 100 cm，以防止拱架侧移，每次浇筑 30 cm 时用振捣器进行振捣，确保混凝土外观质量；待混凝土强度达到设计强度后方可拆模，拆模后及时覆盖土工布并洒水养护，并对每个孔环向进行编号。

④填筑钻孔作业平台、钻机就位。

套拱施工完成后，为了方便钻机移动及钻孔作业，在洞口位置填筑平整场地，并碾压夯实，确保地基坚实，填筑完成后将钻机移动至作业平台上面，按照编号顺序进行钻孔作业，钻机位置的摆放要精准，每次钻进时要确保钻杆仰角也为0.5°～2°。

⑤钻孔、清孔。

管棚钻孔采用JK590 BC-2 A型潜孔钻机，钻孔前仔细检查钻机性能情况，确保正常钻进。开钻之后，按照岩体石屑及钻进深度等及时调整钻机速度，避免卡钻，及时观测围岩情况并做好钻孔记录。并非每次都能做到一次成孔，除非是在岩质好的情况下，其他情况下可以先补浆再钻孔。为了能够给洞身开挖时提供一些依据，在钻孔时必须做好记录，钻孔至设计深度后采用高压风枪从孔底至孔口进行清理，将孔内残留碎屑等清除干净。

⑥安装管棚钢管。

管棚钢管在安装前集中加工，管棚编号为偶数孔第一节段钢管长6 m，编号为奇数孔第一节段钢管长3 m，一头做成尖锥形，确保安装时相邻两孔间钢管搭接接头位置前后错开不少于1 m，保证同截面钢管搭接接头面积小于50%，每节段间连接采用长30 cm的ϕ114×5 mm套丝钢管进行连接，管体周围打设出浆孔，间距20 cm×20 cm，呈梅花形布置，最后一节段留出2 m用作止浆，安装采用人工配合挖掘机，将钢管放置到位后利用挖掘机将钢管低速逐节顶入。

⑦安装钢筋笼。

钢管安装完毕后，在钢管内放入由4根ϕ18钢筋，中间内衬2 cm宽的ϕ50×5 mm钢管固定环制成的钢筋笼，顶进方式采用人工配合挖掘机进行顶入，然后用M20水泥砂浆填充，以增强钢管的强度和刚度。钢管安装完成后在尾端焊接ϕ12加劲箍，并焊接带止浆阀的钢板。

⑧管棚注浆。

管棚注浆作业在钢管及钢筋笼安装完毕后采用ZJB-3型注浆机进行，注浆前仔细检查注浆机各管路及性能状况，确保注浆顺利进行，在注浆过程中先对奇数孔进行注浆，待奇数孔位全部注浆完毕后再从开始位置依次对偶数孔位进行注浆作业。采用设计水灰比为0.5∶1～1∶1的水泥浆液进行注浆加固围岩，注浆初压为0.5～1.0 MPa，终压为2.0 MPa。当注浆压力达到设计终压，并稳定15 min以上或达到设计注浆量时，可结束注浆，结束后关闭止浆阀，移至下一根管棚，依次循环，直至所有管棚注浆完毕。注浆时详细记录孔位编号、注浆时间、注浆压力及用量等信息。

2. 施工控制要点

在安装孔口管时要严格控制孔口管安装倾角，确保孔口管仰角为 0.5°～2°，在钻孔时将钻机钻杆轴线与孔口管轴线保持一致，径向施工误差不应大于 20 cm，这就需要对钻孔的倾斜度进行勤测量，出现偏差及时纠正，保证施工后管棚不得侵入隧道开挖轮廓线以内。

钻孔完成后需将孔内残留石屑采用高压风进行清除，清理时由孔底至孔口顺序进行，确保孔底杂物清理干净、彻底。

钢管安装时将相邻两个孔位钢管接头错开安装以保证同一截面位置钢管接头面积不大于 50%，增强受力作用，两节段钢管用丝扣套管连接时，两侧钢管连接处丝牙保持一致，防止丝牙偏向一侧，保证连接质量，确保受力平衡。

注浆时经常检查注浆压力及浆液情况，看是否有浆液从其他裂缝或管口流出，根据漏浆、跑浆严重程度及时采取措施进行止浆，注浆时按照先奇数孔、后偶数孔的顺序进行，过程中仔细记录注浆量、压力等，及时分析与设计是否相符；注浆完成待浆液终凝后可采用地质钻孔法对注浆效果进行取芯检查。

通过超前大管棚支护技术在本工程中的应用，并结合项目自身特点，为后续隧道工程施工提供了技术支持，利用大管棚超前支护技术措施，将围岩、管棚及注浆体有效固结起来，形成一个受力整体，在隧道掌子面开挖轮廓线以外形成一个坚固的环向支撑体，有效地避免了松散岩体坍塌。通过对掌子面开挖后围岩的检测情况来看，管棚施工完成后，整个开挖作业过程都处在一种安全、顺利的状态下，同时也验证了超前大管棚支护技术在隧道洞口的浅埋地段、软弱围岩地段的应用成效，可以增强隧道的稳定性和施工安全性。

8.6　隧道三维地质可视化综合预报技术在喀斯特地貌隧道中的应用

隧道超前地质预报手段最常见的是地质雷达法和超前钻探法。地质雷达法需要一定的应用条件，且具有多解性和不确定性；而常规的超前钻探因功效低、缺少量化数据、占用隧道掘进作业时间较长，较少采用。采取这两种方法进行预报，成果也仅仅停留在二维方式上，可视化程度低。喀斯特地貌的地质条件复杂多变，围岩主要为碳酸盐成分(石灰石)，大概率会出现垂直断裂带以及岩溶溶腔，对围岩预判难度大、准确性低。因此，单纯应用地质雷达法和超前钻探法的准确性和可靠度值得商榷。

三维地质可视化综合预报技术有机融合了先进物探技术、先进超前钻探技术和三维可视化技术，利用TGS(tunnel geology survey，隧道地质调查)360 Pro预报系统、C6多功能钻机以及EVS(earth volumetric studio)三维地质建模软件在汉邦2号隧道中进行超前地质预报，并取得突破性的进展。

1. 探测设备及原理

(1) TGS 360 Pro预报系统。

探测原理：将3 C检波器分布在隧道掌子面，通过震源发射一个定向覆盖锥形雷达，根据每个检波器迁移映射的结果，所有覆盖锥还原成一个在面部的中心点。在多个震源位置(连续)激发情况下，完整波场矢量分量记录在现场处理系统，确保在任何方向均能收到岩体可靠而稳定的总结性参数化三维图像。

TGS 360 Pro预报系统具有以下几个特点。

①模块化界面，操作方便简单。

②数据智能处理，结果重复性不受人为操作因素限制。

③自动生成三维图像，三维数据体显示，利于判断断层和空洞。

④可全方位旋转及缩放，调整切片高度，可观测更大围岩范围。

⑤处理成果丰富，包括围岩应力梯度、含水概率图、杨氏模量、泊松比、波速比等。

(2) C6多功能钻机。

详细内容见“8.3 C6多功能钻机主要参数及特点”。

2. 测点现场布置要求

(1) TGS 360 Pro测点布置。

①传感器及震源布置。

传感器(检波器)数量为8个，震源数量为10个。传感器既可安装在掌子面，也可以安装在侧壁，本次试验时将传感器安装在掌子面上。传感器和震源按照上下两排交错布置。上下两排之间的距离为1 m，传感器横向间距为2 m，下排距离地面高约1 m，方便后续进行锤击。传感器自带弓形弹簧片，与围岩间自耦合，不需要耦合剂。

②安装孔要求。

传感器钻孔安装，孔深 40 cm，孔径 50 mm，孔与掌子面垂直，倾角偏差为 6°。

③传感器及震源编号。

传感器编号为 C1～C8，从下排左侧起为 C1～C4，从上排右侧起为 C5～C8。震源编号为 Z1～Z10，编号顺序与传感器编号顺序相同。编号如图 8.4 所示。

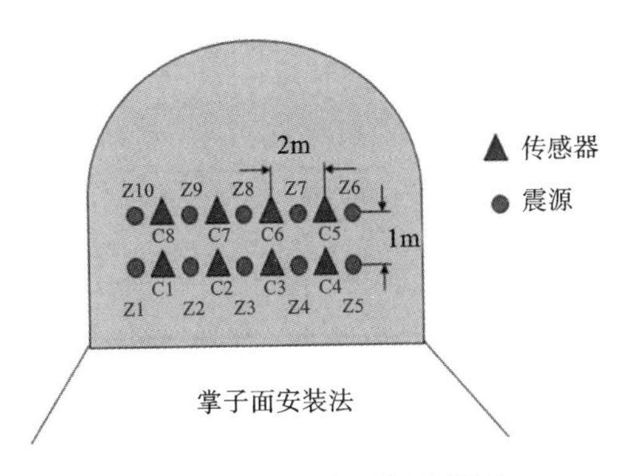

图 8.4　传感器与震源布置图

(2) C6 超前钻探测点布置。

①孔数：根据需要采取 1～6 孔，Ⅲ级围岩段一般布设 1 孔，Ⅳ、Ⅴ级围岩段一般布设 3 孔，断层破碎带、软弱围岩、岩溶中等发育、强烈发育等不良地质一般布设 6 孔。

布设位置图见图 8.5。

②孔深：孔深视情况可为 50～80 m，终孔位置一般要超出开挖轮廓线 3～5 m，两次循环的超前水平钻探搭接长度不小于 5 m。

③孔径：宜不小于 $\phi 65$。

④角度：除Ⅲ级围岩为水平钻进外，其余外插角均为 12°。

3. 数据采集、分析及三维模型建立

(1) TGS 360 Pro 数据采集及分析。

传感器安装及震源布置完成后，按照 Z1～Z10 的顺序，依次采用 6.0 kg 激振锤对震源处进行锤击，每个锤击点需要采集 8 次有效锤击的数据。数据采集完成的标志为：采集数据时没有干扰(杂波)，每个锤击点所有传感器 8 次有效数据叠加。采集的数据包括围岩应力梯度、含水概率分布图、横波波速、杨氏模量、

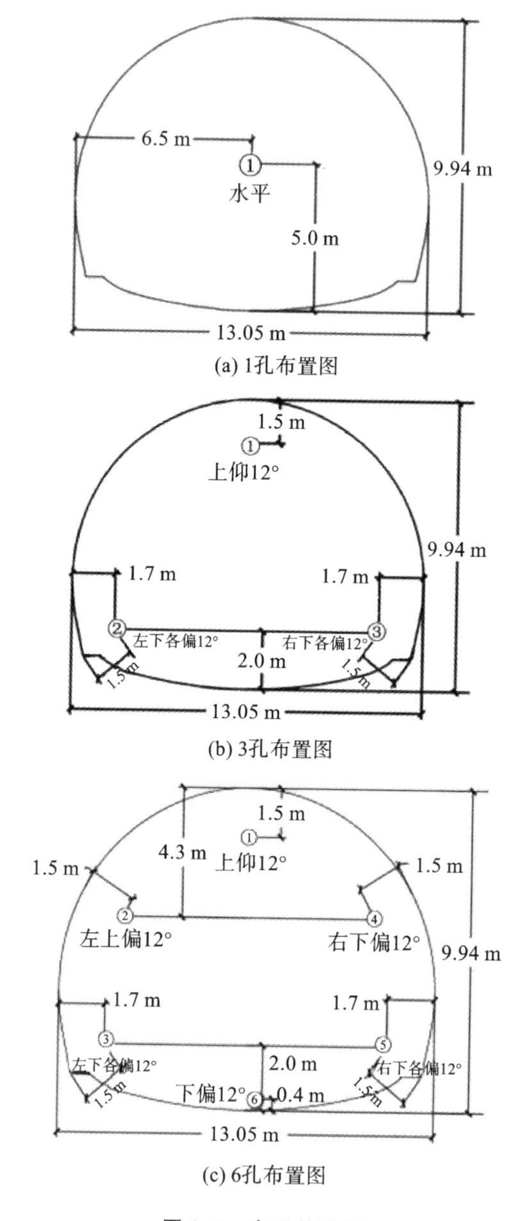

图 8.5　布设位置图

注:①、②、③、④、⑤、⑥为所布置的孔的位置。

纵横波波速比等,采集的范围在横断面方向为以掌子面中心线往左右各 50 m、上下台阶开挖线往上下各 25 m,纵向 200 m。

为了方便对数据进行二维切片,首先要建立三维坐标轴:以上下台阶法开挖线为 X 轴,隧道洞轴线为 Z 轴,隧道纵向长度为 Y 轴,原点即上下台阶法开挖线与洞轴线的交点。X 轴有效数据的范围在 $-50\sim50$ m,Z 轴有效数据的范围在 $-25\sim25$ m,Y 轴有效数据范围在 $0\sim200$ m。但是为了保证数据的保真性及有效性,一般 X 轴只读取 $-10\sim10$ m 的数据,Z 轴读取 $-3\sim8$ m 的数据,Y 轴读取 $0\sim120$ m 的数据,三维坐标系建立图如图 8.6 所示。

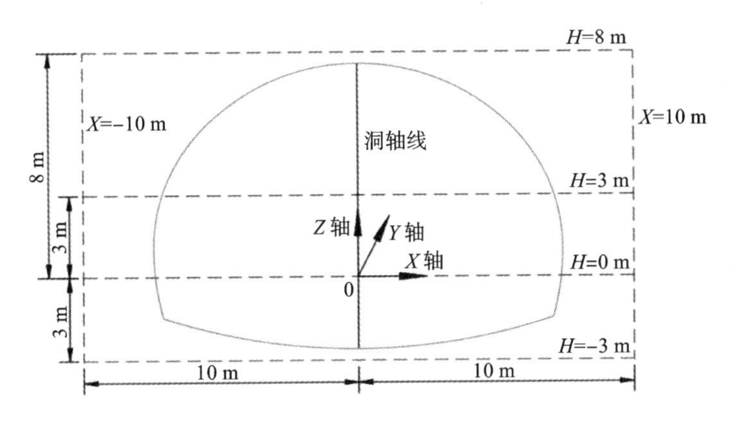

图 8.6 三维坐标系建立图

注:H 为开挖的高度,X 为 X 轴的读数。

高度范围内的数据是连续的,但是在进行二维切片时,一般只选取几个有代表性的截面进行分析。如切片数量过多,则分析的工作量会变大;切片数量太少,则分析的数据会不准确。因此,施工人员结合隧道开挖轮廓及开挖方法,在 $H=-3$ m(即仰拱底以下 50 cm)、$H=0$ m、$H=3$ m、$H=8$ m(即拱顶以上 50 cm)共 4 个高度上进行了切片,并生成了相应的二维切片图,如图 8.7~图 8.11 所示。

二维切片数据分析如下。

通过应力梯度分布图可以分析出,在 K6+270~K6+275 段左侧拱脚应力梯度变化较大,应力的变化同时表现为离散度(岩体构造边界、高度破碎裂隙带、喀斯特溶洞),在喀斯特地貌下,红色区域表明高概率存在垂直断裂带或岩溶溶腔。另外,结合含水概率分布图同样可以看出,该区间范围内含水概率在 30% 左右,即含水概率稍高,也验证了该区间范围内岩溶溶腔为充填潮湿黏土的可能性。在横波波速分布图中可以看到,为 $H=8$ m 时,K6+270 段附近横波波速突

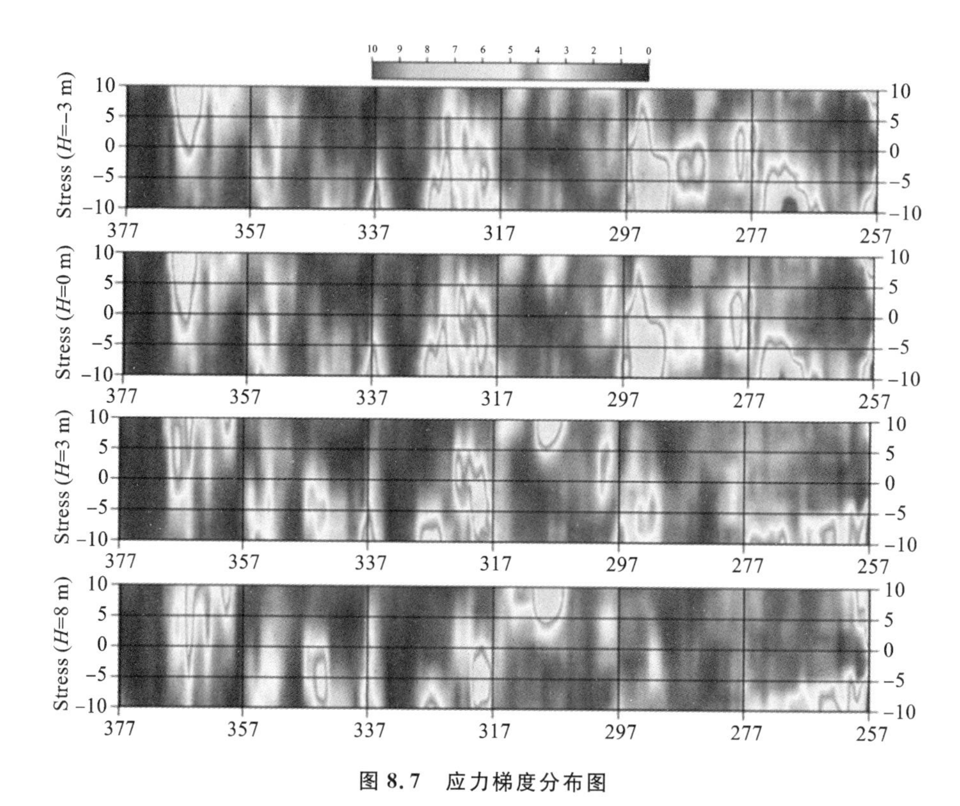

图 8.7　应力梯度分布图

注:横坐标代表里程桩号;纵坐标代表到左右距离,单位为 m。

然下降,且 K6+273～K6+282 段全高度、全宽范围内的纵横波波速比出现了明显增大,说明该区间存在水饱和的未固结地层或含有流体。同样地,在 K6+273～K6+282 段全高度、全宽范围内的杨氏模量稍降低,杨氏模量数值越小,表示该区间内的围岩越容易发生变形,不坚固。

分析上述二维切片数据可知,在 K6+270～YK6+282 段几乎整个掌子面的范围疑似围岩变软、含泥、有塑性,可能存在较大的岩溶溶腔。

(2) 利用 EVS 三维地质建模软件建立三维地质模型初步成果。

EVS 软件数据可以以纯文本格式进行导入、编辑和存储,基于 EVS 的数据开放性,可以轻易地将 TGS 360 Pro 采集的数据,如标高、坐标、岩性、地层等导入 EVS 软件。另外,EVS 软件具有很多功能模块,只需导入数据,不同的模块间即可建立相应网络并处理数据,并完成可视化,对用户建模能力要求不高,入手很快。

三维模型建立后,根据二维切片图分析的结论对模型进行修正,生成异常三维地质模型(初步成果),如图 8.12 所示。

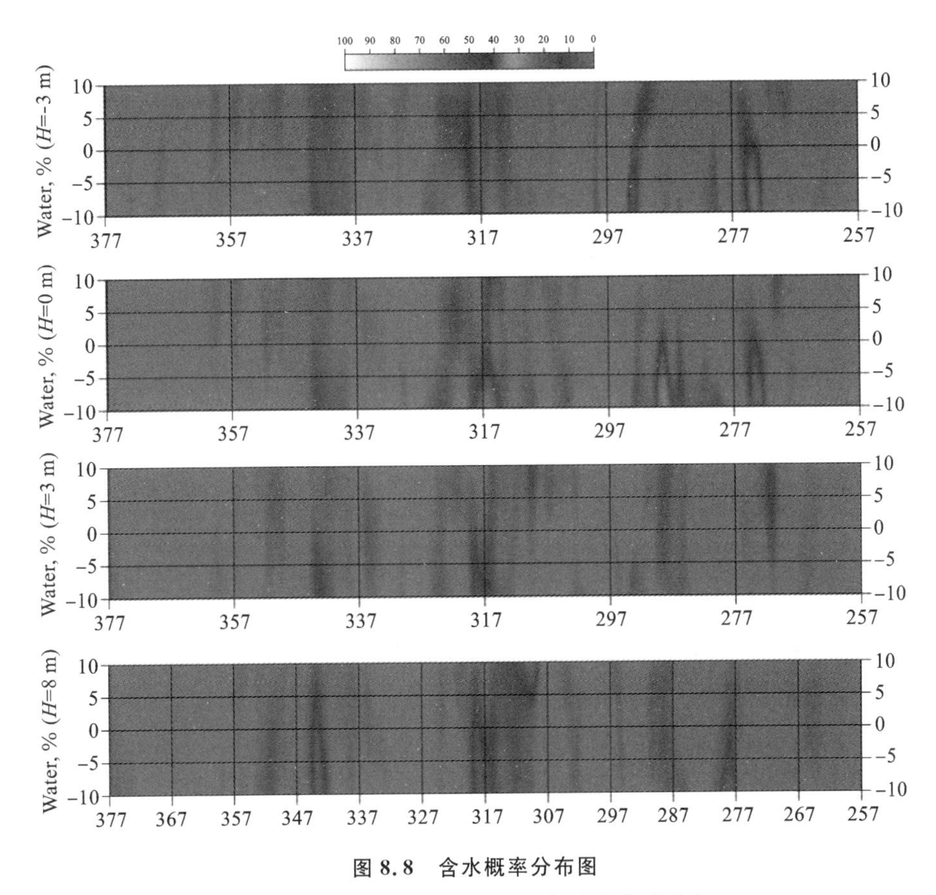

图8.8　含水概率分布图

注:横坐标代表里程桩号;纵坐标代表到左右距离,单位为m。

(3) C6超前钻探验证。

针对三维地质模型(初步成果)中的异常区间,在掌子面布置3个钻探孔位进行超前水平钻探。在钻探过程中,K6+269～K6+283段处疑似溶蚀密集发育区域,钻速突增现象发生频繁且数值较大,钻速突增处推进力有一定降低或降低明显,整体跳动频率高,但基本稳定,施工返水明显减小,且返水明显变色,钻探数据见图8.13。根据超前钻探验证,K6+269～K6+283段区间推测为泥石充填型溶洞,未见明显地下水发育迹象,整体自稳性差,岩土体易发生失稳及坍塌,大概率为岩溶溶腔。超前水平钻探结论与TGS 360 Pro结论基本一致。

根据水平钻探验证结果对三维地质模型(初步成果)再进行修正,生成最终的三维地质可视化成果,如图8.14所示。

三维地质可视化综合预报成果表明,K6+269～K6+283段推测为泥石充

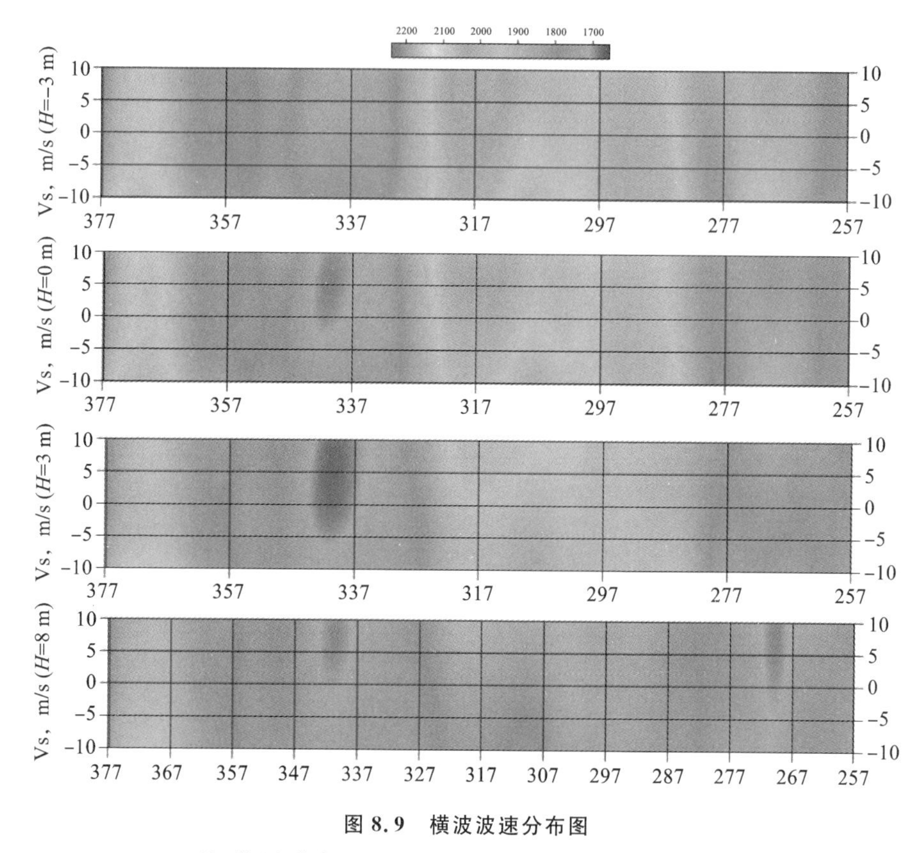

图 8.9　横波波速分布图

注：横坐标代表里程桩号；纵坐标代表到左右距离，单位为 m。

填型溶洞，未见明显地下水发育迹象，整体自稳性差，岩土体易发生失稳及坍塌，建议围岩等级为Ⅴ级。

(4) 现场开挖跟踪验证。

在开挖至 K6＋267 段时，现场利用气腿式凿岩机进行加深炮孔探测，发现在炮眼深度 2 m 以后的钻进速度突然加快，推测为岩溶溶腔，与三维地质可视化综合预报成果相符。经现场验证，汉邦 2 号隧道右洞开挖至预报异常区段时，发现该处掌子面为泥质，有掉块，溶腔含泥量大，为泥石充填型溶洞。后经开挖跟踪验证，溶洞区段长度约 17 m，与三维地质可视化综合预报结果一致。

4. 三维地质可视化综合预报技术应用需要注意的事项

(1) TGS 360 Pro 在采集数据时，附近不得有爆破或其他震源干扰，每个锤击点需要采集 8 次有效锤击的数据，锤击有效的标志为 250 ms 后的区间范围内

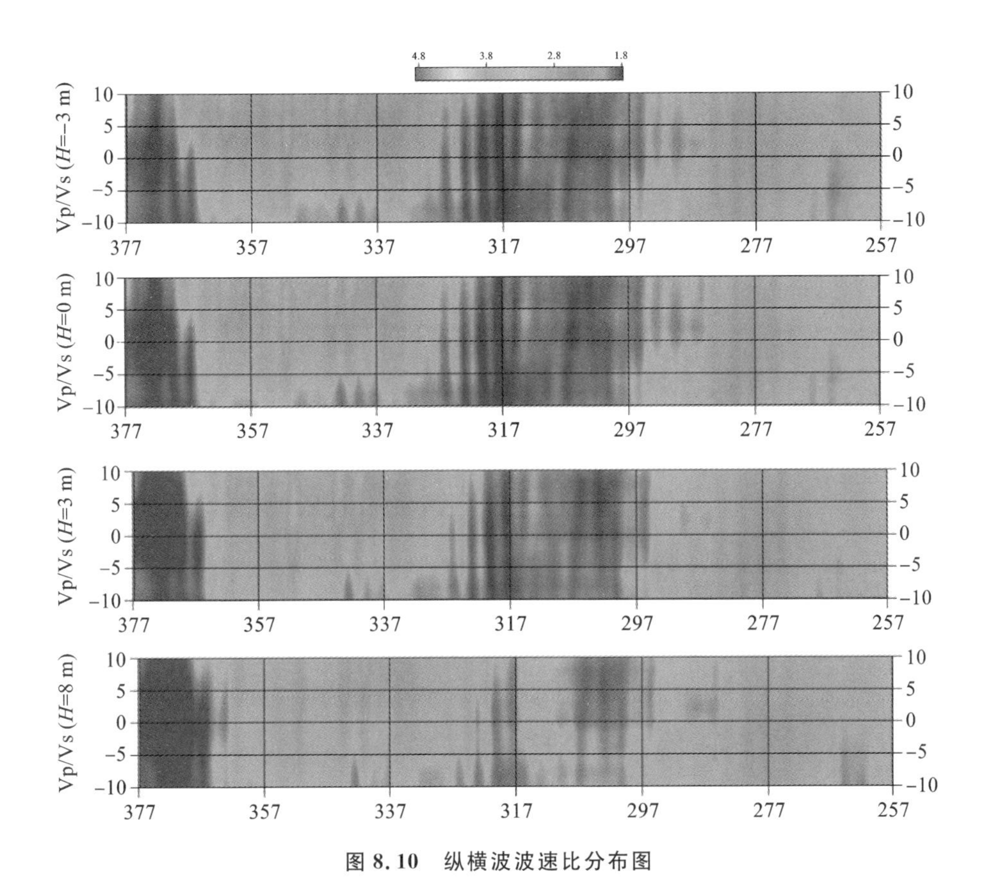

图 8.10　纵横波波速比分布图

注：横坐标代表里程桩号；纵坐标代表到左右距离，单位为 m。

无杂波，否则，应重新进行锤击。

(2) 锤击时，应注意是否有掉块，如果因围岩破碎导致掉块过多，应将震源及传感器布置在已完成喷射混凝土的侧壁上，但准确度与安装在掌子面的情况相比要略微下降。

(3) 在土质围岩中采集数据时，可事先在围岩上插入钢筋，并在钢筋端头连接一块厚 1 cm，尺寸为 10 cm×10 cm 的钢板作为震源，防止锤击时破坏土体，也可将震源设置在已完成喷射混凝土的侧壁上。

(4) 所有传感器要进行串联连接，在一个震源锤击时，所有传感器都要收集到 8 次有效数据，即数据采集工作最少需要有效锤击 80 次。

(5) 进行二维切片时，需要根据隧道开挖轮廓选取不同高度范围内的数据进行切片分析，一般要在仰拱以下 50 cm、拱顶以上 50 cm 这两条高度线范围内取 4 条线，也可以根据异常范围进行选取。由于数据是连续的，任意高度范围内

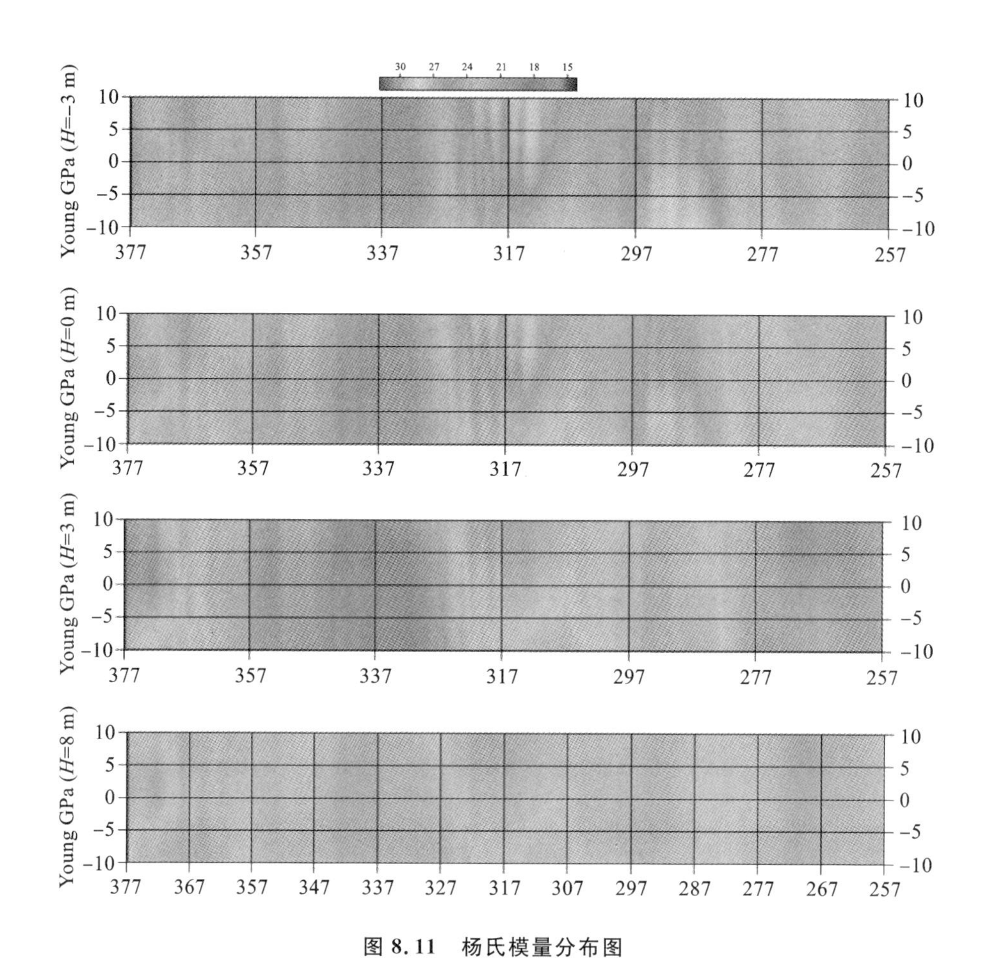

图 8.11 杨氏模量分布图

注:横坐标代表里程桩号;纵坐标代表到上台阶地面的左右距离,单位为 m。

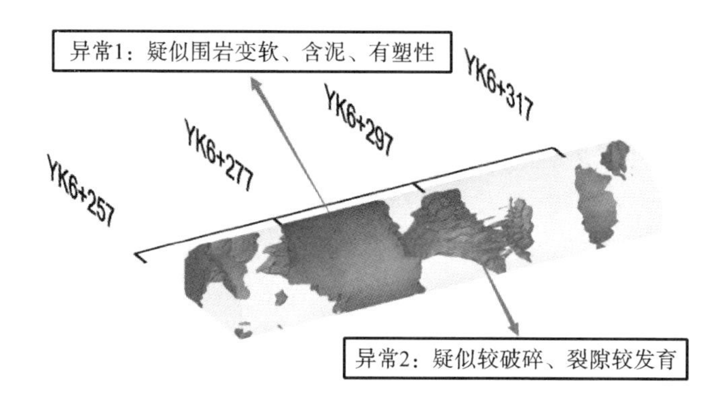

图 8.12 异常三维地质模型(初步成果)

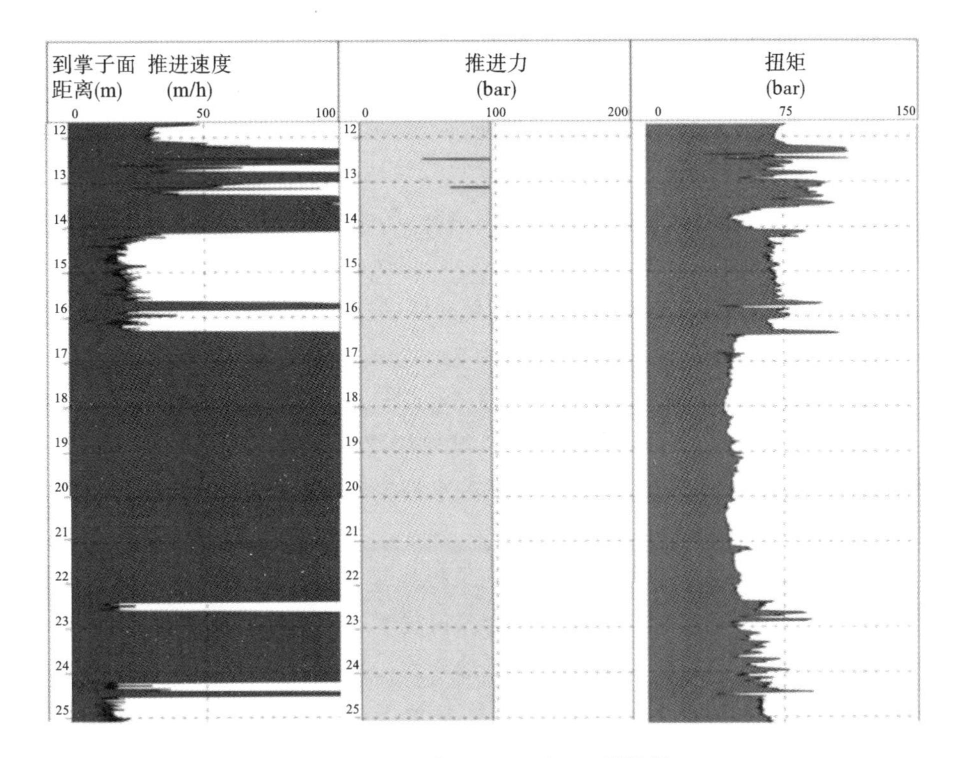

图 8.13　K6+265～K6+283 段数据

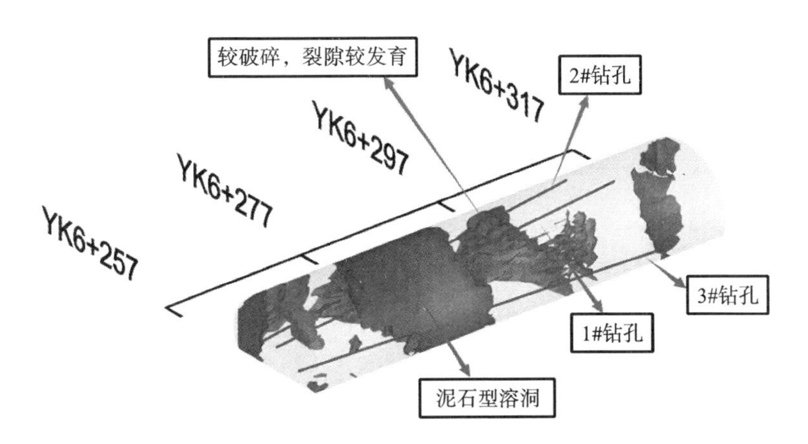

图 8.14　三维地质可视化综合预报成果模型

的数据都可以切片。如果切片数量太多,虽然准确度会增加,但是分析的工作量也会相应增大。

(6) 在利用 TGS 360 Pro 采集不同地质的隧道数据时,其采集信号会有所区别。因此,除了要不断积累相同地质条件下的数据信号,还要和现场每循环开

挖出来的掌子面实际情况对比，不断修正，提高判断的准确度。

(7) 当遇见以下三种情况时，需对围岩级别进行修正：①存在地下水；②存在特殊气体；③存在控制性的软弱结构面。

(8) 布置水平钻探孔位时，要根据异常三维地质模型(初步成果)进行孔位布置或加密钻探数量，以探明异常区间的范围、深度等参数。

(9) 现场开挖前，可利用加深炮孔的方式提前对异常区间进行探测，如发现异常，则应采取弱爆破、强支护等方式进行处理，确保开挖安全。

喀斯特地貌隧道地质复杂多变，隧道洞身围岩主要为中风化灰岩，溶孔、溶蚀裂隙中存在岩溶水，影响隧道围岩及其稳定性，施工难度大。采用 TGS 360 Pro 预报系统＋C6 多功能钻机＋EVS 三维地质建模软件构建的三维地质可视化综合预报技术，可收集围岩应力梯度、含水概率图、杨氏模量、泊松比、钻探推进力、扭矩、速度等数据，而且数据的收集、处理过程更加智能化，能大幅度减少人为失误导致的误差，同时，三维立体的预报成果比传统的预报成果更具可视化。汉邦 2 号隧道三维地质可视化综合预报技术的应用，充分证明该技术直观易懂、准确率高，在日后隧道施工中可以继续深入研究，从而推动隧道三维地质可视化综合预报工作的普及和常态化，为隧道安全施工提供更加科学有力的护航。

参考文献

［1］ 艾建杰，罗清波. 公路工程施工技术［M］. 重庆：重庆大学出版社，2020.

［2］ 成学政. 高速公路护栏和隔离栅的施工与质量控制［J］. 山西交通科技，2008(03)：67-71.

［3］ 冯茂，赖伟清. 浅谈高速公路防眩设施及其应用［J］. 四川水利，2017，38(02)：77-78.

［4］ 冯汀. 实例探析高速公路隧道照明系统施工要点［J］. 黑龙江交通科技，2014，37(07)：100-101.

［5］ 葛淑群. 高速公路建设管理与区域经济发展之间的关系研究［J］. 农村经济与科技，2020，31(14)152-153.

［6］ 顾晶彪. 公路隧道不同钻爆法对施工进度的影响研究［D］. 重庆交通大学，2012.

［7］ 侯鹏. 高速公路 SBS 改性沥青混合料面层施工技术研究［J］. 交通世界，2023，No. 644(14)：61-63.

［8］ 胡金桂. 桥梁上部结构施工［M］. 成都：西南交通大学出版社，2019.

［9］ 黄超飞. 高速公路工程中的高填方路基施工处理技术［J］. 运输经理世界，2021，No. 630(20)：65-67.

［10］ 焦继伟，何涛，李明亮. 高速公路路基排水系统的施工要点分析［J］. 中国新技术新产品，2020，No. 425(19)：118-119.

［11］ 李祥. 高速公路路基分层填筑技术［J］. 交通世界，2019，No. 510(24)：26-27.

［12］ 李欣. 高速公路路基工程挡土墙施工技术研究［J］. 交通世界，2023，No. 634，No. 635，No. 636(Z2)：47-49.

［13］ 李亚东. 桥梁工程概论［M］. 4 版. 成都：西南交通大学出版社，2020.

［14］ 连世通. 温拌沥青施工技术在高速公路路面工程中的运用［J］. 四川建材，2023，49(03)：119-120.

［15］ 林桂阳. 高速公路桥梁墩台施工方法及施工技术［J］. 工程建设与设计，2019，No. 409(11)：172-173＋176.

[16] 刘锦平.高速公路水泥混凝土路面施工技术探究[J].运输经理世界,2020,No.605(13):114-115.
[17] 刘康照.高速公路工程水泥混凝土路面施工技术分析[J].运输经理世界,2022,No.666(20):17-19.
[18] 卢佩霞,仝小芳.路基路面工程[M].南京:南京大学出版社,2019.
[19] 鲁晓秋,车振英,孙建嫱.浅谈高速公路道路交通标志的施工工艺[J].北方交通,2012,No.232(08):99-102.
[20] 乔卫国.高速公路施工中的路基挖方与填方处理技术[J].交通世界,2020,No.523,No.524,No.525(Z1):90-91+93.
[21] 宋海涛,刘国祯.公路交通安全及附属工程施工作业指导书[M].成都:电子科技大学出版社,2017.
[22] 苏华友.高速公路概论[M].成都:电子科技大学出版社,2004.
[23] 孙宏伟,曹志军,张永福.隧道工程[M].成都:西南交通大学出版社,2021.
[24] 孙强.谈高速公路的绿化施工与管理[J].工程建设与设计,2018,No.387(13):286-287+290.
[25] 孙绪科.浅析高速公路建设对拉动经济的作用[J].经贸实践,2018,No.230(12)106+108.
[26] 唐鹏,刘天宝,张培辉主编.桥梁工程施工技术[M].北京:中国水利水电出版社,2017.
[27] 王秉旺.高速公路路基施工及质量控制[J].工程建设与设计,2020,No.446(24):135-136.
[28] 王成,等.公路工程标准化施工工艺实用手册:下册[M].成都:西南交通大学出版社,2017.
[29] 王道远.隧道施工技术[M].2版.北京:中国水利水电出版社,2020.
[30] 王井春,陈学玲.桥涵施工与养护[M].成都:西南交通大学出版社,2021.
[31] 王景峰.路基路面施工与养护技术[M].2版.北京:人民交通出版社股份有限公司,2019.
[32] 王丽萍.高速公路工程SMA沥青混合料路面施工技术[J].交通世界,2023,No.631,No.632,No.633(Z1):173-175.
[33] 王旻,张振和.图解公路工程施工技术[M].北京:机械工业出版社,2020.
[34] 王奇,王春阳,杜金凤.基坑坑壁支撑中临时挡土墙施工技术[J].黑龙江

科技信息,2008(08):33.

[35] 王艳红.高速公路中特殊路基的施工处理及防治尝试[J].四川建材,2021,47(10)153-154+170.

[36] 王柱元.高速公路桥梁预制T梁施工工艺探究[J].四川水泥,2022,No.312(08):241-243.

[37] 魏朝磊.高速公路波形钢护栏施工技术要点[J].交通世界,2023,No.641(11):119-121

[38] 吴天畅.浅析高速公路交通安全标线施工技术[J].技术与市场,2021,28(01):118-119.

[39] 伍光科.高速公路收费站机电系统施工工艺[J].中国高新科技,2021,No.102(18):134-135.

[40] 席利利.高速公路收费站天棚网架分条分块法安装施工[J].科学技术创新,2021(04):130-131.

[41] 肖同.高速公路钢箱梁制造及顶推架设施工技术[J].工程机械与维修,2023,No.309(02):258-260.

[42] 许改平.钻爆法隧道施工技术研究[J].中国标准化,2016(13):163-164.

[43] 许昕.高速公路路面工程施工的质量控制[J].工程建设与设计,2021,No.462(16):198-200.

[44] 晏秋.高速公路管理与控制[M].成都:西南交通大学出版社,2016.

[45] 易伟强.高速公路照明工程施工实践[J].光源与照明,2020,No.148(11):19-21.

[46] 张生林.高速公路路基防护与加固处理技术研究[C]//中国智慧工程研究会智能学习与创新研究工作委员会.2020万知科学发展论坛论文集(智慧工程三),2020:7.

后　记

随着我国社会经济快速发展，高速公路已经成为我国交通行业的重要组成部分，在实际应用中具有重要价值，并且在市场上也有了绝对优势。

作为交通网络不可或缺的内容，高速公路通行能力强、运输效率高、安全系数高，在综合交通运输中发挥着骨干作用，对支撑经济社会发展具有战略价值。高速公路建设不仅是交通运输现代化的重要标志，也是国家现代化的重要标志。三十多年来，在党中央、国务院的战略部署下，我国高速公路实现跨越式发展，有力支撑了国民经济和社会的巨大进步。

然而，高速公路在迅速发展的同时，其质量直接影响到一个城市乃至国家整体的经济社会发展，而高速公路的质量则受到施工技术的影响。我国地势复杂多样，对高速公路在项目设计和工程质量上的要求更高。从当前发展情况分析，我国高速公路在施工管理上出现很多不足之处，尤其是安全问题频发。为了能够真正为行车安全和经济发展提供充足的保障，相关施工人员势必要强化对施工技术的合理应用。